HERMES

在古希腊神话中，赫耳墨斯是宙斯和迈亚的儿子，奥林波斯神们的信使，道路与边界之神，睡眠与梦想之神，亡灵的引导者，演说者、商人、小偷、旅者和牧人的保护神……

西方传统 经典与解释 HERMES
Classici et Commentarii
柏拉图注疏集
Platonis opera omnia
cum commentariis
刘小枫 甘阳 ◉ 主编

挑战戈尔戈

——柏拉图《高尔吉亚》解读文集

Fighting against the Gorgon
A Volume of Papers on Plato's *Gorgias*

李致远 | 选编

田明 李晓进 等 | 译

華夏出版社

古典教育基金·“传德”资助项目

“柏拉图注疏集”出版说明

“柏拉图九卷集”是有记载的柏拉图全集最早的编辑体例，相传由亚历山大时期的语文学家、数学家、星相家、皇帝的政治顾问忒拉绪洛斯（*Θϱάσυλλος*）编订，按古希腊悲剧演出的结构方式将柏拉图所有作品编成九卷，每卷四部（对话作品35种，书简集1种，共36种）。1513年，意大利出版家Aldus出版柏拉图全集，被看作印制柏拉图全集的开端，遵循的仍是忒拉绪洛斯体例。

可是，到了18世纪，欧洲学界兴起疑古风，这个体例中的好些作品被判为伪作；随后，现代的所谓“全集”编本迭出，有31篇本或28篇本，甚至24篇本，作品前后顺序的编排也见仁见智。

俱往矣！古典学界约在大半个世纪前已开始认识到，怀疑古人得不偿失，不如依从古人受益良多。回到古传的柏拉图“全集”体例在古典学界几乎已成共识（Les Belles Lettres自19世纪20年代始陆续出版的希法对照带注释的*Platon Œuvres complètes*，以及Erich Loewenthal在上世纪40年代编成的德译柏拉图全集，均为36种＋托名作品7种），当今权威的《柏拉图全集》英译本（John M. Cooper主编，*Plato*，*Complete Works*，Hackett Publishing Company 1984，不断重印）即完全依照“九卷集”体例（附托名作品）。

“盛世必修典”——或者说，太平盛世得乘机抓紧时日修典。对于推进当今中国学术来说，修典的历史使命不仅包括续修中国古代典籍,还得同时编修西方古代典籍。古典文明研究工作坊属内的“古典学研究中心”拟定计划,推动修译西方古代经典这一学术大业。我们主张,修译西典当秉承我国清代学人编修古代经典的精神和方法。精神即敬重古代经典,并不以为今人对世事人生的见识比古人高明;方法即翻译时从名家注疏入手掌握文本,考究版本,广采前人注疏成果。

“柏拉图注疏集”将提供足本汉译柏拉图全集(36种+托名作品7种),篇序从忒拉绪洛斯的“九卷集”。尽管参与翻译的译者都修习过古希腊文,我们还是主张,翻译柏拉图作品等古典要籍,当采注经式译法,即凭靠西方古典学者的笺注本和义疏本逐译,而非所谓“直接译自古希腊语原文”。如此注疏体柏拉图全集在欧美学界亦未见全功。德国古典语文学界于1994年着手“柏拉图全集:译本和注疏”,体例从忒拉绪洛斯,到2004年为止,仅出版不到8种;Brisson主持的法译注疏体全集90年代初开工,迄今也尚未完成一半。

柏拉图作品的义疏汗牛充栋,而且往往篇幅颇大。这套注疏体汉译柏拉图全集以带注疏的柏拉图作品为主体,亦收义疏性质的专著或文集。编译者当紧密关注并积极吸收西方学界的相关成果,不急于求成,务求踏实稳靠,裨益于端正教育风气、重新认识西学传统,促进我国文教事业的新生。

刘小枫　甘阳

2005年元月

柏拉图注疏九卷集篇目

卷一

1 游叙弗伦（顾丽玲 译）

2 苏格拉底的申辩（吴飞 译）

3 克力同（程志敏 译）

4 斐多（刘小枫 译）

卷二

1 克拉提洛斯（刘振 译）

2 泰阿泰德（贾冬阳 译）

3 智术师（柯常咏 译）

4 治邦者（刘振 译）

卷三

1 帕默尼德（曹聪 译）

2 斐勒布（李致远 译）

3 会饮（刘小枫 译）

4 斐德若（刘小枫 译）

卷四

1 阿尔喀比亚德前篇（戴晓光 译）

2 阿尔喀比亚德后篇（戴晓光 译）

3 希普帕库斯（胡镓 译）

4 情敌（吴明波 译）

卷五

1 忒阿格斯（刘振 译）

2 卡尔米德（彭磊 译）

3 拉克斯（罗峰 译）

4 吕西斯（黄群 译）

卷六

1 欧蒂德谟（万昊 译）

2 普罗塔戈拉（刘小枫 译）

3 高尔吉亚（李致远 译）

4 美诺（郭振华 译）

卷七

1 希琵阿斯前篇（王江涛 译）

2 希琵阿斯后篇（王江涛 译）

3 伊翁（王双洪 译）

4 默涅克塞诺斯（李向利 译）

卷八

1 克利托普丰（张缨 译）

2 王制（史毅仁 译）

3 蒂迈欧（叶然 译）

4 克里提阿（叶然 译）

卷九

1 米诺斯（林志猛 译）

2 法义（林志猛 译）

3 厄庇诺米斯（程志敏/崔嵬 编译）

4 书简（彭磊 译）

杂篇 （唐敏 译）

（篇名译法以出版时为准）

目　录

编者前言

一日在办公室整理译稿，有朋友来，我问："在做什么？""校稿。""什么稿？""美的在。""什么？债也可以是美的！"他说："是'存在'的'在'，不是'还债'的'债'。"我说："也许存在就是为了还债吧。"

又一日在办公室整理译稿，有朋友来，问我："在做什么？""校稿。""什么稿？""高尔吉亚解读文集。"他说："什么？我以为早就烂尾了。"我说："人死债不烂，出来混总是要还的。"

又一日在办公室整理译稿，有长辈来电，问我："在做什么？""还债。"他说："太难听，太消极，要奋斗。"我答："教训的是，奋斗也是为了还债，说好听点儿，为了报恩。"长辈默然。

古人云：天道好还。苏格拉底临终遗言："克力同，我们欠阿斯克勒皮奥斯一只公鸡，你们可得还，别不放在心上。"说完，坦然而逝，尽管到死都没还完（《斐多》118a，参尼采《偶像的黄昏》）。

柏拉图《王制》关于正义的定义，起初是"归还所欠"，最后是"践行己事"，二者可以相通：各人自己的事首先不就是归还所欠吗？

编选这部文集，始于编者在中山大学读博的日子。承蒙各位译者朋友襄助，译稿早已到位。但编者毕业之后，人世变幻，情随事迁，统校工作无奈搁置。俯仰之间已经十年，如今重拾旧稿，不能不令人感慨系之，遂有上面几则对话浮现脑际。

该文集选编西方学界关于柏拉图《高尔吉亚》研究的代表性论文，原是为了帮助编者自己研读柏拉图，想必对其他柏拉图研究者也不无参考价值。编选力求全面兼顾，作者既有思想史大家如沃格林，也有语文学大家如多兹，既有施特劳斯学派中人，也有分析学派健将，但总以文本细读为准。大体分为总论和专题两个单元：总论部分从总体上讨论《高尔吉亚》的核心议题，各篇论文虽有重复之嫌，但各有不同的侧重和角度；专题部分则关注《高尔吉亚》的某个片段或具体问题乃至细节，以见经典的丰富内涵。

文集的主标题"挑战戈尔戈"，典出柏拉图《会饮》：戈尔戈是荷马提到的目光能使人变成石头的蛇发女妖；苏格拉底利用高尔吉亚（gorgias）与戈尔戈（gorgo/gorgon）的谐音，比喻高尔吉亚的言辞像戈尔戈的头颅一样厉害，担心自己会被它变成"哑默的石头"（198c，参《奥德赛》11.632）。戈尔戈一般用来合称墨杜萨（或译"美杜莎"）及其两个不死的姐姐斯忒诺（"强力"）和欧律阿勒（"宽波涛"），也可以单指墨杜萨。墨杜萨虽有变人为石的魔力，却是必死的凡妖，最终被英雄珀耳修斯斩首。为了砍掉墨杜萨的头颅而自己又不化为石头，珀耳修斯的办法是不直接观看，而是利用雅典娜所赠的盾牌反光和间接映像来靠近女妖。意犹未尽的是，蛇发女妖墨杜萨被斩首后，从她的血里诞生了一把金剑和一匹飞入天界的神马；蛇发头颅也转而成了克敌制胜的武器，镶嵌在雅典娜的盾牌上（赫西俄德《神谱》270–290，参《伊利亚特》5.738，奥维德《变形记》4.604–803）。在《高尔吉亚》中，苏格拉底与高尔吉亚及其两个学生的关系，似乎正是以珀耳修斯与戈尔戈三姐妹的关系为原型；至于苏格拉底是否成功运用了珀耳修斯的方法并达到同样的结果，则留待读者自己判断。

最后和最重要的是，感谢各位译者、各位师友的帮助、谅解和信任！

李致远

2018年夏月于人大静园

总论

存在的哲学

沃格林(Eric Voegelin) 撰

高 燕 译

“战争和战斗”是《高尔吉亚》的开篇之词,[①] 而其内容恰恰就是向腐朽的社会宣战。著名的修辞教师高尔吉亚在雅典的开明政治家卡利克勒斯家里做客。这是听众的节日。高尔吉亚接待了许多拜访者,准备回答拜访者向他提出的所有问题。苏格拉底在学生凯瑞丰陪同下,前往卡利克勒斯家,拜访这个大人物。正如在柏拉图笔下经常出现的那样,战斗的最终动机并没有清楚说明,而是通过对话的形式暗示出来。高尔吉亚被访问人流和长时间的谈话搞得有些疲惫,所以,他让自己的追随者珀洛斯开始这个讨论;苏格拉底则把开始的游戏留给凯瑞丰。参加战斗是为了争夺年轻一代的灵魂,谁将塑造城邦的未来领袖——是教授政治成功技巧的修辞家,还是在灵魂和社会中创造实存的神秘-哲人?

---

① 这篇关于《高尔吉亚》的研究摘自笔者的*History of Political Ideas*, MacMillan Company of New York 即出, a section of Part iii, Chapter 4。

存在问题

苏格拉底建议凯瑞丰提出的第一个问题：问高尔吉亚，“他是谁？”（447d）。开头这一步决定了整个对话。人的实存（substance）悬而未决，这不是一个现代意义上的哲学“问题”。这在任何时代都是决定性的问题，贯穿了意见、社会观念和意识形态的网络；它是诉诸灵魂之高贵性的问题，也是卑贱的知识分子不能忍受的问题。从这个最初的问题，展开了对话的主题：修辞术的功能、正义问题、行不义与受不义哪个更好、不义灵魂的命运。

柏拉图通过这些主题描述了其同代人的态度。高尔吉亚被比较轻松地放过了。苏格拉底把他拉入这样的问题：修辞教师是否也应该给学生们灌输正义的知识，以免他们滥用自己的技艺。高尔吉亚以最佳的广告风格赞扬自己的技艺，并承认修辞家必须教授正义；他谴责对修辞术的滥用，但拒绝对滥用其教导的学生负责。对话在这一点上进入了辩论。苏格拉底也会拒绝为听过其教导的年轻人的罪行负责，但他采取了更明确的谴责形式，即驱除这个年轻人且不再理他；破坏礼节则不可修复。高尔吉亚不得不陷入一种尴尬的沉默，因为他那优美的广告演说被珀洛斯的在场证明为不实：作为其追随者和拥护者，珀洛斯不讲道德，表现粗俗，简直是高尔吉亚败坏活动之邪恶后果的一个耀眼的实物展示。虽然年轻的珀洛斯随机应变，挺身而出支持其尴尬的导师并开始痛斥苏格拉底，但高尔吉亚的尴尬并没有减少。

与贱民搏斗

在文学性质上，随后珀洛斯一场是柏拉图谐剧艺术的杰作。然而，潜在的严厉和我们当代的经验不断提醒我们，在一个颓废的社会中，荒谬的知识分子是精神的敌人，他有足够的力量在形体上谋杀精神的代表。珀洛斯冲出来吵架。因为他不能把握对存在的忠诚与理智的论证之间的差别，所以他不明白他正是其老师尴尬的原因；他相信，其老师尴尬的原因是苏格拉底及其关于定义的诡辩。他抱怨苏格拉底不该提出修辞家是否能够并应该教授正义的问题。这个问题不公正；因为谁会否认自己知道正义且能够教授正义呢？根本就不应该问这种问题。迫使一个人承认某个他羞于否认的观点而使他陷入矛盾之中，这种做法暴露了苏格拉底实在粗野（agroikia，461b-c）。

这是个信号，苏格拉底开始用"我最卓越的珀洛斯！"转而攻击这位不幸的礼仪大师（master of etiqutte）。

首先，他巧妙地提出存在问题。他感谢珀洛斯来挽救辩论。因为人们为自己预备朋友们和儿子们，是为了自己变老和跌倒的时候，年轻一代会在言辞和行动方面帮助他们重新站起来（461c）。给了高尔吉亚的教育产物这一记耳光之后，苏格拉底确切阐述了他与珀洛斯进行讨论的条件，这种条件详细说明了存在的问题：珀洛斯必须限制他之前沉溺其中的长篇大论（makrologia）。因为没完没了的老于世故的陈词滥调使讨论变得不可能。苏格拉底的条件触及一个问题，我们所有人只要曾对右派或左派知识分子有所经验，都熟悉这个问题。如果一个人生活不诚实，滥用游戏规则，用无关的堆砌竭力避免明确说出某个观点，并且竭力消耗为讨论设置必然限制的时间,以此来获得胜利的假象,那么,跟这种人讨论就是不可能的。在这种情况下,唯一的防守办法就是拒绝继续讨论;但这种拒绝在社交方面有困难,因为它看起来违背了礼节规则和言论自由。珀洛斯立即抓住这个理由,并愤怒地反对说,苏格拉底不允许他想讲多长就讲多长。但战争在进行。苏格拉底震惊于珀洛斯的想法:在希腊最言论自由的城邦雅典,在所有人中,只有珀洛斯被禁止随心所欲地讲话!然后,苏格拉底提醒他,他那毫不相干的长篇大论会剥夺对话者的自由,如果他苏格拉底厌倦演说的时候却完全不准离开。在苏格拉底威胁要退出讨论后,珀洛斯才勉强同意了苏格拉底的条件。

当苏格拉底迫使珀洛斯承认一个作恶之人并没做他真正想做之事时,珀洛斯的关键特征显现出来了。因为一个人真正想要的只是好东西;如果他做了不义之事,他就是在违背自己的真实利益(interest)。如果沉溺于恶行却错误地相信自己在满足自己的利益,那就显出他自己没有力量做自己真正想做之事。因此,僭主没有力量。这个荒谬结论一得出,珀洛斯再也控制不住自己了,他打断论证并开始嘲笑(468e):好像你苏格拉底不愿意有权力在城邦里做依你看为好的事情似的;好像你看到任何人随心所欲地杀人、掠夺、监禁别人的时候都不羡慕似的!珀洛斯的嘲笑宣布了他自己的存在层次。他是那类会虔诚地赞美法律规则并谴责僭主的人——但又强烈地羡慕僭主,且极想使自己成为僭主。他是腐朽社会中一大群普通人的代表,这些普通人所有朝向秩序的努力都瘫痪,并为僭主的崛起提供了群众默许。

此外,珀洛斯为社会解体的高级阶段提供了政治瘫痪的微妙理由。他对苏格拉底的嘲笑暗示,他个人的卑劣是人性的尺度。任何人都只能成为卑劣之人,不可能成为别的什么人。他坚定地相信,每个人只要有机会,都会像恶棍一样行事。他之所以猛烈地嘲笑苏格拉底,乃是出于他对一个打破贱民的同志情谊并假装优越的人的真诚义愤。他不能被漠视;他坚持。他简略地描绘了阿克劳斯,一个名声不佳的人,此人最近凭一系列令人印象深刻的罪行获得了马其顿的统治权。根据苏格拉底,成功的僭主一定不幸福。这显然荒谬。珀洛斯嘲笑苏格拉底说,好像苏格拉底宁愿成为任何其他马其顿人而非阿克劳斯似的(471a-d)。珀洛斯之所以很固执,是因为他知道所有最好的人都支持他。他仍然放弃论证,因为他真诚地怀疑,竟然有人能诚实地坚持跟苏格拉底的观点一样荒谬的主张。带着类似绝望的心情,他指控苏格拉底蓄意不想赞同他,“因为你必定像我一样认为”(471e)。现在,战线被划分得更清楚。苏格拉底向珀洛斯保证,珀洛斯确实会找到大多数人支持他,并从包括伯利克勒斯在内的雅典名门望族中提出一份名单,他们全都会赞同珀洛斯。苏格拉底说自己则会孤掌难鸣;虽然如此,但他还是会拒绝让虚假的证人夺走财产,这财产即真理(472a-b)。

然而,我们尚未达到要杀人的程度。这是一场讨论,珀洛斯也接受了苏格拉底的条件。他试图诉诸所有人的想法来突围并打倒苏格拉底,现在已经失败。被庸众用来使精神沉默的两个大棒——即“自以为是”的论证和“那是你认为”——被证明无效。现在,苏格拉底迫使珀洛斯承认,行不义比受不义更坏,行不义而不受惩罚则最坏,因而臭名昭著的阿克劳斯比受害者更不幸,甚至因为逃脱了应有的惩罚而更不幸(479d-e)。一旦承认了这一点,修辞术的价值就会变得可疑。如果说罪犯(the guilty)应该做的是指控自己并得到惩罚,那么,修辞术所能服务的目的,则是保护自己反对某项合法指控并获得无罪释放。只有当修辞术被用于这种目的且唯当被用于这种目的时,它才会有价值(480b-d)。然而,事实上,它却被用于为罪犯辩护和保障不义的利益。修辞术对这些目的也许有用，但对那种没打算行不义的人，修辞术就无用了(480e–481d)。

珀洛斯被迫承认了这一点，但很勉强。他不能否认此前得出的结论，尽管结果是“荒谬的”(atopa，480e)。他像高尔吉亚一样尴尬，但两者的尴尬有一点差别。高尔吉亚仍有某种道德意识；他察觉到理智碰撞之下的存在冲突，良心也使他不安。珀洛斯则走得太远，以至于不为良心所动；他虽然在理智上被打败了，但失败并不能在他心里擦出道德的火花。他仍然被游戏规则束缚。

暴烈的反应必定会来自激进分子和被启蒙的政治家卡利克勒斯。随着辩论的展开，他早已越来越惊讶，也越来越愤怒。现在，他问凯瑞丰，苏格拉底对这些事是真诚的，还是在开玩笑。凯瑞丰保证苏格拉底是真诚的，卡利克勒斯就转向苏格拉底：如果那个结论是真的，整个人类生活不就被颠覆了吗？我们在任何事情上不就会做我们应做之事的反面了吗？(481c)卡利克勒斯已经正确感到苏格拉底话里的革命含义。这不是一个纯粹的理智游戏。如果苏格拉底对，那么，政治家卡利克勒斯所代表的社会就错了。既然错误进入了人类存在的精神内核，社会就会堕落到不再有权要求人的忠诚的地步。在历史上，社会的政治存在岌岌可危。战斗现在已经遇到真正的敌人：腐败秩序的公共代表。卡利克勒斯毫不犹豫地加入战斗。

情感和沟通

卡利克勒斯部分再次以苏格拉底确立的存在问题开始。苏格拉底知道自己必须期望什么；他警告卡利克勒斯，真理仍然是辩论的导航星，任何意见的压力都丝毫无用。谈话者之间的存在差异现在通过不同的爱欲(Eros)得到更准确的界定。苏格拉底热爱哲学,卡利克勒斯热爱雅典民众。[1] 当卡利克勒斯说他不敢反对他的所爱时,他属于这类政治家:他们会说"那些只是我的意见,如果你们不喜欢,我可以改"(481d-e)。在一些富于暗示性的句子中,柏拉图预先决定了争论的必然进程。苏格拉底和卡利克勒斯的两种爱欲,暗示了《王制》后来的发展及其关于好爱欲与坏爱欲的区分。《高尔吉亚》这里揭示了爱欲转化观念(a metaphorphosis of Eros)得以产生的处境。要害问题是在一个腐朽社会中沟通和理解的问题。苏格拉底与卡利克勒斯之间的存在差异是否如此深刻,以至于他们之间人性相通的纽带已经断裂了?

在《泰阿泰德》中,尽管柏拉图近乎把敌人描述为野兽,但他仍然看到,至少在私人交谈中,还是有可能挠到庸人的厚脸皮,触及其宣布弃绝的人性的火花,从而恢复共同体。因此,纽带没有断绝;但两者各自的支撑点在哪里?不可能在行为原则的层面找到,因为这恰恰是两个主角遭遇"战争和战斗"的层面。在政治层面上,任何和解都不可能;città corrotta[败坏城邦]的政治形式是内战。珀洛斯的例子已经表明,理智上的赞同也并不必然带来存在上的理解。

如果根本上可以找到某个沟通层面,那这个层面一定存在于更深处。柏拉图现在必须诉诸这个更深的层面,否则,与卡利克勒斯的争论就只会重复与珀洛斯之间没有实质结果的较量。柏拉图用术语pathos[情感]来指示这个更深的层面。

情感为人所共有,无论它在外表和强度上可能多么不同。情感指一种被动的经验,不是自觉的行动;是发生在人身上的、他所

---

① 要更详细地讨论这一场,就必须注意属人爱欲的含义。读者应该知道,苏格拉底把哲学称为ta ema paidika[我的情伴](482a)。

遭受的、命中注定降临于他的、在其存在核心上触及他的东西——例如,对爱欲的经验(481c-d)。情感面前人人平等,尽管他们把握情感的方式以及建立这种生活的经验可能有很大差异。柏拉图这部早期作品甚至有埃斯库罗斯式的笔触,它暗示,所有人都体验到的pathema[情感]可能导致每个人不同的mathema[学问]。共同的情感是沟通的基础。在使人分离的、生硬的、理智支撑的态度背后,存在着使人相结合的pathemata[情感]。无论理智的立场可能多么错误和怪诞,位于核心的情感都拥有关于当下体验的真理。如果人们能洞察这个核心并在一个人内部重新唤醒关于其condition humana[人性状况]的意识,那么,存在意义上的沟通就变得可能。

在情感层面沟通的可能,是使《高尔吉亚》的争论变得有意义的条件。如果不能诉诸情感,理智论证本身就会毫无效果。正如我们所说的,在这个关节点上加以提醒是必要的,否则,苏格拉底与卡利克勒斯随后的争论就会没有意义。至少必须打开通向情感的可能。但这并不意味着操作实际上会成功。卡利克勒斯同珀洛斯一样不会被改变。在政治层面,悲剧按常规发展,那就是杀害苏格拉底。既然诉诸情感仍然无效,结果似乎就会陷入僵局:潜在的共同情感如果不能实现,又能有什么意义?我们如果想理解《高尔吉亚》的结论,就必须承认这种僵局的严重性。这个僵局意味着,历史上和政治上的人性纽带被破坏了;珀洛斯和卡利克勒斯在人类道德之外。这是否意味着(不可避免的结果似乎如此),应该一见到他们,就将其视为危险的动物杀掉?《高尔吉亚》的回答肯定是否定的。

在《申辩》中,苏格拉底警告过审判他的法官们,其他人会追随他并重新坚决追问他为什么必须死这一问题。预言实现了;现在应该看到,正是柏拉图在问这个问题,并面临着遭受苏格拉底的命运的危险。但重复将是一种无意义的牺牲；除了组织一场以消灭雅典乌合之众为目的的反叛，有另一种选择吗？《高尔吉亚》的结论阐述了人类共同体即使在历史社会层面已然瓦解之时仍能维持下去的条件，这个条件就是对人的先验共同性的信念。作恶者的硬壳一直使人性诉求无法透过，但这个硬壳会在人死的时候脱落，并使赤裸裸的灵魂呈现在永恒的法官面前。活着的时候已经打破的秩序会在死后恢复。在“心的逻辑”（logique du coeur）中，死后审判是对生活沟通失败的回答。我们稍后会回到这一点上。目前我们应该知道，柏拉图在卡利克勒斯一场开始提到情感的共同性，是为死后审判作准备，这个死后审判是一篇没有在活人之间达成存在沟通的对话的先验延续。

颠倒的存在哲学

苏格拉底的爱欲是这一场的支配者。卡利克勒斯必须驳倒的不是苏格拉底，而是苏格拉底的所爱即哲学的真理；如果卡利克勒斯不驳倒爱欲，那么，他整个一生都会不协调，他永远不会同意他自己（482b）。卡利克勒斯蔑视要跟爱欲情感达成一致的诉求。其长篇回答的开场白（482－486d）就他自身而言解决了存在问题。卡利克勒斯通过颠倒苏格拉底的诉求来拒斥它；颠倒的方法是把它转换到庸人的层面。柏拉图揭示了一个论证在对话者之间没有存在沟通的时候所具有的双重含义，从而达到一种非凡的戏剧效果。苏格拉底已经限制了珀洛斯的长篇大论，并通过警告卡利克勒斯而使问题尖锐化，这个警告就是：诉诸大众意见丝毫不能有效地反对要与真理之爱一致的法则。

卡利克勒斯颠倒了这一警告，并称苏格拉底是个标准的大众演说家(demegoros),一个靠迎合大众偏见来赢得成功的流俗演说家。此外,他还嘲笑苏格拉底的情感(pathos)话题,他指控苏格拉底以大众演说的方式夸夸其谈,因为他已经设法使珀洛斯遭受了(pathein)高尔吉亚(通过诱使他承认修辞家必须教授正义,482c)之前已经遭受(pathein)的同一种情感(pathos)。苏格拉底通过玩弄自然(physis)与习俗(nomos)之间的冲突而取得这种优势:根据习俗,人们说作恶比受恶更坏;但根据自然,受恶更坏。高尔吉亚和珀洛斯害怕违背习俗,这才陷入自相矛盾(482c–483a)。

显然,卡利克勒斯绝非平庸的对手。他不会像前任一样因为某种半心半意的立场而陷入自相矛盾。他凭自己的某种存在哲学来迎战苏格拉底的存在诉求。情感(pathos),苏格拉底理解为使人通向那些触及其存在核心的经验的途径,在卡利克勒斯手里却成了破坏讨论的灾难,成了竞赛的退步。这种含义变化显示了卡利克勒斯对存在的解释方向。存在一定不能用向善的爱欲(Eros towards the Agathon)来解释,而必须用强者或弱者的自然(physis)来解释。自然是基本的实在,而以胜利来显示自然(the victorious assertion of the physis)是生活的意义。灵魂的秩序(对苏格拉底而言源于神秘主义者的爱欲论)现在被作为习俗扫到一边,它只是自然的弱者为了限制自然的强者而发明的。

实际上,无人宁愿受不义甚于行不义;这样说的人具有一种奴隶的本性;任何具有高贵本性的人都不会同意(483a–c)。这不是像珀洛斯这种自觉做贱民(en canaille)的二流恶棍的态度;这是从一种相反的存在立场进行的深思熟虑的价值转换。卡利克勒斯知道,他只有使苏格拉底的立场无效,才能维护自己的这种立场。为了这个目的,他使用了自然(physis)与习俗(nomos)的区分;凭这个工具,他击中了苏格拉底爱欲论的中心:

你只是假装追求真理！事实上，你是在向大众宣传包含某种庸俗诉求的东西！(482e)[①]

珀洛斯仍然处于绝望之中：一个人怎么能像苏格拉底那样持有如此荒唐的观点？卡利克勒斯知道其动机：苏格拉底像其他所有人一样在玩游戏，他是一个假装高尚而寻求支持的大众演说家。卡利克勒斯知道意识形态；他走到他人背后，并揭露意识形态外表之下的可疑动机。对苏格拉底式的存在立场的理论攻击，变成了一种对大众演说家的政治攻击。

但政治家卡利克勒斯为什么要对道德的传道者如此激动呢，毕竟，这种道德只会使奴性的对象得到满足而不会妨碍看穿骗局的高人呀？情况很复杂。苏格拉底的诉求其实伴随着对政治家的真正威胁。把习俗描述为一种发明，这暗示发明者本人在其自觉意识层面察觉了道德原则的人为特征。珀洛斯在这一点上足够直言不讳：没有任何人会支持苏格拉底，所有人都羡慕僭主。因此，习俗的限制通过僭主的受害者的默许得到缓解；他们自己当然不想忍受，但只要其他人忍受，他们就不会有丝毫反抗。一个社会腐败到这种程度的时候，从卡利克勒斯的观点看却值得向往；一个人若设法说服人们相信，习俗并非习俗，习俗的真理可以通过诉诸它们源于其中的存在经验得到证实，习俗必须被严肃对待，那么，他就可能严重搅乱默许犯罪的和谐气氛。如果一片可观的民众防区被苏格拉底的布道攻陷，情况就变得令卡利克勒斯及其同类不愉快了。

然而，除了害怕苏格拉底成功赢得民众，卡利克勒斯还要抵

---

① 通过从至善（summum bonum）向自然的方向颠转而产生一种新的存在哲学，这个问题反复出现在政治崩溃时期。

抗更多东西。对话的情境并非民众集会的场面。统治阶级的成员就在他们之中。在这个团体中，苏格拉底的主张没品味（in bad taste）。这正是珀洛斯抱怨的。尽管珀洛斯因为苏格拉底本人不像贱民（en canaille）一样行动而愤慨，卡利克勒斯却反对说，苏格拉底并不像一个高贵类型的绅士一样行动。因此，卡利克勒斯随后的评论虽然有潜在的威胁意味，但他告诫苏格拉底改变生活方式，也并非完全不友善。这些评论让我们特别感兴趣，因为它们不大可能是一个非常年轻的人对历史上的苏格拉底所作的评论，同时也因为它们包含一些不太符合苏格拉底生活状况的细节。在卡利克勒斯的这些告诫中，我们很有可能不得不看到柏拉图自传的片段。卡利克勒斯的说法就像柏拉图家里一个朋友可能偶尔向他表达的一段心曲。

卡利克勒斯以澄清正义与不义这两个术语来开始自己的告诫。传统的立法者们以这种方式界定正义：他们会恐吓强者，以免强者胜过他们，同时他们也宣称，一个人想要比其他人拥有更多（pleonektein）是可耻且不义的（483c）。正义与不义在习俗意义上分别看作对平等的欲求与对pleonexia［拥有更多］的欲求。然而，根据自然，pleonexia是正义的；无论在动物领域或人类之间，在城邦之间或民族之间，正义的秩序都是强者统治弱者这个规则（483c–d）。[①] 创造历史的人遵循这种自然法则；因为基于什么其他理由，才能证明薛西斯对希腊的侵略是正当的呢？当然不是通过习俗——我们从小就教导我们中最好和最强的人以这种习俗，以便像驯服年轻的

---

① Pleonexia 的问题与“颠倒的”存在哲学密切相关。新的存在哲学在公元17世纪重现时，Pleonexia的问题也随之重现。洛克的政治哲学有一个奇怪的企图，即把Pleonexia作为习俗正义传播。洛克把政府转变成一种保护pleonexia的机构，从而使“欲求比别人拥有更多”制度化。

狮子一样驯服他们。一个人若有足够的力量,就会打破所有这些魔咒,奴隶会揭竿而起并成为我们的主人,正义的光芒会照耀四方。

苏格拉底只要放弃哲学并转向更重要的事物,就会理解这一切事。若在年轻时代有节制地追求哲学,哲学就是一种优雅的才艺,但如果一个成年男人仍然沉溺于哲学并在后半生继续从事哲学,他就会不知道一个绅士应该知道的东西。他就会缺乏政治经验;他就会没有能力在辩论中坚持自己的观点;他就会不知道人情世故及其出自快乐和欲望的动机。[①] 这种人若进入商业和政治事务,就会显得可笑,正如一个实务家进入哲学辩论就会变得可笑一样。[②] 人们必须兼备这两种才艺并使之保持适当平衡。因此,年轻人对哲学感兴趣不是耻辱,相反,学习哲学适合一个自由人,而忽视哲学的人永远不会成为一个具有高贵情操的高人。但沉溺于哲学则使男子汉变得女人气:他会在人们显示自我的公共集会上感到害羞;他会跟三四个仰慕他的年轻人在角落里闲荡,却从不像个自由人一样大声讲话。卡利克勒斯向苏格拉底保证他有善意和感情,他问苏格拉底是否不为一个哲人的臭名昭著的无能自卫的状态感到羞耻。因为如果人因为一件他没做过的坏事而逮捕他,他会怎么做呢?他会感到困惑,不知说什么;在法庭上,他甚至没有能力为自己辩护,使自己免于死刑。一个人若不能防御敌人并保护自己,若被人殴打而不给对方以惩罚,那么,他的价值是什么呢? [③]

---

① 读者可以比较这一段与边沁对"苦行者"的攻击。

② 在告诫的这个部分,我们也许应该看出《泰阿泰德》转向的起源。

③ 卡利克勒的这部分讲辞明显有自传性质。人们必须认识到柏拉图这时在雅典的处境,以及这类闲话给一个对自身品质有自觉的骄傲之人造成的影响。

反对颠倒的存在哲学的论证

卡利克勒斯的立场,取决于把善和正义等同于强者天性的自信表达。继这个警告之后的卡利克勒斯与苏格拉底之间的争论证明,这种立场站不住脚。我们不必详细追踪这段冗长的争论(486d–522),但我们必须挑出苏格拉底的主要论证,因为那些论证至今仍然是反对"颠倒的"存在哲学的经典论证系列,这种"颠倒的"存在哲学正是启蒙时代和实证主义文明的典型特征。我们可以发现,相同的理论状况又在18和19世纪重现。

卡利克勒斯的主张有一个基本的弱点,这个弱点也是这类存在主义的特点。卡利克勒斯没有严格否定价值的差异;他不打算否认勇敢高于怯懦,或智慧高于愚蠢。他把好人与强者等同的时候,依据的是一个含糊不清的前提,即认为下述两者之间存在一种预定和谐:一者是他表达的欲望,一者是他没有分辨太清但在习俗上给予赞同的那些价值的社会成功。苏格拉底在论证中使用的技巧,乃是指出那些否定上述预定和谐的事实,并使卡利克勒斯陷入其价值假设与其存在主义的结果之间的矛盾之中。

苏格拉底首要且最明显的攻击是针对强与善之间的一致。卡利克勒斯已经坚持,最强者的统治就是正义。苏格拉底提出这样的问题:如果更差者的人数足够多,他们有没有可能变得比更好者强?若能,那么,人数更多的弱者能利用被藐视的习俗,不就是更强者吗?这样一来,自然正义反对习俗正义的论证不就失败了吗?卡利克勒斯被下述观念激怒了:一群奴隶般的乌合之众仅仅因为碰巧在身体上更强,就应该给他制定法律。他立刻撤回自己的价值立场并强调,他所说的"强者"当然是指"更优秀者"。因此,对"最适合者生存导致最好者生存”这个原则的第一次辩护失败了。

所谓的“优秀者”,最终被卡利克勒斯界定为在国家事务方面最智慧且最勇敢的人。他们应该成为统治者,也应该比被统治者拥有更多(491d-e)。苏格拉底用如下问题反击他:他们应该比他们自己拥有更多吗?这个问题引起卡利克勒斯新的暴怒。一个人不应该统治他自己,恰恰相反,善和正义在于欲望的满足。

> 奢侈、放纵和自由(tryphe, akolasia, eleutberia),只要作为手段有帮助,就是美德和幸福(arete, eudaimonia);而那些相反的东西,都是毫无价值之人的装饰空谈。(492c)

对苏格拉底而言,提议欲求这种连卡利克勒斯都为之难堪的卑劣行为并不困难。但卡利克勒斯已经变得顽固,并坚持把幸福等同于欲望的满足;他也拒绝区分好的快乐与坏的快乐(495b)。

卡利克勒斯的抵抗使苏格拉底有机会引入这样的问题:被卡利克勒斯视为好人的人(如智慧且勇敢的人),是否比那些被视为更差的人(如懦弱之人)感到更多的快乐。质问的结果是,一个懦夫大有可能比一个智慧且勇敢的人体验到更多快乐。因此,根据卡利克勒斯的推理,懦夫必须被视为更好的人,因为他们在快乐主义的意义上体验到更多幸福。最终,这个矛盾迫使卡利克勒斯承认有好坏快乐之别(499c)。

承认这一点让卡利克勒斯感到一筹莫展。苏格拉底得以一步步迫使对手不情愿地赞同积极的存在哲学——从这种哲学派生出后来《王制》的立场。在目前的语境下,我们必须集中于卡利克勒斯与苏格拉底-柏拉图之间的存在敌对和关于政治腐败的批判分析。首先,苏格拉底现在以一种更激进的方式重新提出了沟通问题。灵魂只有良好有序,才能称为合法的(nomimos)(504d);灵魂只有具有正确秩序(nomos),才能进入沟通(koinonia)(507e)。情感仅仅是共同体的一个前提;为了实现共同体,爱欲(Eros)必须被导向至善(Agathon),扰乱人的激情也必须受节制(sophrosyne)所限。如果欲望不受限制,人将过一种强盗(lestes)的生活。这种人不可能成为神或其他人的朋友(prosphiles),因为他没有能力共同交流,而没有能力交流的人就不能拥有友谊(philia,507e)。"友谊",philia,是柏拉图用来表示存在共同体这种状况的术语。Philia是人与人之间的存在纽带,也是天与地、人与神的纽带。因为philia和秩序遍及一切,宇宙才被称为kosmos[秩序],而非混乱或放纵(akosmia,akolasia,508a)。

谋杀者面对受害者

存在秩序的含义被重新确立。苏格拉底与卡利克勒斯之间的存在问题现在能认真地讨论下去。苏格拉底重申了恶的不同等级:(1)受不义坏;(2)行不义更坏;(3)最坏的是保持行不义造成的灵魂失序而没有体验到通过惩罚恢复秩序。卡利克勒斯的嘲讽——即哲人容易遭受耻辱的对待——现在能在秩序哲学的层面上得到解决。卡利克勒斯的立场是:最重要的是有效保护自己不受不义。苏格拉底则坚称,为了不受不义而付出的代价可能太高了。一个人若获得某个掌权的位置,或成为掌权者的同伙,就能最有效地避免受不义。僭主位于免受不义的理想位置。关于僭主的本性没有什么疑问;而僭主的同伴只有具有相似本性的时候,即默许统治权的不义行为时,才会被僭主接受。僭主的同伴可能避免受不义,但其败坏必然使他陷入行不义。

卡利克勒斯热情地赞同并再次提醒苏格拉底，僭主的同伴会掠夺和杀死那种不模仿僭主的人。论证接近高潮。卡利克勒斯的嘲讽只是对他自己那一类人有效，对一个准备赴死的人完全无效。苏格拉底的回答是：你认为，所有关切都应该导向生命的延长吗？(511b-c)“真正的人”并不那么贪爱生命，而且可能有一些使他不再关心生命的情况(512e)。虽然论证并不是针对卡利克勒斯个人，但我们觉得张力越来越朝向一点，即卡利克勒斯通过自己的默许行为，对谋杀苏格拉底(也许包括柏拉图本人)负有连带责任。卡利克勒斯所鄙视的社会习俗正在逐渐失去作用；自然的拥护者被迫承认他自己是个谋杀者，承认自己正直面受害者。这种情况对我们中的一些人很有吸引力，这些人发现自己处于柏拉图的立场，并认识到，在我们今天交往的人之中就有为权力拉皮条的知识分子，后者会在明天默许谋杀我们的行为。

权威的转移

然而，要卡利克勒斯个人来承担谋杀的罪责，那他也太荣幸了。整个社会都是腐败的，而且腐败的进程不是昨天刚开始的。卡利克勒斯只是一类人中的一个；他甚至可能使自己陷入他自己挖深的泥淖之中。苏格拉底从原则上提出了好政治家的问题。善与恶现在是根据推进或败坏存在秩序来界定。根据存在的秩序，一个政治家若在自己的统治下使邦民变得更好，就是好政治家，若使邦民变得更坏，就是坏政治家。苏格拉底评论了雅典历史上引以为豪的那些人：忒米斯托克勒斯(Themistocles)、伯利克勒斯(Pericles)、喀蒙(Cimon)、米尔提阿德斯(Miltiades)。根据他的标准，他发现这些人都不是好政治家。他们用船坞、港口、城墙和税收来扩张城邦，却没有给正义和节制留下任何位置。

关于他们统治的邪恶特性,决定性的证据是,正是他们本来有责任予以改善的邦民,却反过来对他们自己作出了凶残的不义行为。当今一代继承了由这类“伟大”政治家的成功统治而积累起来的恶。像卡利克勒斯和阿尔喀比亚德这些迎合大众邪恶激情的人,很可能成为大众的受害者。因此,卡利克勒斯告诫苏格拉底遵从政治的习惯并成为民众的谄媚者,是想干什么? 卡利克勒斯当真要建议苏格拉底加入仍在继续腐化社会的那些人之列吗? 确切地说,他的使命不是宣布那种会恢复某种秩序的真理吗? 但卡利克勒斯不能打破其邪恶的圈子。他只能不断重复说,结果会令苏格拉底不快。

苏格拉底的回答确定了柏拉图的立场:毫无疑问,结果会令人不快。谁不知道在雅典任何人都可能遭受任何事呢,即使他被处死,也不会令人惊讶;相反,他宁愿期望这样一种命运。他为什么预料到自己会死? 因为他是关心真正政治技艺的少数雅典人之一,也是他那个时代唯一像政治家一样行动的人(512d)。

柏拉图凭这个最终的阐述,宣称自己具有那个时代真正的政治家风范。这个最终阐述有几个方面的重要性。在《高尔吉亚》的结构中,这种宣称削弱了卡利克勒斯在公共事务方面给任何人提建议的权威。一个被判为残暴谋杀者的同谋和败坏祖国者的人,并不代表秩序,也不能说出任何人应该尊重和听从的话语。公共秩序的权威在苏格拉底一边。在柏拉图与雅典人的关系方面,这个宣称谴责了被“热爱民众之情”(demou Eros,513c)所困扰的政治家,视之为苏格拉底-柏拉图所代表的存在秩序的对手(antistasiotes,513c);权威秩序从雅典民众及其领导者转向柏拉图一个人。尽管许多人都会觉得这种转移令人惊讶,但柏拉图的宣称在历史上已经证明非常合理。卡利克勒斯所代表的秩序已经堕入耻辱之中;柏拉图所代表的秩序则使雅典幸存下来,在那些没有放弃西方文明传统的人的灵魂秩序中,也仍然是最重要的因素之一。

最后,这个宣称与政治观念史有某种关系,因为柏拉图的情况重现于最近的西方历史,重现于尼采身上。面对19世纪权力政治的恐怖,特别是在俾斯麦原则的压力之下,尼采用跟柏拉图几乎相同的语词重启这个宣称,蔑称俾斯麦的Grosse Politick[大政治]为Kleine Politik[小政治],并反对这种篡夺,宣称他自己才代表那个时代的政治家风范。

死后的审判

权威从雅典人转到柏拉图是《高尔吉亚》的高潮。然而,转移的含义和新权威的来源仍然需要澄清。让我们回忆一下问题的关键是什么。权威的转移意味着雅典(作为历史上民众的公共组织形式)的权威已经失效,并被柏拉图个人身上显示的一种新的公共权威取代。这是革命。它甚至不只是一场新旧政治势力之间为了争夺权力而进行的普通革命。柏拉图的革命是一种彻底要求精神革新的革命。雅典人民已经失去自己的灵魂。雅典民主的代表卡利克勒斯在存在上是混乱的;雅典历史上的伟大人物是其祖国的败坏者;雅典法庭能杀死一个人的身体,但其判决却丝毫没有惩罚性的道德权威。一个在历史上与神相伴而行的民族的基本raison d'être[存在理由]已经终止;雅典没有理由继续存在,就其所是的本质而言。《高尔吉亚》是对雅典的死刑判决。

但作出判决的权威有何性质?柏拉图通过《高尔吉亚》结尾关于死后审判的神话予以揭示。卡利克勒斯已经反复提醒苏格拉底,等待他的命运就是落入雅典法庭之手。苏格拉底则在最后一次回答中说,他宁愿带着一个正义的灵魂死去,也不愿带着一个充满不义的灵魂进入彼岸。因为那是所有恶中最根本、最坏的(522e)。他用神话阐述了作出这个决定的理由。从克洛诺斯时代,就有一条关于人的命运的法律,它在诸神中仍然有效:那些度过正义而圣洁的一生的人,死后会去福岛(the Islands of the Blessed);而那些度过不义且不敬的一生的人,死后会去地狱(Tartarus)接受惩罚。

在克洛诺斯时代,直到最近的宙斯时代,审判都是在人将死的那天进行;受审判的人和法官都活着。结果,经常出现误判,因为人们“穿着他们的衣服”,即仍然有身体,身体的装饰掩盖了灵魂的真实特征;法官本人“被他们的衣服”所障,无法正确观察他们面前的灵魂状态。对误判的抱怨上达宙斯,他就改变了程序。现在,判决转向死后的灵魂;负责审判的是宙斯已死的儿子们,即米诺斯、剌达曼堤斯和埃阿科斯(523-524a)。被剥去身体的灵魂暴露出自身的美丽或残缺,法官们得以公正地审视他们,因为没有什么东西显示他们在尘世的身份,因而他们可以正确地把他们送往福岛或地狱。惩罚的目的是双重的。灵魂会通过暂时受苦而得到惩戒,除非这灵魂太坏;然而,有些灵魂是不可救药的,会遭受永恒的痛苦,其目的是使尚未悔改的灵魂充满恐惧,从而有助于警示他们。遭受永恒惩罚的完全邪恶的灵魂似乎总是(如果我们信任荷马的权威)那些在其身体存在的时候充当统治者和掌权者的灵魂,因为最大的罪行总是那些掌握权力的人干的。然而,如果一个好灵魂出现在法官们面前,它最可能是一个曾是哲人并终生克制自己不干涉他人事务的人的灵魂(526c)。

《高尔吉亚》的神话是关于政治哲学和政治史学的最早的柏拉图诗歌。其构造非常简单,但它初步包含了后来《王制》《治邦者》

和《蒂迈欧》的诗歌以更具差异的象征主义所表达的含义。目前这个神话的特殊价值在于要素简洁,并接近其中所表达的原初经验。苏格拉底在说明这个神话之前,警告卡利克勒斯不要仅仅视之为一套美丽的故事,他讲的其实是“真理”(523a)。我们看到,这里以简略的形式提出了神话的真理问题,这个问题在《蒂迈欧》中成了详细讨论的话题。因此,我们不应该在公开的“美丽的故事”层面寻求真理,而应把象征转译成它们所代表的灵魂经验。第一组需要转译的象征是克洛诺斯时代和宙斯时代。我们从《治邦者》了解到它们的含义。它们意味着民众神话的时代与有差异而自主的个人时代的历史相续。

柏拉图在《高尔吉亚》中引入这两个时代,是为了确定审判程序改为死后是在什么年代。在克洛诺斯时代,且“直到最近的宙斯时代”,灵魂都是在身体仍然“活着”的时候接受审判;也就是说,审判之所以出现偏差,是因为考虑了灵魂的尘世身份。而现在,灵魂是在“死后”接受审判,也就是说,赤裸裸地受审,不考虑尘世的地位。这种审判方式的改变是非常“新近的”;也就是说,在历史时间上,柏拉图讲的是苏格拉底开创的接近灵魂秩序的新路径。在这种新的分配制度下,那些赤裸的灵魂由“宙斯的儿子们”审判。我们再次从《治邦者》了解到这个象征的含义。宙斯的儿子们是新时代的人,大体是指神秘—哲人(the mystic-philosophers),首先是柏拉图本人。宙斯的这些儿子们是“已死的”。因此,我们必须弄清神话中“生”和“死”的象征意义。

关于神话中死亡的含义,这篇对话本身的一些附带评论已经作了精心铺垫。卡利克勒斯赞扬享乐主义的幸福生活时,苏格拉底提出,这种生活会变成某种可怕的东西(deinos)。其实欧里庇得斯可能是正确的,他说,生就是死,死就是生。极有可能,此时此刻的我们就必须被视为死人，因为一个圣贤说过，我们的身体（soma）是我们的坟墓（sema），这话可能是真实的（493a）。[①] 因此，灵魂的真实生活是摆脱身体牢狱的自由存在，是一种先于或后于其尘世坟墓的生活。关于生前灵魂和死后灵魂（pre-existence and post-existence）的含义，柏拉图本人在其他对话有详细表述。关于生前灵魂的伟大象征见于《斐德若》的神话。

让我们仅仅回忆一下阐明“宙斯的儿子们”的含义的那一段。在《斐德若》中（250b），柏拉图提到，幸福生活在于，“我们（哲人们）遵循宙斯的安排”，看见现在能够通过回忆想起来的永恒存在的形式。关于死后灵魂的观点，特别是关于灵魂在死后的净化，《克拉底鲁》中有一段话很重要（403-404b）。在这一段中，柏拉图驳斥了人们对阴间统治者的无端恐惧。他的名字“普路托”和“哈得斯”表明他很富有，因而并不想要我们的任何东西，而且他具有关于所有高贵事物的知识。如果住在他面前的灵魂确实有理由害怕他，那么，至少现在或那时，那些灵魂就会逃离他。但事实上，他们愿意与他住在一起，是他们自己的主动欲望把他们与他绑在一起，因为他具有关于美德的知识，并给灵魂指出了通向完善的道路。然而，活着的时候，灵魂没有充分发展这种追求完善的欲望。这就是为什么普路托只有在灵魂摆脱身体的激情之后才许灵魂前去的原因。只有在人死后，灵魂才会自由地追随其不受干扰的向往美德的欲望（peri areten epithymia）。普路托用这种欲望把各个灵魂与他自己绑在一起，因为它们最终会通过跟他的关系而获得一种净化，而只要它们被“身体的恐惧和狂暴”困扰，就没有能力得到净化。因此，为

---

① 生即灵魂埋葬在身体里，这个比喻也重现于其他语境。例如，在《斐德若》250c，柏拉图讲到灵魂被身体“埋葬”但仍然“纯洁”。

了使灵魂经历阴间的净化，没有必要使用任何强制；相反，在阴间，灵魂最终是自由地经历在尘世被身体障碍所阻止、而它其实想要的净化。

这些不同的段落某种程度上澄清了《高尔吉亚》关于生死的神话用法和象征意义。死，要么是灵魂被埋葬在尘世身体的坟墓之中，要么是身体的脱落。生，要么是指尘世的生存，要么是灵魂摆脱身体的狂暴而得自由。这几种含义之间的转换是《高尔吉亚》丰富内涵的源泉。

让我们从历史层面的象征意义开始。在历史—政治的进程中，像卡利克勒斯那样贪婪地活着的人，其实“已经死了”，被埋葬于身体的激情和狂暴之中。他们被“活着的”人审判，也就是被那些神秘—哲人们审判，后者使自己的灵魂参透死亡的经验，并因而已经获得摆脱身体激情的、sub specie mortis［直面死亡］的生活。权威的转移意味着灵魂生活对致死的尘世激情的胜利。然而，灵魂生活与身体坟墓之间的这种紧张，在历史上只有“最近”才显现。以前，在民众的神话时代，生死之间的区别尚未变得如此清晰，在那个时候，尘世的存在很容易被误解为灵魂生活。灵魂首先必须通过死亡经验而跟身体分离。只有死神（Thanatos）已经进入灵魂的时候，灵魂才清晰地区别于身体sema［坟墓］；只有那时，灵魂的非肉体性质、它与宇宙的永恒共在、其秩序的自主性才变得可以理解。

在发现和解放灵魂方面，苏格拉底的生死是决定性事件。苏格拉底的灵魂通过其爱欲论而导向至善（Agathon），至善则用其永恒实体侵入其灵魂，从而创造了超越身体激情的灵魂的自主秩序。通过这种净化，灵魂在其尘世存在中接受其永恒的死后存在的圣痕（stigma）。苏格拉底的生活，是通过死亡侵入尘世生存而获得灵魂解放的伟大典范；而imitatio Socratis［模仿苏格拉底］已经成为其追随者们首先是柏拉图的生活规则。现在宙斯的儿子们已死，只有当死亡在生活中拥抱他们的时候，才显示出生活的真实含义是灵魂的净化；也只有已死的灵魂，才有清晰的视力，能够判断“活着的”人。因此，法官们的权威是死对生的权威。

但那些没有在存在中体验死亡，并通过这种体验而获得灵魂生活的人呢，他们有什么地位？这个问题决定了历史是不是一个有意义的秩序，即历史是不是一个神谱式的进程。如果我们谈到神谱进程的问题，那就必须接受一个事实，即历史上的神圣启示在本体论上是真实的。关于民众的神话实际上被关于灵魂的神话所取代。民众神话完全衰落了；它被pleonexia[拥有更多]和理性腐蚀了，如高尔吉亚、珀洛斯和卡利克勒斯所证明的。通过苏格拉底揭示的灵魂秩序，其实已经成为神人之间关系的新秩序。这种新秩序的权威是不可逃避的。把自己掩埋在肉体存在的坟墓中(卡利克勒斯的逃避)毫无用处；出自民众神话的道路不是导向自然的黑暗，而是通向灵魂生活；灵魂必须死亡，剥去身体，站在法官面前。这种新秩序甚至被那些带着愠怒和顽固看待它的人所秘密理解，因为这种秘密理解使谈话者至少在对话期间结合在一起。我们一定想起《克拉底鲁》的一个段落。“好德的欲求”是现成的，即使它被身体的mania[狂热]遮蔽了；一旦身体的障碍被去除，它就会自由地统治。

对话是一种存在沟通的尝试，就此而言，它也是使灵魂摆脱其激情、剥掉其身体的尝试。苏格拉底向对话者们讲话的时候，好像他们是“已死的”灵魂，或至少好像他们是能够死去的灵魂。就苏格拉底而言，对话是一种使他人至少试探性地服从死亡净化的尝试。因此，死亡审判在某种程度上就在对话本身中展现出来，具体地说，就体现在苏格拉底试图透过对话者们的“身体”而刺中他们赤裸的灵魂。他试图让那些用死亡威胁他的人死去，并因而活着。

因此,苏格拉底讲完神话故事之后,最后一次转向卡利克勒斯并向他提出一番劝导,以替换前者的友好告诫。他向卡利克勒斯保证,他信服审判的真理,并希望在法官面前呈现洁净的灵魂;他还希望尽自己最大的能力规劝所有人都同样信服。因此,他现在劝导卡利克勒斯参加这场战斗(agon),这场战斗是生活的战斗,比任何其他战斗更伟大。否则,他就会在永恒的法官面前遭受他所预言的苏格拉底在尘世法官面前所要遭受的命运。“跟随我的说服”——他会引导卡利克勒斯走向今生和死后的eudaimonia[幸福](527c)。存在的诉求现在得到这种要求的终极权威支持,即要求自由服从此时此地不可逃避的审判,那就是:进入那些其灵魂已被死亡解放并生活在审判面前的那些人组成的共同体中。

灵魂的尘世存在与其死后存在之间的障碍被解除了。在脱离身体的分界线两边,对灵魂而言,存在的意义都是净化。灵魂在尘世存在中没有获得净化,一定会在死后存在中取得。因此,灵魂在死后必然经历的惩罚(timoria),并非不同于它在今生为了洗罪而必须遭受的惩罚。这种净化的惩罚是一种社会进程;它能被诸神或人们所应用。那些能受其触动的人,是那些错误行为(hamartemata)可以救治的人;他们能够通过痛苦和受苦而经历净化。除此之外,灵魂没有任何其他方式解脱罪恶(adikia),“在此世或彼世”(525c)。通过“在此世或彼世”受苦来净化灵魂,这个观点再次让人感觉到埃斯库罗斯的风格:通过受苦获得智慧,对神们和人们而言都是灵魂的伟大法则。

因此,可救治的灵魂永远处于受审判的状态;能在审判面前永远体验它自己,可以说是可救治的灵魂的标准;“只有好灵魂才在苦难之中”(only the good souls are in hell)——别尔嘉耶夫(Berdiaev)偶尔论到这个问题时说。然而,如果不是从存在角度来理解这个观念,而是把它作为教条,就会产生一个意想不到的后果。如果死后惩罚的象征被误解为一种教条主义的假设,不那么好的灵魂就可能得出这样的结论:它们将等待死后生活,并看看那时会发生什么;如果无论如何受苦都是灵魂的命运,它们就可以等待死后分摊苦难(灵魂受苦只是一个教条主义的主张),同时享受某些令人快乐的罪行。这是一个教条脱轨的心理学问题,类似于加尔文派的某些论据产生的问题:如果灵魂的命运是预定的,一些人就可能得出结论说,他们做什么都不要紧。这种因为教条地误解神话的存在真理而导致的心理出轨,柏拉图抢先予以阻止,因为他威胁说,要给予不可救药的灵魂以永恒的定罪。在神话的象征体系中,永恒定罪与灵魂神话层面的拒绝沟通相互关联;用存在主义的措辞来说,永恒定罪就意味着自我定罪。神性的显示在历史中继续进行;权威归于与神友好生活的人;罪人只能获得灵魂的万劫不复,此外一无所获。

柏拉图的哲学宣言

卡　恩（Charles H. Kahn）撰

雷传平　译

《高尔吉亚》的位置

《高尔吉亚》是柏拉图最伟大的作品之一，也是他最长的著作之一（在柏拉图所有对话作品中，只有《王制》和《法义》较之稍长）。这里，苏格拉底相继与三位对话者交锋，比柏拉图其他艺术作品更有力地融合了哲学要素与戏剧要素。柏拉图承接古希腊道德主题，即两种生活的选择问题，并把它转换成一种哲学辩论：道德的原则是什么，美好生活的本质（nature）是什么。柏拉图生动地复活了苏格拉底及其对手，再现这些问题，给人留下难忘而强烈的印象。

《高尔吉亚》也是两个哲学领域的基础文本，不管在伦理学，还是在政治理论领域，它都是第一部大作。《克力同》也讨论某些相同的主题，苏格拉底在其中解释自己为何不逃离监狱，因此可以说，柏拉图曾两次创立道德哲学：第一次在《克力同》中，第二次在《高尔吉亚》中。当然，柏拉图的这些思考在苏格拉底那里已有所预示，只是我们无法确定在多大程度上有所预示。《高尔吉亚》的力量主要来自以下事实：这篇对话既展示了历史上的苏格拉底个人形象，也体现了柏拉图如何反思苏格拉底生死的哲学意义。

《克力同》证明一个人如何可能凭理智促成一项重要的实践决断,从而举例说明了道德哲学。按这篇对话的描述,苏格拉底随时准备“遵从那经过反思、依我看最好的道理(logos)”(46b)。苏格拉底相当清楚,这种道德推理必定始于某处,始于某种基本原则或archē[开端/本源]。他也知道,大多数人不会接受他自己的原则——即决不行不义,即使别人对自己行不义,也永不对别人行不义。苏格拉底借用这个原则阐述了一套系统论证,表明像克力同力劝的那样逃出监狱将是一种不义行为。因此,苏格拉底宁愿接受死亡。

> 最重要的不是活着,而是活得好,也就是活得美而正义。(48b)

不义是灵魂的疾病,带着病态而堕落的灵魂生活是不值得过的生活(47d–e)。若苏格拉底真被视为道德哲学的守护神(patron saint),[①] 那不仅仅是因为他坚持必须批判地反思如何做正确之事,并以详细的论证阐发了这种反思,而且是因为,苏格拉底在《克力同》中平静地面对死亡——这符合他以往的生活原则——以实例证明了一种绝对服从理性指导的承诺。

在苏格拉底与克力同的对话中,这些原则可以看作理所当然,因为双方都赞同。柏拉图戏剧性地描绘苏格拉底,让他显得理性地接受这些原则并因此获得非凡的性格力量,从而让读者更加相信这些原则。这样,我们就看到,在《克力同》中,柏拉图的文学天赋服务于他主要的哲学事业:为苏格拉底的生活——献身于保持道德完

---

① W. Frankena语。见Frankena, *Ethics*(2nd edn., Englewood Cliffs, N. J., 1973), p. 2。

整的生活——辩护。在《高尔吉亚》中，柏拉图以更大规模、在更深的哲学层次上继续同一事业。因为，在《高尔吉亚》中，苏格拉底直接面对那些准备挑战其最基本信念的对话者们。

第一个对话者高尔吉亚是个著名写手、修辞家和教师。他夸耀修辞术可以获得巨大力量，却又想推卸因为使用修辞术而带来的道德责任。高尔吉亚的学生珀洛斯公然表示，他自己羡慕那些借助不道德甚至犯罪手段获得政治权力的人。最后一位是卡利克勒斯，他是新文化运动的产物，一个雄心勃勃的青年政治家，以攻击苏格拉底理解的正义和道德观念为乐。柏拉图让卡利克勒斯说出了“欧洲文学史上非道德主义者说出的最雄辩的宣言”。[①] 面对这些对手，苏格拉底不仅必须为自己的道德原则辩护，还必须为自己的整个生活方式辩护。

在《克力同》中，苏格拉底深深怀疑，有没有可能跟那些不信守“决不行不义”这条信念的对话者进行理性的辩论。

> 因为我很知道，这不是，也不会是大多数人的观点。这样认为的人与不这样认为的人之间，根本没有共同的决议（koinē boulē），没有讨论的共同基础，双方看到彼此的方案和决定（bouleumata），都必然会鄙视对方。（49d）

而在《高尔吉亚》中，柏拉图则接受了挑战：为苏格拉底式道德的基本原则辩护，反驳某些人的攻击——这些人鼓吹一种极端选

---

① P. Sholey, *What Plato Said*（Chicago，1933），p. 154。比较 B. Williams，*Ethics and the Limits of Philosophy*（Cambridge，1985），p. 22：“至少在哲学史上，非道德主义者已经被具体描绘成一种引人注目的人，卡利克勒斯所扮演的那种人。”

择,即肆无忌惮地追求权力和成功。《克力同》所预见到的前述两种人之间的彼此蔑视,在下述方面得到了充分证实:苏格拉底异常粗暴地回应珀洛斯的粗野(461e,463e,466a、b1、c3–5);苏格拉底与卡利克勒斯之间的交流虽然蒙着友好的面纱,却时常透露出公开的敌视。情绪如此激烈,大概是因为赌注如此高昂。这里的问题不是谁赢谁输,而是一个人应该怎样生活,以及如果必要,应该怎样死去。

如此,《高尔吉亚》直接延续了从《申辩》《克力同》到《王制》的道德关切:面对道德犬儒主义和政治现实主义代言人的猛烈挑战,为苏格拉底式的道德辩护。这些作品直面的敏感问题,在我称为入门对话(threshold dialogues)的那些作品中很大程度上被回避了。那些入门对话更多关注理论问题,如美德的本质、美德是否可教、美德的统一、友谊的本质等。比如,我们看到,《普罗塔戈拉》和《美诺》是以道德中立或审慎的形式为苏格拉底式悖论辩护。只有《高尔吉亚》和《王制》以明确的道德形式详细阐述了苏格拉底式悖论:人们从来不会自愿行不义。

《高尔吉亚》与入门对话之间的这种分工,必定是柏拉图有意为之。我猜,这些入门对话(从《拉克斯》和《卡尔米德》到《美诺》和《欧蒂德谟》)都是后期创作,即柏拉图从西西里回来之后忙于学园的教学和研究事业之时。而另一方面,《高尔吉亚》则似乎反映了柏拉图早期与希腊政治的戏剧性决裂,决裂的标志就是他“大概四十岁的时候”去西西里(《书简七》324a)。

这种生平推测对诠释经典而言并非必不可少,读者可能更愿意认为,所有这些对话创作于同一时期。不过,如果我们认为《高尔吉亚》是首先创作的,许多差异就变得更容易解释。例如,《美诺》非常绝对地断言灵魂的超自然命运(81a–e),相比之下,《高尔吉亚》

则相当谨慎地暗示同一信念(492e-493d),其中的审判神话也没有明确提到灵魂转世(transmigration)。我觉得,这种置疑(aporetic)形式在《拉克斯》和《卡尔米德》中是一次革新。无论《高尔吉亚》,还是其他短小的、很可能也属于早期的对话(《克力同》《伊翁》《希琵阿斯后篇》),都不具有这种置疑形式。我认为,关于定义的对话大体上(尤其包括《美诺》)都是为理念论作准备,而这种理念论在《高尔吉亚》里无迹可寻;此外,《卡尔米德》带有方法论上的革新,因而晚于《高尔吉亚》。因此,我认为,《高尔吉亚》的创作先于另外七篇入门对话。

不过,重要的不是写作时间的先后,而是主题。较之入门对话,《会饮》《斐多》和《高尔吉亚》的哲学动机基本上跟《王制》相同,即回应非道德主义者的挑战——就《高尔吉亚》而言是珀洛斯和卡利克勒斯的挑战,就《王制》而言是忒拉绪马科斯的挑战。《高尔吉亚》对道德的辩护尽管精彩,但在哲学上并不充分,柏拉图自己肯定也感觉到这一点。正因如此,他后来才在《王制》中继续同一事业。

《高尔吉亚》的论证太长,这里不便详尽分析。我的论述将主要集中在那些本质上关乎《高尔吉亚》与柏拉图其他作品之间关系的主题上。

《高尔吉亚》中的技艺

《希琵阿斯后篇》留给我们一个悬而未决的难题:要么,无人自愿犯错;要么,如果有人自愿犯错,那也比非自愿犯错的人更好。既然第二种选择在道德上为假,那么,第一种选择就应该为真。尽管看起来是这样,但“无人自愿(hekōn)犯错”怎么可能为真呢? 我猜想,苏格拉底把这个悖论留给了柏拉图,这些对话就代表了柏拉图的回答。

苏格拉底的悖论引起了柏拉图的一系列反思,即阐发了独特的道德技艺(technē)观念;这种技艺或科学在于认识什么是好与坏,什么是对与错。《希琵阿斯后篇》正是根据技艺或科学类推来表明,这种道德卓越的概念既可以导致谬误,也可以通向真理。如果在正义和道德范围内有什么东西值得称之为专业知识或技艺,那么,这种技艺必定从根本上不同于其他技艺。这个问题,柏拉图会在其他对话中继续探究,尤其在《普罗塔戈拉》中,因为他在那里强调了道德智慧与专业技艺的对立。而另一方面,在《高尔吉亚》中,柏拉图则通过以技艺及专业技术作类比,系统论述了道德技艺的概念,但其主要目的在于区分苏格拉底式的哲学与高尔吉亚式的修辞。

柏拉图处处坚持一个原则,这个原则我们已经在《伊翁》中见过:界定一门技艺或科学,必须参照这门技艺的对象或主题。任何特定的主题都有且只有一种技艺(《伊翁》537d5)。在《高尔吉亚》第一个部分,苏格拉底让高尔吉亚明确界定修辞的主题,如"什么是正义与不义"(454b7);后来延伸到"什么是正义与不义,什么是丑与美,什么是好与坏"(459d1),① 简言之,延伸到整个道德领域。继而,高尔吉亚承认,修辞家没有传达关于这个主题的知识,而只是在说服(455a2)。对于修辞家本人是否必须具有这种知识,高尔吉

① 因此,亚里士多德在《修辞学》中将修辞术分为三种(1. 3,1058b20以下),每种都有自己的目的(telos):第一种是议事演说(deliberative),评判事情是好(有利)还是坏(不利);第二种是诉讼演说(forensic),评判是非;第三种是展示演说(epideictic),赞颂或贬斥,评判某件事是美(kalon)还是丑(aischron)。

亚也犹豫不定。而最终,正是由于主动声称修辞家具有这种知识,高尔吉亚才陷入困境(460a以下)。于是,珀洛斯加入对话,为高尔吉亚辩护,他一上来就放弃了这种主张(461b–c)。因此,苏格拉底关于修辞术的论述可以说基于下述假定:修辞术根本就不是一门技艺,因为它既不具有也不传达相关主题的知识。

然而,为了对应这里所说的主题,亦即对应道德领域,应该有一门恰好具有这方面的能力的纯正技艺(这种技艺的可能性直接来自一对一的映射原则)。这门技艺就是苏格拉底所谓的治邦术(politikē),即真正的政治技艺,正义(dikaiosunē)将构成其首要部分。在苏格拉底看来,高尔吉亚的普通修辞术只是正义这门次级技艺的影像和模仿(463d–e)。

政治作为道德技艺,这种新观念延续了《克力同》中一位理想道德法官的建议,这位法官正是“知道如何分辨对错的人”。不过,是否真有这种知识,在《克力同》中尚存疑问,因为苏格拉底公开声明自己无知;而在《高尔吉亚》中,苏格拉底则明确把这个概念表述为一种道德理想,一种代替通常意义上的政治的哲学选择。因此,苏格拉底在对话尾声可以声称,

> 我是从事真正政治技艺的少数雅典人之一,虽说不是唯一一个。(521d)

毋庸置疑,追求这种政治技艺的苏格拉底,已经不再是《申辩》中那位无知的苏格拉底。

这种政治技艺概念涉及的内容,在前面的讨论中已经得到充分论述。这种技艺之于灵魂,犹如体操和医药之于身体。这种技艺将探究它所关注的性质(phusis),探究实施这种技艺的原因(aitia),以便能够对两者都给予合理的说明(logos),正如医生研究了身体

的性质和疾病的原因，就可以解释他自己的治疗方案一样（464a和501a）。[①] 医生的做法是为了身体的健康，同样，政治技艺的理论和实践也要根据公民的道德健康这一目的（telos）来构建，为了“在他们灵魂中注入正义和节制的品德”，使他们的思想（dianoia）尽量高尚（504d1－2；514a1）。[②] 为了增进对灵魂（psyche）或整个人本身而言好的东西，道德技艺必须选择那些好的和有益的快乐，避免那些坏的和有害的快乐（500a）。这就意味着，道德技艺必须满足使人变得更好的欲望，而非使人变得更坏的欲望（503c7，505b3）。相应地，道德技艺必须改变人们的欲望，而不是屈从于人们的欲望，要通过劝说，甚至必要之时使用暴力去提高公民的品质（517b5；参521a3），亦即在他们灵魂中注入正义和节制，除去不义和放荡（504e1）。这才是真正政治家的技艺，或如柏拉图有时所说，是有知识的好修辞家的技艺（ho rhētōr ekeinos，ho technikos te kai agathos，504d5；参503b1）。但是，为了在好的与坏的快乐之间做出选择，所谓的专家当然必须首先知道，什么是好，什么是坏（500b3）。

《高尔吉亚》的这个政治技艺概念展现了贯穿柏拉图著作的道德思想和政治思想的诸多特征。

1. 政治家与医生的类比。
2. 道德美德是灵魂健康的条件。

---

① 对照501a，465a的含糊之处就消除了。见E. R. Dodds，*Plato*，*Gorgias*（Oxford，1959），pp. 229f。

② 正如Dodds在499e8评述的，这个语境很可能代表“某些最早的明确例子，表明从亚里士多德以来在希腊后期相当普遍的‘意图’（purpose）、‘行为目的’（end of action）意义上的目的（telos）概念”。这个概念在动词teleutan而非名词意义上的发展，见《吕西斯》219d以下、220b3和d8。

3. 一门技艺的目的是对象和接受者的善，而非有利于那些运用这门技艺的人。

4. 统治的目的是被统治者的善：使公民尽量变得更好。

5. 这就意味着控制对象的欲望，满足一些，限制一些，使心灵变得节制。

6. 政治技艺专家之所以能够追求这个目标，是因为他知道什么是好，什么是坏。

从所有这些方面来说，《高尔吉亚》中的政治技艺专家都预示了《王制》的哲人-王。《高尔吉亚》中的技艺专家（technikos）当然也是个哲人，因为苏格拉底正是唯一实践这种技艺的人。[①]

我们现在可以回到《希琵阿斯前篇》的悖论。如果正义是一门技艺，那么，这门技艺的拥有者为什么从不滥用它，从不自愿犯错？《高尔吉亚》包含了双重答案。首先，一门真正的技艺不仅根据其主题，而且根据其目的来界定：这门技艺无论做什么，都是为了某种善；就政治技艺而言，就是为了被统治者的道德健康。其次，既然所说的技艺专家拥有（从定义上讲）相关知识，那么，他或她就不会犯错。正如忒拉绪马科斯在《王制》第一卷提出的那样，作为技艺专家，他或她绝不犯错（《王制》I. 340d–e）。避免犯错需要两种东西：首先是不犯错的欲望，其次是不犯错的技能或能力。根据前提，谁拥有所说的技艺，谁就会拥有必要的技能。另一方面，这种欲望可视为理所当然："无人想要犯错（mēdena boulomenon adikein），每个

① 由于《高尔吉亚》与《王制》之间的这种连续性，柏拉图可以在大约三十五年之后引用《王制》的信条，好像他在写作《高尔吉亚》时已经构想了它们："我不得不说……在真正的哲人阶层掌握政治权力之前，人类不会停止作恶。"（《书简七》326a–b）

犯错者都是不自愿地犯错”(509e6)。谁也不缺乏相关欲望(比较《美诺》77b-78a)。因此,每个犯错行为都必然反映了知识的匮乏,即缺乏相关技艺。

苏格拉底式悖论源于下述两个针对珀洛斯提出的论点:所有行为都是为了善,善是我们真正想要的(467c-468b);既然犯错(adikein,行不义)是最大的恶(469b),它就不是我们真正想要的。因此,所有错误必然都是不自愿的,只是出于无知。任何拥有正义技艺从而知道何谓正义的人,都从来不会行不义:无人知道而自愿(hekōn)犯错。在“如果有人自愿犯错,那么……”这个条件句中,前提永远不会得到满足。这样,我们就成功地回避了《希琵阿斯后篇》令人难以接受的结论。

从这里阐明的悖论中,我们还可以看出,进一步就能轻易得出“美德等于知识”这个公式。是何种心灵状态或品质,将有德之人与邪恶之人区别开来?如果所有人真的都渴望相同的东西,即渴望善,那么,问题的答案就不可能在于他们最深愿望的性质之中。人们之所以做出中立的或辅助的行为,也只是因为这些行为某种程度上有助于(或被认为有助于)实现某些善的目的(468a-c)。因此,那些作恶或犯罪的人之所以那样做,只是因为他们错误地相信,那些行为是善行,或会导向某种善。如果他们拥有关于什么是好、什么是坏的必要知识,他们就会避免那些恶行,转而行善。因此,拥有这种知识是做人有道德和做事有道德的充分条件。

将美德等同于知识并不是《高尔吉亚》的明确论题,而是《美诺》和《普罗塔戈拉》的论题。非常相近的论点在《高尔吉亚》460a-b有所暗示:从一个人知道正义,毫无争议地推出此人可成为正义之人;但在《高尔吉亚》中,柏拉图还不至于坚持把知识等同于美德或用知识界定美德。在507a-c,美德的统一源于节制(sōphrosunē),但这个美德表里明显没有智慧。用知识描述美德(aretē)的做法,我们可以从《美诺》《普罗塔戈拉》以及其他入门对话中看到,也许首次出现在《拉克斯》中,出现在对勇敢的"苏格拉底式定义"中——那个定义是尼西亚斯(Nicias)提出的,却被苏格拉底否决,之所以被否决,恰恰是因为这样定义太笼统,不适用勇敢本身,而只能用于作为整体的美德!

《高尔吉亚》为什么没有把美德描绘为知识?可能因为,如果《高尔吉亚》属于早期作品,柏拉图就尚未决定把美德与智慧(phronēsis)之间的苏格拉底式联系发展成为一种明确的定义或等同关系。但还要根据《高尔吉亚》内在的论证来解释。《高尔吉亚》明确表达了道德-政治技艺的概念,在这个概念中,美德表现为目的(telos),成为这种技艺实施对象的灵魂的健全状态。在某种程度上,道德知识或技艺要根据这种技艺的产物来定义,即根据被统治者和(或)被教育者的心灵高贵程度来定义。若把美德(这种技艺的产物)等同于知识或技艺(这种技艺本身),就会混淆这种技艺的目的论结构。因为,柏拉图所使用的技艺、知识和智慧(technē, epistēmē, sophia)这些词汇无疑可以互换,在《高尔吉亚》中,这些词语用来表示政治技艺专家的技能,而不是他必须在臣民灵魂中培育出来的美德。因此,在《高尔吉亚》中,美德不等于知识,尽管这种等同所需的所有或大多数假设也出现在《高尔吉亚》中。

《高尔吉亚》中的反驳

苏格拉底的反驳原本更多是为了测试人,而非测试命题:苏格拉底通过问答考查对话者,看他们的生活是否符合他们宣称的原则(《申辩》29e)。苏格拉底相继对高尔吉亚、珀洛斯和卡利克勒斯的三次反驳,代表着柏拉图关于反驳实践的最出色的文学描述,在这种反驳实践中,对话者的品质对他们论辩上的失败产生了至关重要的作用。①

三场反驳都首要关注规范伦理学的问题:什么东西构成美好的生活?我们究竟为何会有不义行为?苏格拉底与高尔吉亚之间的交谈思考的是,凭借说服大众的技巧追求政治权力时,是否可以脱离正义和道德责任,从而间接处理了上述主题。苏格拉底与珀洛斯之间的交谈则直接面对下述问题:行不义与受不义,哪个更好?成功的罪犯能否过上美好生活?不过,对道德的挑战最终还是在苏格拉底与卡利克勒斯的交谈中得到最彻底的展现。对卡利克勒斯来说,对权力和享乐施加的道德约束,仅仅是弱者强加在天生优秀者身上的规范。这样,关于何谓美好生活,卡利克勒斯和苏格拉底就提出了两种截然相反的观点。

针对高尔吉亚,苏格拉底指出,谁若想训练年轻人的领导才能和政治权力,就不能公开拒绝承担这种训练带来的道德责任。在高尔吉亚承认修辞术只能产生意见而非知识之后,苏格拉底巧妙地诱使高尔吉亚宣称,他自己在说服方面无所不能;借此,苏格拉底迫使高尔吉亚否认道德责任。

> 是否连修辞家本人都不知道什么是好坏,什么是对错,而只是在这些问题上具有说服能力,以致在无知的听众面前显得拥有[关于对错的]知识,而实际上毫无所知……显得是个好人而实际上根本不是?(《高尔吉亚》459d2–e6)

---

① 对这三场反驳的更详尽讨论,见 Charles H. Kahn, "Drama and Dialectic in Plato's *Gorgias*," in *Oxford Studies in Ancient Philosophy* II (1983), pp. 75–121。

对此,高尔吉亚不得不回答说:

> 但我认为,苏格拉底,学生即使不知道这些,也会从我这里学到。

高尔吉亚的回答显然很不诚实。美诺告诉我们,高尔吉亚从不自称传授美德,甚至嘲笑那些自称传授美德的人(《美诺》95c)。不过,高尔吉亚这样回答是出于被迫,因为据珀洛斯说,高尔吉亚只是耻于承认修辞家无需知道"什么是正义、美和好",耻于承认修辞家不会把这些东西传授给对此毫无所知的学生(461b)。高尔吉亚这种羞耻感反映出:他关心公众意见;他作为异邦人来教育雅典未来的领导人,这个处境容易受到攻击。[①] 高尔吉亚认为修辞术只是个价值中立的政治权力工具,这个观点并无概念矛盾。但是,这种观点一旦公开表达出来,它与高尔吉亚作为精英教育者的身份之间就出现了个人与社会层面的不和。

苏格拉底对珀洛斯的反驳更复杂。珀洛斯宣称,行不义比受不义更好,尽管行不义更可耻(丑)。苏格拉底故意用自相矛盾的形式为相反的论点辩护:

> 我认为,你、我,还有其他人都相信,行不义比受不义更坏,[行不义]而不受惩罚比受惩罚更坏。(474b)

苏格拉底的论证有赖于表明,行不义若更可耻,也必然更坏。

---

① 高尔吉亚回答时面临压力,见Kahn,"Drama and Dialectic in Plato's *Gorgias*," pp. 79-84;我认为,认识正义与实践正义之间的差别尽管在别处重要,但在这里无关紧要。

苏格拉底论证的有效性已经引起学者们的激烈争议。[①] 我们在此关注的不是论据的有效性，而是对羞耻作用的强调。正如珀洛斯告诉我们的，高尔吉亚的错误归因于他自己的羞耻感，同样，柏拉图在让卡利克勒斯评论珀洛斯的失败的时候再次使用了同样的策略。卡利克勒斯认为，珀洛斯的错误在于承认行不义更可耻（aischion），珀洛斯之所以被驳倒，乃因为“他耻于（aischuntheis）说出自己的想法”，即不义行为确实值得赞美（482e2）。

珀洛斯一面赞美无论怎样得来的权力和财富，一面又承认不义或犯罪行为通常看来不光彩或“可耻”，他之所以被驳倒，正是因为无法调和这两者的矛盾。珀洛斯根本无法用快乐和效用的形式说明这种道德责任，因为他根本不了解道德的社会功用。另一方面，卡利克勒斯则将利用自然（phusis）与习俗（nomos）的常见对立这套理论资源来说明，贴在不义行为上的耻辱只是基于习俗（nomos），即弱者根据自身利益确立的道德习俗。对强者来说，荣誉与耻辱的标准基于自然而非习俗，自然证明强者应该统治弱者。

苏格拉底同意，前两个对话者的失败在于过度羞耻：羞耻（aischunesthai）导致高尔吉亚和珀洛斯“在最重大的问题上，在多数人面前陷入自相矛盾”（487b）。卡利克勒斯算是理想的对话者，某种程度上正是因为他不会耻于说出自己的想法（487d5）：他会公开说出“别人心想却又不愿说出的想法”（492d2）。

然而，卡利克勒斯仍然败在羞耻感上。反驳的矛头指向卡利

---

① 见 G. Vlastos, “Was Polus refuted?,” *AJP* 88 (1967), pp. 456-460，以及 Vlastos, *Socrates, Ironist and Moral Philosopher* (Cambridge, 1991), pp. 140-148 的讨论。参 Kahn, “Drama and Dialectic in Plato’s *Gorgias*,” pp. 90-92，我认为，这个论证足以击败珀洛斯，但不足以建立苏格拉底的正面论点，即对不义之人而言，行不义更坏。

克勒斯的生活主张:他认为,幸福的生活,也就是那些强者和不受习俗约束之人的生活,在于获得最大快乐并满足一切欲望。苏格拉底首先问他,搔痒是否满足了某种欲望,就像渴时喝水;在搔痒中度过的生活是不是幸福的生活(494c)。卡利克勒斯抗议这个问题太粗俗,此时,苏格拉底警告他要提防羞耻感,珀洛斯和高尔吉亚就败在这种羞耻感上。于是,卡利克勒斯毫不羞耻地答道,在搔痒中度过的生活是愉悦和幸福的——无论人们搔身体的哪个部位(494d-e)。苏格拉底下一步更明确,他问卡利克勒斯怎么看待娈童们(kinaidos)的快乐,粗俗地说,就是在肛交行为中以被动角色为乐的人。雅典法律显然把这种行为等同于男性卖淫,并认为,凭这足以剥夺犯罪者的公民权。卡利克勒斯怀有政治野心,他赞慕男子美德,因而不可能在苏格拉底的怂恿下当真把娈童的生活描绘成幸运或幸福的(eudaimōn)生活。因此他只好说:苏格拉底太可耻(ouk aischunēi?),竟把论证扯到这上面!

面对这种挑战,卡利克勒斯为了避免前后矛盾,坚持快乐等于善(495a5)。实际上,他被第一场反享乐主义的论证挫败了,因为他的论点产生了可耻的结论(polla kai aischra sumbainonta,495b5)。[①]然而,卡利克勒斯不肯承认失败,于是,苏格拉底就提出两个正式的论证,反驳把善等同于快乐。第二场论证最终导致卡利克勒斯放弃

---

① 用娈童作为反驳论证具有决定性意义,见 Kahn,“Drama and Dialectic in Plato's *Gorgias*,” pp. 105-107。娈童的地位,见 K. J. Dover, *Greek Homosexuality* (Cambridge,1978), pp. 19ff. and passim; John J. Winkler,“Laying down the Laws: The Oversight of Men's Sexual Behavior in Classical Athen,” in D. M. Halperin et al. ed. *Before Sexuality* (Princeton,1990), pp. 176-197。如果我们在第三场辩论中用“男妓”替代“懦夫”(498a-499a),就会发现它是第一个反对论证的更充分版本。

自己的论点，这场论证表明，如果快乐与善毫无区别，那么，卡利克勒斯的信条——勇士在道德上高于懦夫——就没有任何基础。第二场论证同第一场论证一样，都涉及可耻的快乐；被驳倒的当然不是作为某种抽象论点的快乐主义，而是卡利克勒斯作为论点为之辩护的快乐主义。正因为卡利克勒斯是个骄傲的贵族和雄心勃勃的政治家，他不可能是个彻头彻尾的快乐主义者。论点本身并非必然前后矛盾，而是人与他的论点之间的联系显得不连贯。正因如此，苏格拉底才会宣称，“卡利克勒斯要是正确看待他自己”(495e1)，就会放弃他自己的论点。苏格拉底刚开始就告诫卡利克勒斯，他的立场会导致矛盾：

> 卡利克勒斯啊，卡利克勒斯本人都不会同意你，你的整个生活会失去协调。不过，我认为，最好是我的七弦琴走调……最好是多数人不同意我并反驳我，而不是我独自跑了调，并自相矛盾。(482b5-c3)

反驳的积极作用

三场辩论的结果本质上都是消极的：揭示对话者的生活与信条之间的矛盾，这种矛盾反映在同一个人所持不同观点之间的矛盾中。然而，我们如何才能把这些消极的结论与某种积极的道德学说联系起来？这种积极的道德学说出现在针对珀洛斯的悖论中，并在卡利克勒斯失败之后的最后一节对话中得到阐发。毫无疑问，苏格拉底提出自己的道德命题(行不义并逃避惩罚是最大的恶)时，把这个命题当作反对珀洛斯和卡利克勒斯的反驳论证来呈现。

> 我们在前面讨论中得出的这些结论,都是用钢铁般的论证紧密联系并巩固起来的,或者看似如此;除非你或者更能干的人解除这些联系,否则,就根本无法说出其他东西并说得更好……我目前为止遇到的所有人,还没有哪个人能够否认这些论证而同时不使自己变得可笑呢,就像目前这样。(508e–509a)

这些针对珀洛斯的结论,同样也联合起来反驳了卡利克勒斯,实际上也反驳了其他所有人,以至于谁也不能在否认这些结论的同时不陷入矛盾。但是,如此高度个人化的反驳——在反驳珀洛斯的过程中,论证显得非常复杂和含糊——怎么可能证明如此强硬和普遍的主张呢?

我想说,羞耻在三场论辩里扮演的重要角色,提示了这三场反驳的更广泛的有效性。羞耻反映了一种柏拉图式的概念,它对应于我们关于先天道德感的观念;不过,柏拉图把这种道德感描绘成对善的普遍渴望。这就是第一个悖论显示的论点:所有人都渴望善,并在他们所有行为中追求善。[1] 在这篇对话中,羞耻作为一种关于善的隐秘直觉,在苏格拉底的对话者们身上发生作用。苏格拉底必定正是基于这种直觉才断言,珀洛斯或卡利克勒斯必然会赞同他,否则就会陷入自相矛盾。因为(如苏格拉底所说)每个人都渴望善。善其实就是苏格拉底式的美德(aretē),即灵魂在道德和智识上的卓越。正因如此,任何人都不想成为不义之人或行不义之事。

苏格拉底暗示自己的基本论点——美德(aretē)才是我们真正想要的东西,才是我们真实的善和幸福——无懈可击;现在,作者通过把苏格拉底描绘成这个论点的化身,产生戏剧感染力,从而强化

① 《高尔吉亚》468b–c,499e:参《美诺》77c–78b,《王制》VI. 505d II。

了这个论点。如此描绘苏格拉底，有助于积极补充反驳带来的消极结果。这里，柏拉图的艺术才能也正表现在把人格要素与信条要素结合起来，这些要素在苏格拉底身上得到完美结合，而在那些不同意苏格拉底的人身上则陷入无法弥合的矛盾。柏拉图对苏格拉底的文学描绘产生了巨大的力量，从柏拉图的视角来看，为了理解这种力量的哲学意义，我们必须考虑他下述断言隐含的某些意思：我们都怀有一种对善的理性欲求（boulesthai），并受这种渴望所激励。

第一个悖论（修辞家和政治家根本没有真正的权力，因为他们没做他们想做的事，只做他们认为最好的事）基于下述断言：我们只想要善的东西，或只要善本身。因此，无论我们做什么，都是为了某种善的东西（或只是为了善本身，heneka tou agathou，468b1，b7）。在苏格拉底看来，善首先是灵魂的善：某种行为只有提升了我的灵魂，才对我好，就像正义行为一样。但这并不是一个私人的真理：对我好的东西，对其他人也好。每个人都想要对他们好的东西。实际上，正义行为就对他们好。因此，每个人都想行正义，不管他们是否知道。无人想行不义，因为行不义对他们有害（无论他们是否知道）；无人想被伤害。任何行不义的人都是akōn，即非自愿的（因为他不想被伤害）且不自知的（因为他没认识到自己的行为有害）。

这种解读符合苏格拉底的意思，因为苏格拉底在509e这样概述（résumé）自己的论证：

> 珀洛斯和我都同意，无人想要犯错（boulomenos adikein），所有行不义者都是非自愿的（akōn）。

这意味着，对正义和美德，我们所有人都怀有一种强烈的、完全理性的（即使是无意识的）欲求，一种真正的意愿，因为对我们好的东西（我们的福祉或幸福）构成了灵魂正义和道德的条件。但是，如果我们缺少关于正义和美德的知识或技艺(technē),我们就不知道什么东西对我们好:我们不能确定我们自己理性欲求的对象(boulesthai)。[①] 不管是为了认识我们欲求的真正对象(内在的善),还是为了确保实现这种欲望的途径(工具性的善),都必须具有这样一种技艺。

这种理性的求善欲望是无意识的,或只是部分有意识。这种概念有助于我们理解,柏拉图如何处处依赖我们可用技术术语来称之的那种对欲望的"不证自明"(transparent)的解读,这种解读通常被视为一种逻辑错误。通常认为,诸如"想要"或"欲求"等动词支配的语境只表达内涵(而非外延),因此不允许置换不同的用语来表达相同的对象。尽管俄狄浦斯想要惩罚杀害拉伊俄斯(Laius)的凶手,而凶手正是俄狄浦斯自己,但这并不能从逻辑上推出,俄狄浦斯

---

① 为了在此避免无意识欲望的概念,一些学者根据预期(de dictu)欲求对象与实际(de re)欲求对象之间的差异来分析苏格拉底的论证。每个人想要的都是预期的(de dictu)善,即想要所有他们认为好的东西。但关于什么是好东西,他们之间有认识上的差异:权力、财富,或诸如此类的东西;他们的实际(de re,或具体的)欲求对象会有所不同。如果善是美德(但珀洛斯错误地认为,善是权力),那么,他实际上并不是在欲求美德。关于这方面的分析,见G. X. Santas, *Socrates, Philosophy in Plato's Earsly Dialogues* (Lodon, 1979), pp. 186ff, 追随他观点的有 Vlastos, *Socrates, Ironist and Moral Philosopher*, pp. 150-154。

此分析可以说明苏格拉底的论证在形式上为何无效,但它使这个悖论变得乏味和缺乏新意。苏格拉底断言,珀洛斯和其他人都认为行不义比受不义更坏(474b),而这两个欲求对象在概念上的逻辑差异既不能解释这点,也不能解释苏格拉底的断言——如果卡利克勒斯不承认这个观点,那么他一生将会陷入自我矛盾之中(482b)。我们自然可以理解,这些悖论是在暗示,无论他们是否知道,每个人真正想要的都是他们灵魂上的善,而这种善根本不容行不义之事。这就是《高尔吉亚》最后主题的论点,这个论点试图以叙述的形式说明,幸福(每个人都欲求的)必然就是灵魂之高贵,或者必然取决于灵魂之高贵。

想要惩罚他自己。或者,如果利果莱托(Rigoletto)想要置麻袋里的人于死地,而袋子里的人是他自己的女儿,这也不能从逻辑上推出,利果莱托想要杀死他自己的女儿。

同样,我们通常不能把下述论证形式看作合理论证:卡利克勒斯想要善,而善实际上就是美德,因此,卡利克勒斯想要美德。也许,我们应该这样解释:柏拉图使用这样的论证,只是为了劝导,而非演绎。如果你最终认为美德是善(因而对你好),你就会欲求美德。反驳的作用(通过把苏格拉底描述为美德的典范来强化这种作用),就在于引导对话者和读者看到这一点。动力的来源不仅是苏格拉底的辩证技巧,更是苏格拉底能够启动那种深层求善欲望的能力——这种欲望激励着每个有理性的人,即使他不知道这种欲望的本质和对象。

如果这就是柏拉图的观点,那么,我们就可以更好地理解羞耻在这三场论辩中扮演的角色。在每场辩论中,羞耻感都表明一个事实:苏格拉底启动了对话者必须承认的道德关切。若正确地理解,这种道德关切就会引出正确的看法,即美德就是善,而这正是苏格拉底想要的。① 这种看法其实并没有在对话者身上出现:对话没有描述某个对话者皈依哲学生活的插曲。② 但是,这可能有助于(从历史角度来看,确实有所帮助)在读者身上引发这种皈依。一篇失传

① 我认为,这正构成苏格拉底主张(474b和475a)的基础:每个人都认为行不义更坏,无人宁愿行不义而非受不义。这两个主张并不源自对话者们真正相信的前提(正如Vlastos曾经提出的)。这些主张毋宁说是劝导性的:如果他们明白其中的利害关系,那么,这就是每个人都会相信且宁愿选择的主张。因而,卡利克勒斯在495e1"开始正确看待他自己的时候",就会改变主意。

② 关于这种皈依,见阿波罗多洛斯在《会饮》173c-e的评述。使这种皈依成为可能的个人力量,参阿尔喀比亚德的详尽描述,215b-216c。

的亚里士多德对话讲了一位科林多农民的故事：这个农民偶然听了《高尔吉亚》之后，

> 就立刻丢下自己的农田和葡萄园，把灵魂交给柏拉图，去耕种柏拉图的田园。①

从这个故事，我们可以看出柏拉图写作这种对话时所怀的主要目的。柏拉图可能会说，或我们会替他说：对读者产生何种影响，要靠我们所有人身上的道德真理感，这种感觉在于我们的爱善之心，在于我们是否有能力认识苏格拉底的生活和美德实践中蕴含的善。事实上，《高尔吉亚》《申辩》和《克力同》的读者都强烈地感受到了这种影响，他们即便没有皈依哲学，至少也对苏格拉底的人格产生了敬畏之感，深深同情苏格拉底反对卡利克勒斯的立场。柏拉图笔下的苏格拉底形象世世代代产生了巨大影响，我们也许可以把这看作对柏拉图观点的确认：我们的求善欲望"不证自明"。

对读者的影响在对话之外。本文只谈苏格拉底对对话者的影响：苏格拉底巧妙利用他们的羞耻感，迫使他们正视自己立场的矛盾，从而开始逐步承认自己的无知——这正是智慧的开端。

卡利克勒斯耻于承认低贱、怯懦或毁灭政治的快乐，拒绝把这些纳入自己的道德系统。这种羞耻感引导卡利克勒斯认识到，一边献身于政治权力、一边献身于追求欲望满足的生活并不和谐。实际上，卡利克勒斯不得不因为苏格拉底的理性欲求（boulesthai）原则——根据某种善的标准来评价冲动和满足——而放弃追求肉欲（epithumia）或毫无节制的快乐。因此，在苏格拉底对卡利克勒斯的反驳中，我们觉察到两种欲望概念之间的本质差别，而基于二者中

---

① Aristotle, *Nerinthos* fr. 1（Ross［1955：24］= Rose3 fr. 64).

的任何一种,都不能充分得出关于美好生活的连贯理论。一旦卡利克勒斯承认,某些快乐更好,某些快乐更坏(499b),那么,他实际上就已经把理性欲求(boulesthai)或理性选择视为美德和幸福的决定标准,而非肉欲(epithumia)或纯粹欲望。因而,我们就马上回到把善视为行动目的和目标的概念上(499e–500a),并最终回到追求幸福的理性欲求(boulesthai)上——这种欲求只能在美德的实践中得到实现(509c9以下)。因此,

> 无人真正想要(boulomenos)行不义,所有行不义者都不是出于自愿(akōn)。(509e5–7)

我们已经看到,这种理性的求善欲望可能某种程度上是无意识的,正如我们在卡利克勒斯身上看到的那样。但这种欲求正是在反驳的作用下被引入意识之中,因为卡利克勒斯尽管毫不情愿,仍然不得不(至少某种程度上)这样做。按照对话的描述,正是苏格拉底对这种欲望的信心,强化了他所宣称的对于反驳的信念:他相信,除非伦理信条能被驳倒,否则,"卡利克勒斯自己都不会同意你,卡利克勒斯哦"(482b–c)。反驳者最终必陷于自相矛盾,"将会整个一生都跑调儿",因为他自觉的追求永远不会符合他最深的欲望。

《高尔吉亚》的局限

苏格拉底对卡利克勒斯的反驳没有停留在卡利克勒斯承认的观点(有些快乐比其他快乐更好,499e),也扩展到505b的结论。这个结论强化了对卡利克勒斯的道德命题的直接否定:对灵魂而言,约束和控制欲望比过度满足欲望更好。得出这个结论的推论,主要在于把美德看作灵魂的秩序与和谐(taxis, kosmos)的观念。在《高

尔吉亚》中,这个观念源于对技艺的系统归纳或引导(epagōgē)。就像绘画、建筑或造船技艺一样,道德-政治专家也会“细心劳作”(ergon),以便给灵魂一个形式(eidos)和一个有序的布局(taxis)。一座房子和一艘船只有表现出秩序(taxis)及和谐的结构(kosmos)之时才美,我们自己的身体和灵魂亦然:

> 灵魂表现出秩序和条理而非混乱的时候,不是会更好吗?

卡利克勒斯表示赞成:

> 从前面的例子看,也有必要(anankē)同意这点。(504b6)

严格来讲,这个约束卡利克勒斯的必要性是一种类比。下一步同样如此,即把心灵秩序等同于无声的美德即正义和节制,作为类比的是被设想为身体内部和谐秩序之产物的健康(504c-d)。正是完全基于这种源自技艺的类比,苏格拉底在505b最后一场反驳中建立了道德规范对于追求无限满足的优越性。

508a引入一个更宽泛的类比来支持下述断言:好人幸福而坏人不幸(507c3-5)。想要幸福的人不会照卡利克勒斯说的那样,放纵并完全满足欲望,“一种无限的恶,过着海盗般的生活”,既非人的朋友,也非神的朋友。

> 因为他不能参与任何集体,没有参与就没有友谊。卡利克勒斯啊,智者们说,天、地、神、人都通过集体和友谊,通过秩序、节制和正义而结合,因此,他们称宇宙为kosmos,即乾坤-秩序,而非无序或放纵。(507e-508a)

卡利克勒斯没有这种见识,因为他还没有看到,神们之间和人们之间几何平等(isotēs geometrikē)的力量多么强大。

和谐有序的灵魂一方面类似乾坤的自然秩序,另一方面类似技艺的成功产物。单就《高尔吉亚》而言,柏拉图最后尝试以这种看法为理论支持来证明自己的信念,他的信念就是:作为一个人而言,苏格拉底的生活不仅是最好的生活,也是最幸福的生活。从“幸福的人因拥有正义和节制而幸福,不幸的人因拥有邪恶而不幸”这个结论,苏格拉底就可以得出前面用来反驳珀洛斯和高尔吉亚的悖论:行不义比遭不义更坏;真正的修辞家必须是正义的人,必须知道什么是正义(508b-c3)。然后,苏格拉底以最坚决的措辞重申这些结论,就像先前引自508e-509b的文字,“用钢铁般的论证”建立起来的结论。

我们准备如何理解苏格拉底如此自信地加以肯定的这些论证呢?我们知道,单用反驳珀洛斯的论证,并不足以推出苏格拉底的结论,我们也难以想象柏拉图竟然完全没有意识到这个事实。反驳卡利克勒斯的正面论证全都基于下述假设:能使某物变好的东西就是某物的适当秩序(kosmos),而灵魂的适当秩序就是节制和正义。我们前面已经看到,这种观点是通过类比人类技艺的产物,才得到支撑的。要从善推向幸福,有赖于“做得好”(eu prattein)这个意味深长的双关语。[①] 另一个类比,即宇宙的良好秩序,强化了上述结论。这个双关语表达了一种信念而非论证,除了这个双关语外,这部分的所有推理都采用了类比或比拟的形式:[②] 美德与技艺产物之间,美德与自然产物和整个自然秩序之间;政治与建筑之间(514a以

① “好人无论做什么,都会做得好且美(eu te kai kalōs),做得好的人(eu prattonta)必定幸福”(507c3-5)。eu prattein的第一层含义无疑是道德上的;第二层是好运和顺利之意。

② 有个例外:507a-c为美德的统一性所做的演绎论证。

下),政治与医学及运动训练之间(514d,517e以下等),政治家与动物饲养员之间(516a),政治家与马夫之间等等类比(516e)。创作《高尔吉亚》时,柏拉图很可能相信,这些论证比我们倾向于认同的论证更有说服力。[①] 但我们知道,柏拉图的朋友欧几里德(Eucleides)批评了这种类比论证;在《卡尔米德》中,柏拉图也让克里提阿斯(Critias)表达了相似的批评。[②] 或迟或早,柏拉图应该已意识到《高尔吉亚》的正面论证不能令人满意,正是为了弥补这些缺陷,他后来才创作了《王制》。[③]

《高尔吉亚》首先缺少一种道德心理学,而这种心理学将在《王制》第四卷和第八至九卷得到阐述,可以为直觉信念(intuitive conviction)——正义就是灵魂的健康——提供合理支持,因而,一个具有苏格拉底式品质的人不但必然有美德,同时也必然幸福。另外,《高尔吉亚》也缺乏一种知识理论,而这种理论能够为技艺(technē)概念赋予更多内容,为"道德知识作为哲学生活的决定部分"这个观念赋予更多内容。在柏拉图看来,关于知识的理论同时也需要一种关于知识对象(object)的理论,换句话说,需要一种形而上学。从《高尔吉亚》中的技艺专家(technikos)到哲人王,我们

---

① R. Robinson, *Plato's Earlier Dialectic*, (2nd edn., Oxford, 1953), p. 209引用了《高尔吉亚》508a关于"神们之间和人们之间"几何平等的力量的论述来证实他的观点:"柏拉图认为,'类比'或'几何平等'实际上是很常见的,并且是其结构的基础。"不管实在的本质为何,我们都会看到,柏拉图更乐意依赖《高尔吉亚》而非《卡尔米德》中的类比论证。

② 《卡尔米德》165e7–c3。欧几里德反对从归纳(epagōgē)来推理,见上文。

③ 亦见 Williams, *Ethics and the Limits of Philosophy*, p. 22:苏格拉底反驳卡利克勒斯的论证"实际上非常让人难以信服,以至于后来柏拉图不得不写《王制》来予以改善"。

需要理念(Forms,或样式)学说。为了解释理念如何能够指导和激励我们过上美德生活,我们需要哲学爱欲(erōs)的理论。[①] 最后,为了详述和捍卫这些理论,柏拉图需要一种超出《高尔吉亚》所用的反驳技术和归纳法(epagōgē)之外的论证模式。更具体地说,柏拉图需要更有说服力的辩证法观念,他将在《美诺》中用假设方法引入这种观念。

尽管如此,《高尔吉亚》提出的观点仍然不容忽视。在这篇对话中,为苏格拉底式道德立场所做的最有说服力的论证,就在于卡利克勒斯的选择完全失败了,这从正面补充了对苏格拉底本人的描绘。反驳法表明,苏格拉底的对手们没有能力解释好坏和对错,使这些观念跟他们自己的生活和信念保持一致。苏格拉底要建立他关于灵魂卓越的理想,只能通过反驳试验来求得支持:只有苏格拉底的生死才符合其信条。因此,这里经常提及苏格拉底的审判和死亡,本身就是《高尔吉亚》论证的组成部分,正如特洛伊的陷落是《伊利亚特》情节的组成部分一样。

《高尔吉亚》暗示,生活与信仰之间的这种和谐之所以成立,是因为苏格拉底的信条符合他自己的boulesthai[理性欲求],即对善的理性欲求,而他的对手们却非如此。反驳法的人格维度与柏拉图的欲求理论之间的这种关系,大概是这篇对话最基本的洞见。这说明了苏格拉底的人格形象在哲学上的重要性:这颗幸运的灵魂,其内在的力量和沉静的自信基于欲求的和谐,而这种欲求的和谐既阐明又巩固了柏拉图将在《王制》中详述的灵魂学说。这一苏格拉底

---

① 《高尔吉亚》出现了这个理论的萌芽,注意481d以下爱哲学(erōs)与爱雅典民众(demos)之间的差别。正是因为卡利克勒斯的灵魂中有对民众的热爱,他才不能被苏格拉底的论证所折服(513c7)。

文学形象极具诱惑力，所以，我们才会如此同情（至少在本能上）柏拉图的哲学宣言。

不怀好意的批评家可能会抱怨说，柏拉图故意用文学语言糊弄我们的眼睛，用精彩的描绘迷惑我们，以致我们觉察不到其论证的缺陷。我认为，如果对文学与哲学之间的关系持更肯定的态度，我们就会发现，柏拉图充分运用他的艺术能力，在我们这些读者身上，产生了类似于苏格拉底对他最早听众（首先主要是柏拉图本人）的生活所产生的影响。如果我可以借用《伊翁》中关于磁力链（magnetic chain）的比喻，那么，作者柏拉图就像一名诵诗人，向对话作品的读者传播他自己从苏格拉底那里学到的哲学之爱（erōs），而苏格拉底则是首要的磁石，类似《伊翁》中的诗人。但是，正如诗人从原初的磁石即缪斯那里获得力量，苏格拉底学说和人格的巨大力量来源于其原型和目标，源于对真正美好之物（kalon）的热爱和追求。我认为，柏拉图可能会说，他（说远点儿，也指我们自己）热爱苏格拉底，乃在于热爱一颗因完全忠诚于某些原则而生活得美好的灵魂；要解释这种爱的力量（根据中期对话的理论），需要诉诸对完全真实而绝对的善的爱欲——首先对于苏格拉底而言是如此，然后对柏拉图、最后对我们而言亦是如此。

在《高尔吉亚》中，情况要简单些，我们对善的理性欲求没有导向某种超验的理念，而是通过使生活变得值得赞美和热爱的美德，而导向对灵魂的修饰。据《高尔吉亚》的描绘，就像《申辩》和《克力同》所描绘的一样，苏格拉底的生死主要证实了他的道德教诲，正如他对其对手们的个人反驳破坏了他们的信条在理论上所自称具有的任何东西一样。柏拉图为这种依赖讲话者的生活和性格的论证方式作了哲学辩护，（从柏拉图的观点来看，我们需要补充说）至于这种论证与性格之间的联系为什么能使对话获得如此显著的戏剧作用，他也提供了心理学解释——辩护和解释都会在交谈者和读者对善的深层(部分无意识的)欲求中被发现。

我们可以说，求善欲望所起的作用之于柏拉图，就像同情心和道德感所起的作用之于哲学家休谟。这种基本欲望在塑造同意和赞成的形式的过程中起到了不容忽视的作用，任何哲学论证和证明只要忽视这一作用，就不能充分解释柏拉图对话中所描绘的哲学实践。

《高尔吉亚》的统一性

斯托弗(Devin Stauffer) 撰
马 勇 译

很少有哲人比柏拉图在现代遭受更多的批评和谩骂。作为古典传统的伟大人物之一,柏拉图遭到现代哲学的创立者及其后继者的强有力攻击,他们试图在他们认为天真而不切实际的古人已经失败的地方取得成功。对柏拉图的攻击至今仍未稍减,比如,后现代主义者回顾他的作品时,只是为了寻找他们想要根除的西方理性信仰的根源。虽然如此,柏拉图仍未失去其吸引力和魅力。那些首先试图推翻古典哲学的智性权威的人,如马基雅维利和霍布斯,会惊奇地发现,他们的敌手继续吸引着坚定的支持者甚至忠实的信徒。更晚近的批评者如德里达和罗蒂同样感到沮丧,因为他们使柏拉图最终安息的企图并未得逞。我们仍然对柏拉图保持严肃的兴趣——这不是我们现代或后现代的一个奇怪现象吗?

但也许,柏拉图与现代早期乃至我们时代的批评者之间的差别,能帮助我们理解为什么他的作品没有丧失吸引力。今天最有力地吸引读者回到柏拉图的事情就是,他们意识到柏拉图的作品包含对人的生活、对灵魂及其最深关切的更丰富且更真实的说明,远远超过最伟大的现代哲学著作。尤其是,许多人意识到,现代哲人因为强调人的不可否认的恐惧、自私和权力欲,而未能充分展现我们人性的崇高层面和最高抱负，这些抱负即便并非总是最有效地，也是最有启发性地表达了人的天性(nature)。更简单地说，吸引读者走向柏拉图的，是那曾经一直吸引读者走向他的东西，只是因为现代思想缺乏这个东西，才使它显得更有吸引力：那就是对何为最好的生活这一问题的解答。传达解答的途径，就是对如此度过一生的一个高贵人物的感人描绘。

当然，感到一个思想家的原初吸引力还不等于理解他的思想，更不用说判断其是否正确。尤其是我们这些因着迷于苏格拉底所过的那种哲学生活的图景而走向柏拉图的人，对我们来说，那种原初的吸引若不只是现代批评者所谓的柏拉图鼓吹的无聊梦想，那么，它自身必须转变成一场与柏拉图作品之间的严肃相遇。柏拉图对哲学生活的说明确切地说是什么？例如，它怎么把柏拉图对美德的理解、对政治生活的评估和对人的天性和关切的分析联系起来？

当我们探寻诸如此类的问题时，就能发现我们自身不久就处于这样的状态：柏拉图称之为aporia，即一种困惑状态，或更字面的翻译，“无路可走”(without a path)的状态。我们困惑的主要原因，是我们在阅读柏拉图对话的时候，会进入一个显然很混乱的、惊人陌生的和实在令人气馁的世界。柏拉图的对话尽管有直观的吸引力，却又极其复杂难解，也许在我刚才提出的那些基本问题方面尤其如此。不错，柏拉图作品致力于一些最基本的人类生活问题，这是其吸引力的部分所在。但它们又绝不是简单或直接地处理这些问题。它们当然不是写给那些习惯于拥抱现代的方便和效率的读者。对我们许多人来说，阅读柏拉图的经验可能是吸引力与挫败感的混合物，或者说，起初的吸引力之后伴随着巨大的困难感觉，我们难以理解柏拉图在如何处理其对话中所讨论的问题。

阅读柏拉图的时候，没有哪部对话比《高尔吉亚》更能激起这种混合经验。一方面,在《高尔吉亚》中,柏拉图把苏格拉底呈现为一个高贵形象,他毫不妥协地捍卫道德原则和哲学生活,吸引了那么多赞赏者。尤其是在他与卡利克勒斯(柏拉图所有作品中对哲学生活最直言不讳的批评者)的争论中,苏格拉底像个英雄一样进入我们的视野。在对话最令人难忘的这个部分,苏格拉底面对并回应了这样一种攻击——肖里(Paul Shorey)在一个著名的评论中称之为"欧洲文学史上关于非道德主义者的最雄辩陈述"。[①] 苏格拉底与卡利克勒斯之间紧张而严肃的冲突,使评注家们称《高尔吉亚》有"令人难忘的紧张""道德的热情和光辉""巨大的广度和深度",以及"独特的情绪力量"。[②] 大概也正是这些特征引导一个科林多农民在阅读《高尔吉亚》之后放弃了自己的田地而献身于柏拉图哲学——如果这则被泰米斯提留斯(Themistius)归于亚里士多德一篇佚失对话的故事可信的话。[③] 更宽泛地讲,苏格拉底与卡利克勒斯之间的冲突——尤其是苏格拉底在冲突中扮演的英雄角色——使我们很容易理解,为什么《高尔吉亚》总是被视为柏拉图最伟大的作品之一,为什么它在每个阅读柏拉图的时代,包括他自

---

① Shorey, *What plato said*, 154; Shorey的观点被两位作者征引,见Dodds, *Gorgias*, 266, Newell, *Ruling passion*, 10-11, 以及Kahn, *Plato and the Socratic Dialogue*, 126。另参Williams, *Ethics and the Limits of Philosophy*, 22:"在卡利克勒斯的角色里,非道德主义者作为一个惊人的形象至少在哲学史上已经得到准确呈现。"因此,卡利克勒斯对苏格拉底的攻击是如此有力,不少评注者甚至表达了这样的观点:柏拉图想必觉得这种攻击相当值得同情。见Dodds, *Gorgias*, 13-14; Jaeger, *Paideia*, 2: 137-8; Kagan, *The Great Dialogue*, 161。

② 这些说法出自Kahn, *Plato and the Socratic Dialogue*, 125; Taylor, *Plato*, 103; Jaeger, *Paideia*, 2: 126; Dodds, *Gorgias*, 31。

③ Themistius的说法可见于Grote, *Plato, and the Other Companions of Socrates*, 2: 317n.。

己的时代总是很受欢迎。

然而另一方面,苏格拉底与卡利克勒斯之间的冲突大体上仅占对话的一半篇幅。当我们从整体上审视这篇对话的时候,这场冲突很快就变成一个没有任何清晰统一主题的令人迷惑的迷宫。多半因为这个原因,大多数人解释者几乎完全集中于对话的后半部分,尤其在他们总述这篇对话内容的时候。例如,他们会告诉我们,这篇对话旨在"为苏格拉底的道德基本原则辩护,以反对其最极端反面的代言人发出的攻击";① 其目的是"提出一种献身于超越个人之善的典型生活,以反对登峰造极的'权力意志'的典型理论",如此,"生活以及应该怎样生活……就是真正的主题";② "在《高尔吉亚》中,柏拉图开始为苏格拉底关于正义的信念辩护",尤其还"迫使一个甚至持极度批评态度的对话者接受苏格拉底的信念"。③

这些宣称反映了关于这篇对话最广泛的看法。宽泛地讲,《高尔吉亚》最经常被看作柏拉图关于一种道德立场(这种道德立场能够战胜最极端的非道德主义的论证和吸引力)的阐述的关键部分,或根据某些人的说法,是其思想发展的关键阶段。④ 但这种看法主要是根据苏格拉底与卡利克勒斯之间的那部分对话得出来的。笔

---

① Kahn, *Plato and the Socratic Dialogue*, 127.

② Taylor, *Plato*, 106.

③ Irwin, *Plato's Ethics*, 95.

④ 尽管在程度和强调上有很多差别,这种观点却特别普遍地存在于下述著作中,它们要么把《高尔吉亚》放在更宽泛的柏拉图思想研究中处理,要么讨论整个古典哲学的发展。可以发现这种观点的文献非常广泛,除了笔者前文提到的文献,参Jaeger, *Paideia*, 2: 136–159; Shorey, *What Plato Said*, 141–50; Voegelin, *Plato*, 24–25; Santas, *Socrates*, 218–221; Seung, *Plato Rediscovered*, 1–7; Romilly, *The Great Sophists in Periclean Athens*, 150–160; MacIntyre, *After Virtue*, 140–141。

者所引的这些宣称显示了一个普遍但可疑的倾向，即试图从《高尔吉亚》后半部分开始去理解整部对话。诚然，卡利克勒斯部分是很抓人，也很重要，但值得怀疑的是，没有充分思考整个对话，能否理解对话的统一性及其真正主题。在我看来，很少有人将这篇对话作为一个整体来对待，也没有人成功地解释其不同部分如何组合在一起。①

确实，学者很容易很快转向苏格拉底与卡利克勒斯之间的冲突，这是个很大的诱惑。不仅是这部分的紧张和严肃有吸引力，甚至大略看一下对话的进程都可以表明，这场冲突是多么复杂并显得

---

① 许多关于柏拉图思想的宽泛研究都讨论到《高尔吉亚》，但这些讨论一般只是草草提及后半部分，而经常几乎忽视了前半部分。关于《高尔吉亚》的不少专题论文同样如此。专门讨论《高尔吉亚》的大部头著作寥寥无几，其中最著名的两部注疏出自Terence Irwin和E. R. Dodds。但这些注疏伴随着希腊文本的考订，虽然提出很多注解性的评论，但没有对整个对话作出完整或统一的解释。除了Irwin和Dodds的著作，另有Ilham Dilman的《道德和内在生活》(*Morality and the Inner Life*)，其副题是“柏拉图《高尔吉亚》研究”。但Dilman自己强调，该书的目的不是紧贴文本的解读，更多的是广泛思考“《高尔吉亚》呈现的一连串问题”，以尽可能去“拥有一种独立于这篇对话的生活”(vii)。无论如何，Dilman的研究进路跟我完全不同，也导向完全不同的结论。George Plochmann和Franklin Robinson合著的《柏拉图〈高尔吉亚〉友好指南》(*A Friendly Companion to Plato's Gorgias*)同样如此。尽管他们像我一样也寻求这篇对话的统一性，但他们最后试图“提供一种对对话统一性的直觉体认”。他们列了九条结论，但更多跟作为整体的宇宙的统一性相关，而非跟《高尔吉亚》自身各个部分相连的统一性相关(参350-351)。最后，最值得注意和令人印象深刻的解释是Seth Benardete的《道德与哲学的修辞术》(*The Rhetoric of Morality and Philosophy*)，其中一半篇幅专论《高尔吉亚》。尽管我从Benardete的研究受益良多，但他许多迷人的观察以一种晦涩的方式拼凑起来，其目的似乎更多在于给读者指出往下反思的引人入胜的秘密小径，而非呈现一条从文本表面通向对话的统一解释的清晰道路。

凌乱。苏格拉底与卡利克勒斯战斗之前，对话是以苏格拉底到达雅典的某个地方开始，著名修辞大师高尔吉亚在那里刚刚结束一场关于其修辞力量的演示。苏格拉底首先跟高尔吉亚谈话，随后跟高尔吉亚的一个年轻仰慕者珀洛斯谈话。简要概括这些谈话以及随后卡利克勒斯部分讨论的主题，就足以显示我们多难把握它们的统一性。苏格拉底与高尔吉亚讨论了修辞术的特征和修辞术与正义的关系之后，与珀洛斯争论修辞术的高贵性，然后进入一个关于僭主的诱惑和行不义或受不义哪个更坏的漫长论证。苏格拉底与珀洛斯论证的结论，即尤其是行不义其实比受不义更坏这个结论，促使卡利克勒斯加入了谈话。

为了回应苏格拉底的简短挑衅，卡利克勒斯发表了一通冗长而激烈的讲辞，既攻击苏格拉底与珀洛斯讨论时所持的立场，又攻击苏格拉底的整个生活方式。这番攻击把谈话导向最好生活问题，似乎开始让对话在某种程度上变得清晰。但紧接着卡利克勒斯的攻击之后，苏格拉底首先回到正义问题，然后偏离这个问题，转而讨论节制和自制。讨论节制和自制之后，则批判享乐主义，之后，苏格拉底又回到修辞术主题，过一段时间，又转向德性问题和政治的真正目的，最后再次回到修辞术以及哲学生活与政治生活之间的对抗。以上是过分简单化地概述这篇对话，尚不包括其他问题，如惩罚主题、自我保护问题，以及对话结尾关于死后生活的说明。什么东西能把这些明显的混乱联系在一起呢？

只有把《高尔吉亚》作为整体细致研读，沿着每一个曲折和转向，不断检查各个不同部分之间的关联，其统一性才能显现。《高尔吉亚》甚至超出柏拉图对话的典型特征，它充满奇怪的段落、值得怀疑的辩论和令人困惑的转换。只有从表面出发并全面解决那些甚至或尤其出现在表面的复杂之处，才有理由去指望揭示这篇对话的真正内容。这种阅读正是笔者所要尝试的。我尽力避免给这篇对话强加一种不属于它自身的秩序。我尝试跟着对话本身的轨道，提出并解决问题，就像它们在相同文本的过程中出现的一样；我会让各个主题及其关联逐渐自动显露，而不是从一开始就主张这篇对话有某种固定的意义或最终目的。简言之，我试图在写作时重现某种贴近我的阅读和反思体验的东西。

诚然，我的进路要求我远离最常见的分析和陈述模式，尽管它们在论证的清晰和结构方面有优点。但在我看来，柏拉图自己的写作技艺要求一种不拘泥于常规的阅读和写作模式。这里不便深入讨论柏拉图采用对话形式的重要意义这个复杂问题，只讲一下我的基本观点。① 柏拉图写对话是作为开放的戏剧，充满了困惑、谜题甚至有意为之的有缺陷的论证，它们需要读者做的不只是摘取读到的信息和论证。它们需要读者惊奇、提问甚至推测，然后用随后的段落检验自己的推测；最重要的是，需要读者既在当下跳出文本，而又不断回到柏拉图呈现的谈话细节和推移之上，以这种方式来思考正在讨论的问题。在我看来，学者们阅读柏拉图并撰写柏拉图研究时的常规进路，所得在于表述的清晰性和秩序性，所失在于解释的任意性，因为他们抽离了段落的语境，给柏拉图作品强加了一个不属于其自身的结构。也是因为这些原因，我认为，在解释一开始就完

---

① 关于柏拉图对话的特征和应该如何阅读它们，有一些出色的讨论。我觉得最有价值的有Klein, *A Commentary on Plato's Meno*, 3–31; Strauss, *The City and Man*, 50–62, "On a New Interpretation of Plato's Political Philosophy," 348–352; Alfarabi, "Plato's *Laws*," 84–85; Schleiermacher, *Introductions to the Dialogues of Plato*, 17–18; Bolotin, "The Life of Philosophy and the Immorality of the Soul," 39–41, *Plato's Dialogue on Friendship*, 12–13; Sallis, *Being and Logos*, 1–6; Ahrensdorf, *The Death of Socrates and the Life of Philosophy*, 3–7。

整描述我们该往哪里走,只会适得其反。穿越一篇柏拉图对话的旅行应该是一次发现之旅,若在出发之前就宣布目的地,这个过程就歪曲了。

尽管如此,为了提供一个方向,我还是要略微讲一下《高尔吉亚》的核心问题及其在柏拉图作品中的位置。如我指出的,在随后的研究中,[①] 我尝试跟随《高尔吉亚》自身的移动,像它自身呈现的一样。但心里记着某个具体对话与全部柏拉图对话构成的宽泛整体之间的关系,仍然很重要。但这意味着什么? 有许多观察柏拉图全体作品的方式——许多观察其总体目的的方式,许多排序方式,许多分组方式等等。只要尝试考虑某个单篇对话的位置,就会陷入诸多已经长期争论的难题之中,就像迷失在一片浩瀚的海洋。就像关于柏拉图对话形式的重要意义问题一样,这些争论涉及面太广,这里不便详细讨论。[②]

然而,我认为,最有意义的是以下述方式接近柏拉图的全体作品:把所有对话作为整体,总体上观察其中最明显的主题。这个主题就是苏格拉底的生活。相应地,柏拉图本人似乎推荐了这样一种进路:首先关注他对苏格拉底生活的说明,然后跟随每部对话提供的指示,看看它们如何有助于理解那种生活。这种进路不像通常的进路那样试图揭示柏拉图思想的发展,好像它有意远离其苏格拉底

---

① [译注]指作者的*The Unity of Plato's Gorgias*(Cambridge University Press, 2006)正文,本文译自该书导言。

② 关于这些争论,尤其是关于其在19世纪的根源,即施莱尔马赫(Friedrich Schleiermacher)与赫尔曼(Karl Friedrich Hermann)之间的分歧,最有帮助的讨论是Kahn, *Plato and the Socratic Dialogue*, 36-48。关于这个问题,有两个讨论视角不同于Kahn,见 Irwin, *Plato's Ethics*, 3-16,以及 Vlastos, *Socrates, Ironist and Moral Philosophy*, 45-106。

起源似的;相反,这种进路不仅符合对话的表面特征,而且符合柏拉图自己的宣称:根本没有属于柏拉图的作品,那些署他名字的作品都属于一个已经变得“美丽且年轻的”苏格拉底。①

如果采用这种进路接近柏拉图对话,那么,最直接表明其可以作为恰当的出发点又是其他对话的入门的,就是《苏格拉底的申辩》。这篇对话发生在苏格拉底的生命将近结束的时候,但依然包含了对苏格拉底生活的最直接描述。《申辩》所记述的苏格拉底在法庭上的辩护词,甚至包含了某种类似苏格拉底自传的东西。根据这个自传,苏格拉底一生最重要的事件——这个事件使其生活有了特殊特征——是他收到一个传言:德尔斐神庙传神谕的女祭司宣布,苏格拉底的智慧无人能及(《申辩》20c4-21b5)。为了回应这个传言,苏格拉底把余生大部分时间花在审查同胞邦民上,想要测试神的说法,从而催生出了他那独特的哲学形式(《申辩》21b8-23c1)。现在,无论人们怎么理解苏格拉底对德尔斐神谕的回应——要么视为一种虔敬模式而加以赞赏,要么怀疑苏格拉底不愿完全顺从神的权威——其后果之一,如苏格拉底强调的,就是激起了许多同胞邦民对苏格拉底的愤怒。

这个后果本来是可以预见的,因为苏格拉底对一些自称智慧的同胞的审查,不仅导致一部分显赫的雅典人感到受了羞辱,而且暗示他自己在正义、高贵以及其他重要问题上拒绝接受习俗或正统的

① 《书简二》314c2-4。柏拉图的评论表明,他描绘的苏格拉底形象才是核心重点,但也暗示,这个形象可能是对历史上的苏格拉底的一种修饰。《书简二》的这个评论,应该配合柏拉图关于自己作品的另一个重要说法,即《书简七》341b7-342a1一起考虑,两个说法是一致的。尽管柏拉图书简的权威性受到质疑,一个有力的辩护是Morrow, *Plato's Epistles*, 3-16。亦见Caskey, "Again - Plato's *Seventh Letter*," 220-227; Rosen, *Plato's Symposium*, xiii-xviii。

观点(尤参《申辩》21c3－23a7)。更糟糕的是,苏格拉底不光自己拒绝接受习俗和正统,还至少把这种思想散布给一些年轻的雅典人,使他们成了自己的追随者(《申辩》23c2-d1,33b9-c4)。即使在雅典这个绝非最严厉的古代城邦,这种非正统观点也不仅仅会使他被逐出舒适的公共信仰圈子。我们一定不要忘记这个简单的事实:苏格拉底受审的罪名是他不信城邦诸神且败坏青年。如果我们难以理解雅典人的愤怒,那只是表明,我们现代的自由政治秩序与古代有巨大不同:现代社会努力消除那种导致苏格拉底死亡的冲突,而古代没有。简言之,《申辩》呈现的苏格拉底生活图景证实了那种生活与城邦之间的冲突,并大大有助于解释这种冲突。《申辩》教导我们永远不要忘记苏格拉底无情的追问活动,也不要忘记雅典城邦对那种活动的最终回应。

当我们去理解柏拉图其他对话的时候,应该始终记住《申辩》呈现的苏格拉底生活图景。这尤其适用于《高尔吉亚》,因为《高尔吉亚》与《申辩》既有次要联系,也有主要联系。次要的联系出现在《高尔吉亚》开头,苏格拉底和他的朋友凯瑞丰一起到达某个地方,这个凯瑞丰就是《申辩》中据他说去求问德尔斐神谕问题的那个人。更明显重要的联系是,这两部对话中最突出的主题都是修辞术。在《申辩》中,苏格拉底否认他实践或教授修辞术,并发现城邦之所以敌视他,部分是因为他很多年来一直受人诽谤,却没人为他讲话(《申辩》17a1－18c8)。苏格拉底暗示,修辞术本来有助于保护他,或他本人本来更愿意实践修辞术,或他愿意有人为了他而实践修辞术。

这就联系到另一个使《高尔吉亚》与《申辩》关联起来的明显问题,在更宽泛的意义上,这个问题可以称之为苏格拉底生活的可辩护性和高贵性。在《申辩》中,苏格拉底讲完其德尔斐自传并直接回应官方指控之后，提出一个反对意见，听起来非常类似卡利克勒斯在《高尔吉亚》中提出的反对意见。“也许有人会说，”苏格拉底想象出一个潜在的批评者，

> 苏格拉底，你不因为从事一项现在给你招来杀身之祸的追求而感到羞愧吗？（《申辩》28b3-5）

不仅这里的反对意见听起来好像出自卡利克勒斯之口，而且苏格拉底在《申辩》中的回应也有很多地方类似于他在《高尔吉亚》中采取的立场。最重要的是，在这两篇对话中，他都坚持，对名声和安全的考虑应该次于对正义的考虑。[①]

但至少《申辩》提到的下述事实应该使我们有点犹豫：苏格拉底提出这个论证来回应他自己提出的一个反对意见，并借此将自己呈现为一个类似伟大的阿喀琉斯（Achilles）的英雄（《申辩》28b3-29b9）。另外，尽管苏格拉底提到，他的生活与阿喀琉斯的相似在于，他愿意将正义置于所有其他考虑之上，尤其是超越对保存自己生命的关切，但当他接下去回应那个情有可原的问题——为什么他献身于正义却没有因此进入政治——时，他却指出，政治活动会给他造成生命危险。[②]

在《申辩》的这个关键段落，苏格拉底自我陈述的语境、特征和表面的前后矛盾，应该会引导我们怀疑其目的。苏格拉底对他想象的“卡利克勒斯式的反对意见”的回应可能是他有意为之，他试图为他自己在最公开和难忘的演讲方面赢得某种名声。换句话说，我

---

① 比较《申辩》28b5-31c3与《高尔吉亚》508c4-513d1和521b4-522e6。

② 比较《申辩》28b5-31c3与31c4-33a1，尤其32e2-33a1。根据21a2-c2考虑28d5-29a2。

们有理由怀疑，苏格拉底尽管否定修辞术，但其受审讲辞是不是也带有某些修辞色彩？对于修辞术，苏格拉底是不是可能比他明确宣称的更开放？事实上，这种结论要求我们认为，苏格拉底关心名声和名声带来的好处，其程度超过他明确的自我陈述所表明的程度。但这种自我称述不也有可能是某种修辞术的一部分吗，即使不是其核心部分？

如果说《申辩》留给我们这些疑惑和相关问题，那么《高尔吉亚》则能有所帮助。因为我们发现，《高尔吉亚》更充分地处理了对修辞术和苏格拉底生活的可辩护性和高贵性问题。在我们考虑《高尔吉亚》的过程中，会出现类似于我刚刚就《申辩》提出的问题。例如，我们会考虑，苏格拉底关于正义的著名论证——包括引人注意的主张，即行不义总是最大的恶，因而总是比受不义更坏——是否应该被视为对他自己信念的直接表达？我们怎么处理下述情况，例如，在为这个主张辩护的时候，苏格拉底经常暗暗承认，他不是在为一个他知道真实的观点辩护，而仅仅是采取一个他没遇见任何人能够反驳而不变得荒谬的立场？也许，苏格拉底为这个主张辩护，更多是为了揭示，人类对正义的深深关切甚至存在于像珀洛斯和卡利克勒斯这类看似疾世愤俗的灵魂之中，而不是为了暴露苏格拉底自己最深的信念？也许，在为这个主张辩护的时候，在把自己的生活描述为对"卡利克勒斯式的诱惑"的英雄般抵抗的时候，苏格拉底指向了一种比高尔吉亚所实践的智者修辞术更高贵的修辞术？

关于最后一点，众所周知，《高尔吉亚》包含了对修辞术的严厉批评，事实上，这个批评仅次于苏格拉底与卡利克勒斯的决斗，后者是这篇对话最令人难忘的特征。但彻底从整体上考虑这篇对话，就会质疑苏格拉底仅仅是修辞术的批评者这一通常的结论。我会表明,苏格拉底对修辞术的批评应该被理解为只是对一种特定修辞术的批评,不是对修辞术本身的批评。这个令人惊奇的结论,以及那些关于苏格拉底正义主张的真实特征和意图的悬而未决的问题,将会引出一种关于《高尔吉亚》教诲的新观点。这种新观点最终能帮助我们以一种新眼光看待苏格拉底本人,并更好地理解他过的哲学生活。

最后,鉴于《高尔吉亚》强调的修辞术和哲学生活主题,对这篇对话的新的理解也能进一步阐明柏拉图本人文学-修辞计划的意图。柏拉图通过这个计划,给我们描绘了一个已经变得"美丽且年轻"的苏格拉底,理解这个计划的指南,就是他对《高尔吉亚》充分阐述的那些要点和问题的理解。

专题

《高尔吉亚》中的戏剧与辩证法

卡　恩（Charles H. Kahn）　撰

李致远　译

一　反驳的人格性质

> 对人来说，最大的善就是每天讨论美德（arete）和你听到我跟自己和他人谈论并审查的其他问题。对人来说，未经审查的生活是不值得过的。（《申辩》38a；参《申辩》29d–30b）

> 我审查的首先是论证（logos），但有时候，作为提问者的我和回答我问题的人也会被审查。（《普罗塔戈拉》333c7）

> 任何人在谈话中接近苏格拉底的时候，即使他一开始讨论的是另一个话题，最终也会……被迫说明他自己，即他现在怎么生活，以及迄今曾经怎么生活。苏格拉底不会放他走，除非已经在所有这些问题上彻底检验了他。（《拉克斯》187e7）

通过《高尔吉亚》对高尔吉亚、珀洛斯和卡利克勒斯的三场反驳，柏拉图完整描绘了交谈者与苏格拉底的辩证性遭遇怎么转变为对交谈者自身生活的批判性审查。这一点在卡利克勒斯身上最明显，他对苏格拉底的挑战显然反映了两种生活方式之间的选择

(484c–486c)。而我希望表明,人格因素(personal element)在高尔吉亚身上同样重要,同样,也有某种类似的东西以更间接的方式包含于击败珀洛斯的论证之中。因此,这项研究的中心论点是,所有三场论证在深层意义上都是针对个人(ad hominem):指向人,而非言。反驳具有双重特征,既是审查交谈者生活的真实性和一致性,也是审查其主张的真实性和一致性,最终是检验生活与主张之间的和谐。反驳的这种复杂性质艺术化地反映在反驳的人格性与辩证性、戏剧性与逻辑性结构之间的相互影响上。因此,我们需要在哲学分析之外补充某种文学批评之类的东西,以便理解发生了什么情况。据我所见,几乎所有相关研究都未能抓住三场反驳的哲学意义,因为它们忽略了促成交谈者失败的人格性和戏剧性因素。①

我的讨论仅限于对话的前三分之二,499b卡利克勒斯转变立场标志着第三场反驳的结束。整个这部分自然被视为一出三幕剧,其长度和哲学强度逐幕增强。②

---

① 主要的例外是E. R. Dodds,他令人钦佩的注疏提供了出发点,是我自己理解《高尔吉亚》的指引。相比之下,明确尝试讨论哲学与戏剧结构之关系的,一般都令人失望,例如J. Duchemin,"Remarques sur la composition du *Gorgias*", *Revue des Études grecques*, LVI(1953),265–286。关于"反驳的人格特征",一个很好的一般研究,见Richard Robinson的经典研究,*Plato's Earlier Dialectic*(2nd edn, Clarendon Press 1953),15 ff;又见N. Gulley, *The Philosophy of Socrates*(Macmillan 1968),45–47,59 f。关于论证的有用讨论,稍微注意到人格性和戏剧性因素,见G. X. Santas, *Socrates: Philosophy in Plato's Early Dialogues*(Routledge 1979),221–286,以及T. Irwin, *Plato, Gorgias*(Clarendon Press 1979)。后文引用Dodds、Santas和Irwin书时,仅注作者名字。

② 到结束对卡利克勒斯的反驳时,其篇幅("第三幕")并没有珀洛斯部分长,但因为卡利克勒斯被驳倒之后仍在交谈,故三幕渐次变长的印象终究没错。

第一幕:对高尔吉亚的反驳(449a-461a)

第二幕:对珀洛斯的反驳(461b-481b)

第三幕:对卡利克勒斯的反驳(481b-499b)

第一幕之前有个序幕。据我看,在早期或苏格拉底对话中,《高尔吉亚》很独特,几乎是独立的。不像《拉克斯》《吕西斯》《普罗塔戈拉》或《伊翁》,这部作品不需要广泛征引其他对话为自己作哲学注解。为了解释这个事实,我会假定《高尔吉亚》是所谓的苏格拉底早期的系列作品之一,写于柏拉图构思更大的文学计划之前——该计划在《拉克斯》《卡尔米德》《游叙弗伦》和《普罗塔戈拉》及其他作品中得到实现,并导向《美诺》和中期对话。但这个编年学问题有争议,我在其他地方做过辩护,[①] 不在这里展开。我仅仅假设,《高尔吉亚》的读者无需知道关于苏格拉底的任何事情,只需读过《申辩》和《克力同》。但有一个例外。《伊翁》(及《申辩》和《克力同》)是我认为早于《高尔吉亚》的少数对话之一,它包含了一个《高尔吉亚》所预设的重要哲学教条。既然这一点显然尚未被人注意,也因为它有助于理解前两场反驳,所以我在这里稍作阐释,顺便说明我为何认为《高尔吉亚》的论证利用了这个教条。

《伊翁》基于技艺或科学与其对象之间的一一对应关系,为technai[技艺]提出了一种个体化原则。这个原则的表述见于三个相互依存的命题:

---

① 见"Did Plato write Socratic Dialogues?",*Classical Quarterly*,XXXI(1981),305-320。

命题1:我称两种technai[技艺]彼此不同,只要各自是关于不同对象(heteron pragmaton)的知识(episteme)。(《伊翁》537d5–e1)

命题2:如果两种技艺不同,它们就不能知道相同的对象。(538a2–4)

命题3:如果X是关于对象Y的techne[技艺],那么无人能知道或能判断对象Y,除非他掌握X。(538a5–7)

在《伊翁》中,这些原则被用来反对诗人和诵诗人的知识要求,也被有系统地应用于其他对话。例如,在《卡尔米德》中,它们被用来表明,作为关于知识和无知的知识,科学不能知道任何具体科学的对象(170a–171c)。在《高尔吉亚》中,命题1明显包含在跟高尔吉亚的讨论之中,在那里苏格拉底坚持要求说明对象的独特性,以便界定修辞技艺。这个要求直接导致将高尔吉亚的所知对象描绘为"正确与错误、正义与不义(dikaia kai adika)"(454b7),接着被苏格拉底扩充为"正义与不义、耻辱与光荣(to aischron kai to kalon)、好与坏(agathon kai kakon)"(459d1–2)。当然,我们并非只有阅读了《伊翁》,才能理解苏格拉底在这里要求一个清晰的关于高尔吉亚修辞术的定义,是打算做什么。

但阅读《伊翁》会有助于我们记住命题1–3,以便看到:(i)承认修辞术带给听众的仅仅是信念(pistis)而非学问或知识(454c–455a),就导致削弱关于它是一门techne[技艺]的主张,因为一门技艺是关于某个既定对象的知识;因此,(ii)如果高尔吉亚不愿保证演说家拥有关于这个对象的知识(460a),他就等于宣布放弃了关于拥有和教授一门techine[技艺]的主张;(iii)正是这一点证明苏格拉底看似悖谬的否定[①]——一旦珀洛斯不再要求关于对象的知识(461b-c),苏格拉底就否认修辞术是一门技艺(462b8,463a7等)——其实有理;(iv)正是技艺与对象之间的一一对应关系使苏格拉底把正义本身(dikaiosyne)而非政治术(或dikastike,即"审判术")命名为修辞术所假冒的技艺(464b8,c2;465c3)。[②]

最后,(v)从哲学角度看,最意味深长的是,正是命题3的另一说法保证,演说家本身(珀洛斯自己承认的)不会拥有关于正确与错误、好与坏的*知识*,因而会无知地行动,不理解自己真正想要什么(466e10 noun me echon,467a5 aneu nou),以为某物对自己好而其实是坏的(468d3-4),因而没做自己想要的(468d5-7),因为一个人想要的总是某种好东西(468b-c)。除非我们假定演说家和成功的政治家理应无知,否则,这个对第二幕第一个悖论的关键论证就无法取得进展。但这种无知是命题3带来的,即假设有且只有一门关于相关对象(正确与错误、好与坏)的技艺,且(通过前文iii)演说家本身不掌握这门技艺。

二 第一幕:对高尔吉亚的反驳

珀洛斯告诉我们,高尔吉亚最终失败,是因为他耻于承认演说家可能不知"正义、光荣和善"(461b)。这个判断得到卡利克勒斯的附和(482c-d)和苏格拉底的证实(508c1-3);这明显是柏拉图发出的信号,告诉我们怎么理解第一场反驳。有些注疏家假定他们自

---

① 悖谬是因为修辞术经常被视为最卓越的techne[技艺],这个术语被用作相关论文的标题。例如见Gorgias, *Helena* 13 *λόγος ... ἔπεισε τέχνη γραφείς* (Diels-Kranz[DK]82 B. 11, vol ii, 292, 9),以及Dodds对462b11的注释(页223)。

② 我相信,这解决了Dodds在464b8讨论的文本问题(227f)。

己比柏拉图本人更理解柏拉图的论证，并提出，只要高尔吉亚愿意否认“知识即(或伴随)美德”这个苏格拉底式悖论，那么，即使他承认演说家必须具有关于对象的知识，他也可以避免致命的矛盾。如此，高尔吉亚就可以毫无风险地自称教授关于正义和不义的知识，同时不必宣称使他们成为正义之人。尽管柏拉图指示了矛盾，但导致高尔吉亚矛盾的也可以是后一个而非前一个让步(Irwin, 126－129)。另一些作者尽管接受柏拉图对致命失误的分析，却又认为，关于教授正义的主张是高尔吉亚“轻率”承认的，好像是在一不留神的时候，因此，苏格拉底的胜利是基于高尔吉亚的粗心而非出于必然。①

两类评论都没有抓住高尔吉亚失败的要点，因为他们没有考虑迫使高尔吉亚这样回答的强烈压力。另一个人面对同样的问题(如珀洛斯)，可能否认教师需要给学生提供关于正确和错误的知识；第三个人可能宣称自己仅仅教授知识而不教授美德。两者都可能成功逃脱导致高尔吉亚的自我辩解——学生用从他那儿学的说服技艺行不义，他不必负责———失败的矛盾(456d–457c)。但正如哈勒(Richard Hare)指出的，跟一个真实的对话者论证的时候，一个人不可能也不需要在逻辑上关闭所有可能的逃脱路线：如果我们的对手不愿意或没能力找到某个既有的出路，“说另一个人可能找到那个出路，这种回答并不能帮助他反驳我们。在这个方面，所有的道德论证都是针对个人的(ad hominem)”。②

哈勒指的是强加在交谈者身上的局限，即假定其主张都必须真

---

① 见G. M. A. Grube, *Plato's Thought*(Methuen 1935), 52; Guthrie, *History of Greek Philosophy*(Cambridge University Press 1975), vol iv, 287也持相同意见。

② R. M. Hare, *Freedom and Reason*(Clarendon Press 1963), 111.

诚。珀洛斯强调的奇怪要点是,高尔吉亚是被迫(“出于羞耻”)作了一个不真诚的回答,因为没理由假定高尔吉亚其实不打算教授美德且取笑那些这样宣称的人。[①] 如果高尔吉亚真诚回答,他就会说,他并不使学生成为好人,而仅仅成为有效的说话者(deinoi legein),那么,也就根本不会跟他前面关于不必负责的辩解产生直接矛盾。(我们不久之后就会看到,教授正义的知识与使人成为正义者之间并不相干。)因此,对高尔吉亚的反驳是一种微妙意义上的诉诸个人(ad hominem):其前提并不是他的真实信念,而是他因为自己在公众眼里的位置而被迫作出的关于教授道德的宣称。击败他的并不是其宣称的真诚性,而是其虚假性,是他的所说与所做之间的不一致。

高尔吉亚为何被迫做出这个不真诚的回答?要回答这个问题,我们必须考虑他早先那个辩解的含义,即他自己不必为学生滥用修辞术负责。高尔吉亚说,教师给学生提供修辞术训练是为了正义地使用(457b7-c,456e3重复);如果学生不义地使用它,那么,“人们应该憎恨、逐出城邦和处死的”不是教师,而是学生(457c1-3)。“憎恨和逐出城邦”这个短语在这里出现了三次(456e2,457b6-7, c2)。为什么?因为高尔吉亚在雅典是个外邦人。就像普罗塔戈拉在一个类似语境下承认的,任何能够给雅典重要家族青年的心灵施加巨大影响力的外邦人,都要面临危险的怀疑和敌意(《普罗塔戈拉》316c5-d3)。关于这种仇恨,《美诺》有个生动的描述:听说一个年轻人接受了智术师的影响就可以变得更好,阿奴图斯(Anytus)报以恐惧和狂怒的回答。[②] 普罗塔戈拉为

---

① 《美诺》95c;参Dodds,212。

② 《美诺》91c以下;注意94e4-95a1的威胁。

了自我辩解(至少据柏拉图的描述),宣称自己会使学生成为更好的人和更好的邦民。

高尔吉亚似乎发现,宣称道德中立对自己的训练来说更安全。但苏格拉底这里已经把他拉入一个不再适合做出这种宣称的境地。在准备陷阱的时候,苏格拉底的第一步是强调,修辞术在学生身上产生的不是关于正确与错误的知识,而只是可能错误的“信念”(pistis)(454c–455a)。第二步是鼓动高尔吉亚扩大修辞术的范围,以至于包括了其他技艺专擅的对象,这样,演说家就被说成在健康问题上比医生更有说服力(456a–c)。这两步都指向一个结论:修辞术不是一门真正的知识,根本不是严格的techene[技艺]。

但苏格拉底没有直接论证这个要点,而是通过强调修辞术在认知方面的无能,来重述高尔吉亚关于修辞术全能的主张(456a8“它可以说在自己的控制之下集合了[其他技艺]的所有力量”):“演说家毫无必要知道关于[其他技艺的]对象的真理;他已经发现一种说服的机巧,使他在无知者面前看起来比知道者更知道”(459b7–c2)。一旦高尔吉亚接受这个一般的描述,像他在459c做的那样,苏格拉底就能设下陷阱,将此描述应用于修辞术的特殊对象:正确与错误、好与坏、可敬与可耻。演说家是需要知道这些,还是仅仅在无知的听众面前成功给出知识的表象(459d)? 这个陷阱本身由以下三点说法组成(459e):

> 高尔吉亚啊,如果有人到你那儿,他并不知道正确与错误、好与坏这些问题,
>
> (i)尽管如此,你仍然会使他“这个不知这些东西的人在多数人面前看似知道,甚至使他这个实际不好的人看似变好”?

还是

(ii)你根本不能教他修辞术？或者怎样？

对此，高尔吉亚回答：

(iii)即使他碰巧不知道这些东西，也会从我这儿学习(460a3－4)。

高尔吉亚现在钻进了陷阱。在如下简短的论证中，陷阱突然收拢：

(a)如果学生学习了正义与不义，他会成为一个正义之人。

(b)如果他是个正义之人，他就会正义地行动。

(c)如果他正义地行动，他就不会不义地使用修辞术。

只有结论(c)与高尔吉亚关于不必负责的辩解的关键前提(即有些学生可能不义地使用修辞术)矛盾，但这个结论只是以微弱的方式出自(a)，既然高尔吉亚已经接受(iii)。(a)本身当然不是一个微弱的主张：它是苏格拉底式悖论的强化版。注疏家们正确地反对说，460b对这个主张的论证异常脆弱。[①] 但这种反对站不住脚，因为高尔吉亚已经在(iii)上失败了，而(a)只是把他的失败说清楚了。因为在这个语境下，这个常识，即知识与美德之间、学习正确之事与实行正确之事之间有非苏格拉底式的区别——它可以合理地否定(a)——对高尔吉亚毫无用途。这一点早先见于苏格拉底的说法(i)：看似知道(什么是好)被等同于看似变好。这个等式可能很成问题，但高尔吉亚或任何其他人在目前情况下都不可能对此表示质

---

① Dodds，218；cp. Irwin，126 f.

疑。因为迫使高尔吉亚自称教授正义的压力，恰恰就是迫使他自称只教好人（他们不会滥用自己的力量）的压力。

如果我们考虑高尔吉亚为什么不能像珀洛斯希望他做的那样接受（i），就会很清楚。因为一旦肯定（i），尽管真诚，甚至真实，且在逻辑上跟不必负责的辩解兼容，还是会在社会上和政治上给高尔吉亚带来灾难。苏格拉底已经鼓励高尔吉亚强调，他的训练会给任何想要“在自己城邦统治他人”的人提供近乎全能的力量，既然如此，高尔吉亚怎么能公开承认，自己只把这种力量给予在道德上不称职或更坏的人呢？如果说有什么东西可以作为很好的借口，把高尔吉亚快速拉出来，以免被“涂柏油并粘羽毛”，那就是采取珀洛斯的出路，并宣布自己给那些既不知道也不关心什么是正确与错误、什么对城邦好与坏的人提供训练。另一方面，既然已经接受（iii），那么，从逻辑上反对（a）并坚持他尽管教授诚实却不能使人变诚实，怎么会对高尔吉亚有帮助？怎么能帮助他反对这样的指控呢——用现代的话说，他将一把上膛的左轮手枪放在了那些可能愚蠢、放肆的人或罪犯手里？如果高尔吉亚通过给顾客教授道德，能使他尽管实际是个罪犯却变得看似老实人，那只会使指控变得更严重并使持有致命武器变得更危险。

另一个选择（ii）——即高尔吉亚不能给学生教授修辞术，除非他知道正确与错误——也会导致同样的矛盾（经高尔吉亚训练的学生根本没有一个不义者），此外也把他放在站不住脚的位置，即给自己接收的每个学生盖上自己批准的道德标签。鉴于高尔吉亚在雅典容易被攻击，他别无选择，只能像他所做的那样回答。

因此，反驳的功能不仅仅是诱使高尔吉亚肯定一个他本想否定的结论，而且还使其立场的不一致暴露在充分自觉和公共视野之下。这个不一致是他不愿面对的，但早已暗含于他早先关于不必负责的主张之中。[①] 如果苏格拉底这种天真的设想——“修辞术从来不可能是一种不义之物，因为它永远制作关于正义的言辞”(460e6)——并不真实，如果它是纯粹工具性的、价值中立的技能(高尔吉亚显然承认这一点)，那么，他就根本没法逃避社会责任，因为他在派发这种强有力的、可能有毒的药物。[②] 像无关真理的思想操控和大众暗示(包括商业广告的老练技巧)等现代策略一样，修辞术作为对公众意见的不加限制的操纵，其发展不可避免地会导致(即使不是高尔吉亚的本意)这样的概念，即认为政治是一种不惜任何代价追求个人发展的职业。正如多兹(Dodds)指出的，“高尔吉亚的教诲是结出卡利克勒斯式生活方式这种有毒果实的种子”。[③]

因此，对高尔吉亚的反驳不是为了解释其修辞观的概念性矛盾，而是为了暴露其修辞观与其社会角色(训练年轻人的政治领导才能)之间在道德和社会层面的不兼容性。故此，矛盾源于承认(i)，它不仅实际是错的，而且高尔吉亚甚至在承认的时候都知道它

---

① 在457e1-3，苏格拉底提出，高尔吉亚关于不必负责的辩解(“你现在所说的”，见456d-457c)与他早先关于修辞术(关于正义与不义)的定义“不完全一致和协调”。当然，不会导致逻辑矛盾，除非人们补充假设，(1)修辞术是一门techne[技艺]，提供关于其对象的知识，(2)关于正义的知识使人变成正义之人。(因此，Irwin on 460b，126f说得正确，只是他强调技能而非关于对象的知识，会有误导。)高尔吉亚之所以承认(i)和(ii)，根本没有逻辑理由。因此，我认为，457e关于不一致的指控是苏格拉底式反讽的例证之一，其功能在这里是劝导性的。苏格拉底自称察觉到的矛盾迄今为止仅仅潜在于高尔吉亚自称教授techne[技艺]的承诺和作为教育者的公共角色之中。随后反驳的使命将是引出这种不一致，使之成为一种公开的矛盾形式。

② 高尔吉亚把修辞术的说服与使用药物(pharmaka)相类比，参他的*Helen* 14 in DK 82 B 11. 14，vol ii，292 f。

③ Dodds，15.

是错的。这种纯粹工具性的、非道德的修辞术概念，可以逻辑一致地加以表述，但高尔吉亚本人不可能这样表述，否则就会招致公众的敌意和严重的个人风险。这就是高尔吉亚因"羞耻"而未能说出自己真实所想背后隐藏的东西。

三 第二幕：对珀洛斯的反驳

珀洛斯根本没有国际声誉可丢，也没有重要到足以成为政治攻击的对象，因而他可以承认高尔吉亚回避的东西：修辞术其实不关心正义，只关心成功。通过暗暗承认演说家无需知道"什么是正义、光荣和好"(461b5-6)，即使这是他的专业对象，珀洛斯承认了苏格拉底在整个第一幕一直用来压制高尔吉亚的关于缺乏知识的指控。[①] 因此，他使自己容易受到苏格拉底在第二幕的新的猛攻：苏格拉底宣称这种说服技能根本不是一种techne[技艺]，不是对某种明确对象的理性掌握，而仅仅是一种关于谄媚和影响的经验诀窍。[②] 面对这种对修辞术的智性(intellectual)攻击，珀洛斯不作任何辩护。第二幕余下部分关注的，是一种不择手段追求政治权力的职业的道德位置。而正是对公正与邪恶手段之别的认识，会证明珀洛斯的失败。因此，第二幕把对话的首要主题带到舞台中心，而它在第一幕只是作为背景主题出现：即什么是好与坏、幸福与不幸，一个人应该怎么生活。

---

① 明确的指控从454c7开始，隐含的指控则从一开始就有。注意苏格拉底在449a3、c9强调epistemon[精通]，在449d9强调episteme[知识]，在e6、450a2强调phronein[明智]。相比之下，高尔吉亚在452d-453a的说法(反映了高尔吉亚《海伦颂》表达的修辞观)丝毫没有提及知识。

② 462b-466a。注意465a对techne的正面描述，稍后在501a得到展开。

为了在第二幕探究这个问题，苏格拉底建立了以下四个反对珀洛斯的悖论：

(1)演说家和政治家根本没有真实的权力(如果权力是某种善)，因为他们没做他们想要的事，而只是做了他们认为最好的事。(466b–468e)

(2)行不义比受不义更坏。(469b–475e)

(3)行不义而逃避惩罚比行不义而受到惩罚更坏。(476a–479e)

(4)因此，修辞术的用途在于，务必使自己和自己的朋友为任何错误行为受到惩罚，并且(如果应该伤害任何人！)务必使自己的敌人避免惩罚，只要他做过什么错事。(480a–481b)

我这里集中于(2)的论证，它是反驳珀洛斯并建立苏格拉底的道德主张的关键环节。稍后再回到(1)的论证，因为它有独立的哲学意味，也在对话的更深结构中起到一种根本性的作用。(3)的论证冗长且复杂，但其中心步骤直接并反复[①]依靠(2)的逻辑。悖论(4)很容易从(3)推出，提供了一个关于高尔吉亚式修辞术的目的的反讽版本。正是这个悖论直接激起了卡利克勒斯的愤怒(481b)，从而导致第二幕结束。

悖论(2)的论证，见于474c–475e，自1967年弗拉斯托斯

① 关于可敬之物(kalon)必须要么快乐要么有益的假设(474d–475a)，被用于476e2–477a3和478b3–5的论证(3)；其反面(即可耻之物aischron必须要么痛苦要么有害)被用于477c6–8(*ἐκ τῶν ὡμολογημένων ἐν τῷ ἔμπροσθεν*[出自前面已经同意的东西])和477d6–e6。

(Gregory Vlastos)在一篇著名文章中质疑其有效性之后,[①] 已经成为大量讨论的话题。在研究这个论证之前,不妨注意一下它在对话的更大结构中具有多大分量。有六点值得注意。

(i)问题的重要性在以下两个主张中得到重复强调:行不义是最大的恶(469b8;参479c8,480d6等),正义或不义是对行为者幸福或不幸的测试(470e9-11,472c-e)。(ii)珀洛斯强调,苏格拉底的立场使他反对几乎一致通过的公共意见:“你说出无人同意的东西”(473e5)。(iii)作为回报,苏格拉底接受了他的孤立并用来对照两个论证或反驳(elenchein)方法:计算票数和召唤证人的修辞术模式,与仅仅依靠对话者同意的辩证法模式(471d-472c,473e-474b)。悖论(2)的论证被呈现为苏格拉底式证明模式的一个模型。[②] (iv)紧接着这个论证开始之前,苏格拉底使悖论加倍,因为他声称这个结论是珀洛斯和所有其他人都会接受的(474b3,b8;参474e3-6)。

通过这四种方式,柏拉图已经预先谋划使读者的最大注意力朝向(2)的论证。在对话的后面,这个推理会继续提供一个参考点和支撑点。(v)如我已经提到的,随后悖论(3)的论证直接依赖(2)的前提以得出自己的结论。[③] (vi)最后,稍后跟卡利克勒斯较量时,苏格拉底没有提出任何独立的论证以表明行不义比受不义更坏:他说,这个命题建立在“我们前面的讨论(logoi)”上,这个结论是“用

---

① “Was Polus refuted?”, *American Journal of Philosophy*, LXXXVIII(1967), 454-460.

② 474a4: *πείρασαι τοῦ ἐλέγχου οἷον ἐγὼ οἶμαι δεῖν εἶναι*[请你尝试这种我相信应该如此这般的反驳]。

③ 关于(3)的结论依赖(2)的前提,在479c4-6有强调;参480e1-3提到,(4)依赖前面的说法。

钢铁般坚固的论证(logoi)坚持并捆绑起来的”(508e3–509a)。这里只能是指论证(2),以及论证(3)的相同证明模式。

如果柏拉图给一个形式上谬误的(像弗拉斯托斯主张和其他人同意的[①])论证堆积这么多逻辑和戏剧分量,会很奇怪。当然,既然写于形式逻辑发展出来之前,柏拉图有可能误以为这个论证比实际上更有说服力。但我发现很难如此去相信。但不管怎样,只有在我们看出其中的推理带有什么缺陷之后,这种结论才能被证明合理。我会着手为这个论证辩护,反对某些针对它的指控,并尝试通过一些哲学和(或)戏剧要点指出其不可否认的弱点。因此,我尝试回答两个问题:(a)珀洛斯怎么被驳倒?论证如何生效?(b)珀洛斯为什么以这种方式被驳倒?柏拉图为什么用这个论证来反对这个对手?

3. A 形式论证

1. 受不义比行不义更坏。(珀洛斯的论断,被驳倒。反驳不仅仅会否定1,而且会建立其反面:行不义对行为者更坏。)

2. 行不义比受不义更可耻(aischion)。(珀洛斯的第一个让步,homologoumenon[已经同意的东西],反驳就源于此。)

3. 对立的标准:可耻(aischron)与可敬(kalon)对立。因此,判断某物可耻的标准与判断某物可敬的标准对立。(没有说出,但在475a4–b2被视为理所当然。)

4. 判断某物可敬(kalon)的标准是用途和快乐。如果A可敬,它就要么有用,要么快乐,要么两者兼备。(珀洛斯的第二个让步,

① 参后文所引Irwin和Santas的观点。

归纳474d3–475a4的例证得出的结果。)

4A. 珀洛斯在接受4时用“好”(agathon)取代了“有用”(chresimon)和“有益”(ophelimon,475a3)。这使苏格拉底可以在指出其反面时用“坏”或“恶”(kakon)取代“有害”(blaberon,475a5,7等)。[①]

5. 判断某物可耻的标准是快乐和用途(或善)的反面,即痛苦和恶。(出自3和4,及4A)

6. 如果A比B更可敬,它就在快乐或用途或两者方面超过B。(出自4)

7. 如果A比B更可耻,它就在痛苦或恶(kakon)或两者方面超过B。(出自5,及4A)

8. 因为行不义比受不义更可耻(据2),它一定在痛苦或恶或两者方面超过后者。(出自7)

9. 行不义并非在痛苦方面超过受不义。(珀洛斯的第三个让步,见475c1–4。)

10. 因此,它并非在痛苦和恶两者方面超过受不义。(出自9)

11. 因此,行不义在恶(to kakon)方面超过受不义,即行不义更坏(kakion)。(出自8–10)

目前,我把11算作反驳的结束,因为它造成对1的强否定或反论点。事实上,苏格拉底继续使珀洛斯同意,无论他或任何其他人都不会宁愿选择更坏和更可耻之物而非更少如此的东西(475d4–e3),因此(鉴于2和11),无论珀洛斯或任何其他人都不会宁愿选择

---

① 术语blaberon其实并未出现在2的论证中,但在477c7–e3对悖论(3)的相应论证中有blabe,那里从“有害”向“恶”的移动被视为额外的步骤(477e3以下)。

行不义而非受不义。这个进一步的结论提出了关于欲望背景的逻辑透明度问题和潜意识欲望的存在问题，这些问题直接相应于悖论(1)暗含的问题，我们下文结论部分会回到这些问题。

这个论证的有效性问题通向4和5的分析。步骤1和2是既定的；步骤3是仅仅作为5的基础提出的，而一旦4得到承认，5就被视为毫无争议。6和7是4和5的语法（比较级）转换，可以被视为定义的对象。步骤8、10和11是前面步骤在形式上的派生。即使4A用“好”取代“有用”并用“坏”取代“有害”，也不影响推理的实质。[①]尽管苏格拉底和珀洛斯对利益和伤害持不同的观念，但他们同意“好”与“有益”、“恶”与“有害”之间可以互换。这种替换使论证变得更文雅；但对珀洛斯来说，即使“更有害”统统换成“更坏”，结果也是一样的。因此，我们有待考虑这样的问题，即珀洛斯对4和9的赞同能否证明苏格拉底引出的推论合理？

弗拉斯托斯指责苏格拉底在快乐与痛苦的概念上含糊其辞，因为他通过考虑*旁观者的快乐*而获得珀洛斯对4的赞同(在474d5-c5)，而通过考虑参与者（即不义的行为者和遭受者）的相对痛苦而获得9的否定(475c2)。弗拉斯托斯又补上第二个批评，他说，如果行不义和受不义的相对痛苦被从*旁观者的视角*来测量，就像支持4的例子所示，那么，9的真理价值就可以视为不确定的甚至错误的；珀洛斯可以宣称，“大多数人在看见或想到恶行兴旺的时候会比看见或想到无辜受难的时候更痛苦”（同上，458）。

第二个反驳其实很巧妙，但消解于更严密的反思。这个论证需要表明，2即关于行不义更可耻的判断，可以通过9即痛苦的过量的方式得到说明，从而一定使11即伤害或恶的过量变得可能。为了

---

① 因此Vlastos的话是正当的，above n 19，455 n.。

成功，苏格拉底仅仅需要表明，相应于在“更可耻”方面被承认的差异，在“更痛苦”方面根本没有清晰的差异。如果珀洛斯在这一点上提出挑战，苏格拉底可以恰当地回应说，(a)一般而言，看见或想到恶行兴旺与看见或想到无辜受难会是一致的，以至于一般而言根本不可能清楚地回答“恶行兴旺与无辜受难哪个最使你痛苦？”这个问题。[1] (b)如果痛苦的差异不清楚、不确定，那么，即使从旁观者的视角看，9仍然真实，从8和9到11的推论也仍然有效。

我们有待考虑弗拉斯托斯的第一个反驳，即苏格拉底从4–5旁观者的快乐/痛苦转移到9参与者的痛苦，从而骗了珀洛斯。这是一个更实质性的批评，尽管我认为它并不正确。4的快乐当然是“对某人而言快乐”的省略(4的“有用”同样是省略)；苏格拉底在任何地方都没有说过或暗示，相关的快乐仅仅或主要是旁观者的快乐。1和2的所指，像前文一样(“对某人而言好”，“对某人而言可耻”)，是指行为者或遭受者，作为省略句的自然补助词：毕竟，讨论的问题是一个人应该怎么生活以便变得幸福，而非为了取悦于旁观者。当然，苏格拉底用美丽的身体、颜色和声音等给旁观者带来快乐的例子来开始4的归纳，这无疑属于苏格拉底辩证诡计的一部分，但它们明显作为例子呈现。[2] 第二组例子引入时，则包括474e5的法律和习惯，[3] 以及475a1的“学问之美”这个不同的例子。

在后一组例子中，从参与者的角度而非从中立旁观者所受的审美影响的角度判断快乐和用途则更自然：正是邦民们或学生们判断

---

① 比较Guthrie, *History*, iv. 312。

② 474d5: *οἷον πρῶτον τὰ σώματα τὰ καλὰ*[比如首先，美丽的身体]。

③ *καὶ μὴν τά γε κατὰ τοὺς νόμους καὶ τὰ ἐπιτηδεύματα*[甚至那些涉及法律和习惯的东西]。

法律或学问“可敬”(kala),因为他们得到享受或益处。在学问和科学(mathemata)的例子中,相关的视角似乎只有学习者和科学家的视角。因此,如果我们把这个归纳作为整体,不把注意力限于第一组的几个例子上,我们一定会得出这样的结论:省略的快乐(对某人而言)应该保持开放,既包括参与者的快乐,也包括旁观者的快乐。根本没有含糊其辞,只是在每种情况下可以自由补充适当的“对X而言”。[①] 在获得9的过程中根本没有诡计(“行不义并非在痛苦方面超过受不义”),因为那无助于珀洛斯考虑也给旁观者造成的痛苦。像我说过的,一般而言根本无法明确回答这个问题:“哪个使旁观者更痛苦?”即使我们假定某些情况下行不义被旁观者认为更痛苦,也没有理由假定在所有情况下对旁观者普遍如此,并稍微抵消对受害者而言明显过度的痛苦。我的结论是,珀洛斯会发现很难否定9,即使他完全意识到(他显然没有)痛苦(对X而言)的省略所指。即使我们读作对参与者而言,或对旁观者而言,或对两者而言快乐/痛苦,从4和9到11的推理都仍然有效。[②]

悖论(2)的论证因此禁得起弗拉斯托斯的反驳。但(对X而言)更坏有个类似的省略,正如Santas已经指出的,一旦这个省略被注

① 因此,我认为,Santas错误地跟随Vlastos,称“苏格拉底说错了其归纳论证的结论”(238,总结其236以下的解释)。对这个归纳的更具同情的解读,见Mary Margaret Mackenzie, *Plato on Punishment*(University of California Press 1981),242。

② 不幸的是,悖论(3)的论证转移就不能这样说了,因为关于正义惩罚不令人快乐这个判断(在477a1–3暗暗要求的,如Santas指出的:见241页命题P7),只有在我们限于仅指“对受惩罚者而言并不更令人快乐”的情况下,才是合理的。如果我们把旁观者考虑进来,则他们在观看正义实施时感到的快乐,就会推翻那个意在表明(在477a)犯罪者通过正义惩罚而受益的论证。亦见Mackenzie, op cit,243f。

意到，会造成更严重的麻烦。11的结论仍然是一个出自前提的有效结论，但只有在行不义比受不义更坏的省略成分不限定的情况下才有效：对某人或其他人而言更坏，例如，对整个社会而言更坏。[①] 然而，苏格拉底想要的，以及珀洛斯认为他必定接受的，是对施行者或遭受者而言更坏这个更精确的结论（正如从475d8的结果明确得出的："你宁愿选择更坏且更丑的东西而非更少如此的东西吗？"）。前提之中没有足够强的东西可以证明这个具体的结论。

当然，珀洛斯仍然被击败了，因为他没有注意这个省略，也因为11的有效（省略的）结论形式上是对他在1辩护的论点（受不义更坏）的强否定或反论点。因此，苏格拉底的论证强到足以击败珀洛斯，但不足以建立自己的论点，即行不义对行为者而言更坏。这个论点之所以表面显得建立了，是因为逻辑省略（对X而言更坏）其实在命题9–11中被从语法上限定了，像在1和2中一样，通过动词的主动或被动语态限定，在每种情况下都暗示其所指即动词的主语：行不义（adikein）是对施行者而言更坏/更可耻；受不义（adikeisthai）是对遭受者而言更坏/更可耻。在1–2和9–11的文本中，所指毫不含糊，并无不定。苏格拉底的诡计在于从这些省略成分暗中填充的命题转移到那些省略成分保持开放的命题（在4–7和8的第二部分，对某人而言恶），然后又转移回去，然后获得珀洛斯对结论的赞同。为了充分有效地论证苏格拉底想要的结论，我们必须始终明确其所

① Dodds预料到整个反驳："珀洛斯说行不义更少值得赞美的时候，他显然是指，它对共同体而言更少 *ὠφέλιμον*［有利］，而由此不能立即推出，它对行为者而言更少 *ὠφέλιμον*［有利］"（249）。我没看出珀洛斯完全清楚这一点。但有人不理解"不值得赞美"与"对共同体而言坏"之间的联系（如卡利克勒斯在其关于习俗的道德标准的分析中所做的），就可以正确地反对苏格拉底引出的推论。

指，例如，“X对Y而言更可耻，当且仅当X要么对Y而言更痛苦要么对Y而言更有害”。但那样一来，就不那么容易使珀洛斯承认那些前提。[①]

3. B 论证要点

为什么柏拉图用这么不令人满意的论证来建立这么重要的主张？（悖论3的论证甚至更不令人满意，前文注解已经指出相关理由）。最简单的回答是：他无法找到更好的东西，只能用珀洛斯会接受的前提。这就留下一个我们不能回答的问题，即柏拉图本人在多大程度上察觉到其推理的弱点。读者当然能察觉它们。甚至没有刚刚这种详尽的分析，我们也能在某种程度上感觉到，珀洛斯（不像高尔吉亚和卡利克勒斯）只是在机智上被胜过，而非在实质上被驳倒。论证的不充分在某种程度上就源于这种辩证诡计的感觉；但我相信，也是因为苏格拉底依赖从快乐和用途角度对to kalon［美］所做的肤浅分析。

尽管这个段落（474d－475a）在柏拉图伪篇《希琵阿斯前篇》（295c–298b）中有详尽的模仿和发展，但我看没有理由认为，这代表着苏格拉底或柏拉图对什么是美或值得赞美之物的说明。在《会饮》中，柏拉图把kalon与agathon作为可以互换的术语。[②]

---

① 这似乎是Irwin对这个论证的批评的要点（157），尽管我不相信他正确地发现了苏格拉底的花招。

② 见204e1用agathon代替kalon。在201c2，好东西被说成是kala；在《美诺》77b，爱kala的人被说成是爱agatha的人。也许这些文本可以在“ta agatha是ta kala的一个子集”这种假定下（如《高尔吉亚》474d–e的标准）得到理解，但那不是自然的读法。我怀疑，当柏拉图不把两者作为范围相同的术语时，他

在《高尔吉亚》474c8，苏格拉底假定，任何aischion的东西也会kakion，并在珀洛斯拒绝将两套谓项（好与值得赞美，坏与值得羞耻）等同的时候表示惊讶。相比之下，快乐与善在《高尔吉亚》中则被呈现为竞争者：它们提供两个可供选择的价值标准。苏格拉底在这篇对话中只有一个价值标准，即灵魂的卓越，它将是kalon和agathon的最终所指。在苏格拉底眼里，快乐根本没资格作为判断什么值得赞美的独立标准。如果苏格拉底或柏拉图都不忠诚于从快乐和用途角度对to kalon所做的分析，那么，这个前提为什么在对珀洛斯的ad hominem［针对个人］反驳中扮演这么关键的角色？回答的开头可以是：捕捉kalon的日常用法并不是完全不合理的尝试，比如《希琵阿斯前篇》的作者甚至似乎把它作为自己分析这个术语的基础。但《希琵阿斯前篇》也用其他概念解释to kalon（例如to prepon或“合适的”）；词典列了三种不同的含义：（i）“美丽的，指外在形式”，（ii）“指用途，好的、有良好品质”，（iii）“指道德含义，美好的、高尚

认为agathon更有包含性；参《克力同》48b8 *τὸ δὲ εὖ*（*ζῆν*）*καὶ καλῶς καὶ δικαίως*（*ζῆν*）*ὅτι ταὐτόν ἐστιν, μένει ἢ οὐ μένει*［你是否仍然坚持，活得好本身就是活得美且正义］；关于kakon和aischron的类似用法，内涵不同但有相同或相似的外延，见《申辩》29b7，以及28b9、c3、d7、d10、29a8、b1、b8等；《克力同》49a6、b5。关于kalos和aischros与其他表示赞美和谴责的术语在非哲学作家那里趋于同义词，见K. J. Dover, *Greek Popular Morality in the time of Plato and Aristotle*（Blackwell 1974），70－73。

在日常用法中，kakon与aischron的区别足够明显。柏拉图笔下一个富有启发的例子，见《克力同》46a3：“这种结果（我们在仍然可能救你时没有救你）不仅是kakon，即不幸（失去你），也会是aischra，即对你和对我们都值得羞耻。”（这里的aischra回应45e1的aischynomai）值得注意的是，引出这种区分的是克力同而非苏格拉底，反映了克力同对公共意见的关心。

的、光荣的"。[1] 如果我们假定，快乐的标准相应于美的含义(i)，用途的标准相应于含义(ii)，我们就会看到，苏格拉底对kalon的分析是把道德含义(iii)化约为其他两种含义的结果。

为了看出这种化约的要点，我们必须考虑，珀洛斯在对话中代表何种形象，其失败具有何种意义。跟高尔吉亚和卡利克勒斯相比，珀洛斯是一个轻量级的对手：年轻，不成熟，容易智胜，没有自己的立场，公共意见的奴隶。[2] 柏拉图通过他放入卡利克勒斯之口的诊断道出了珀洛斯失败的关键。他的失误在于承认行不义更可耻："正是出于这种同意，珀洛斯被你困在论证之中并封住嘴巴，因为他耻于说出他所想的"，即他其实羡慕不义(482e)。

珀洛斯为什么做出这种让步？因为那是每个人都会说的(无论他们的真实想法是什么)。行不义更可耻这个判断不仅仅是珀洛斯赞同的，更是"大多数人"赞同的(475d2，在488e7以下和489a3-4、7再次强调)。对不义的道德谴责体现了公共意见的标准，作为一个初学的智术师，珀洛斯是公共意见的忠实镜子。他不具有卡利克勒斯具有的那种批判性的独立精神，这种精神使卡利克勒斯可以拒绝这种"习俗的"道德判断而支持一套"自然的"标准(ta physei kala)。相反，珀洛斯经常诉诸公共意见以求支持；他坚持几乎所有雅典人都会站在自己一边(470c-d，471c8；参472a以下)。因此，他的立场带有一种潜在的矛盾：一面公开谴责行不义，一面秘密(或不那么秘密)羡慕像阿克劳斯那样的成功僭主——他虽然犯了罪却被认为幸运或幸福(eudaimon)。

---

① LSJ s.v. kalos, cited in this context by Santas, 236.

② 更全面的描述见E. Méron, *Les idées morals des interlocuteurs de Socrate* (Bibl. d'hist. de la Phil. Paris 1979), 65f。

作为苏格拉底三个对手之中最弱的一个，珀洛斯受到的反驳也最少个人化：他的生活并不像主流道德那样很大程度上容易被仔细检查。[1] 这里的反驳导向开放，并利用两种主流道德态度之间的潜在矛盾：

(a)羡慕成功、权力和财富，不管怎么获得；并

(b)谴责不义或犯罪行为。

这种矛盾反过来代表一种更深的冲突，即两种同样传统但不相容的卓越理想之间的冲突：

(A)关于arete[美德]的英雄或竞赛观念，其表达式即阿喀琉斯的格言："永远当第一且最好，到其他所有人前面"。[2] 正是为了学习arete，有天赋的年轻人才成群地涌向智术师：登上顶峰的技艺。在这篇对话中，卡利克勒斯的目的代表了这种理想的逻辑结果：一个野心勃勃的个体的无情自信。

(B)尺度和节制的理想，知道自己作为有死者的局限和作为邦民的责任。这种arete概念与阿德金(Adkins)所谓"无声的美德"(quiet virtues)联系在一起：关于正义和节制

---

① 见A. W. H. Adkins, *Merit and Reponsibility*(Clarendon Press 1960), 266–268对其混乱有类似的分析，但诊断不同。

② 《伊利亚特》xi. 784 (= vi. 208)。为荣誉而竞赛当然不是荷马笔下进行道德赞同或谴责的唯一原则。见A. A. Long, "Morals and Values in Homer", *Journal of Hellenic Studies*, XC (1970), 121 ff，尤见137–139。我自己尝试重新阐述这两种冲突的道德理念，见*The Art and Thought of Heraclitus*(Cambridge University Press 1979), 12–14。

(sophrosyne)的公民式和合作式卓越。[①]

苏格拉底最伟大的成就之一,就是重塑这两个概念,使之成为一种新的、一贯的道德理想,基于智慧和合作式卓越的道德统一性,一方面促使正义成为一种新的、革命的要求("永远不伤害任何人,甚至敌人")[②],另一方面仍然忠诚于勇敢的古代理想,无畏地面对因为正义和忠诚于道德原则带来的危险并最终放弃自己的生命。从这个视角看,《高尔吉亚》(507a-c)呈现的苏格拉底关于道德统一性的教义可以视为这样的主张:就像苏格拉底重新解释的,只有基于(B),一种一贯的道德立场才能被构建;任何基于(A)和为了自设的自我利益而牺牲他人福利的意志的立场,都不可避免会导致内在冲突和自相矛盾。[③]

关于这个更宽宏的主张——是《高尔吉亚》的中心命题——卡利克勒斯会是个测试案例,因为他自己的立场意味着明确承认(A)与(B)之间不相容。珀洛斯碰响了一个矛盾的报警器,这个矛盾他并未清楚察觉,但体现在他对adikein[行不义]的两个相互冲突的

---

① Adkins, op cit, esp. chs IX-XII。这种含义的arete用法相对较晚,是引申的,但柏拉图时代之前足以确立这种含义,因为美诺承认,任何缺乏正义和虔敬的成功都不能算作arete(《美诺》78d-e)。关于这个概念的更宽泛解释,一个最古老的例子,即Theognis 147f,使正义包含"所有arete"(Adkins, 78有讨论; Dover, op cit, 68 n 3)。另一个早期的例子是Heraclitus DK 112, sophronein是"最大的arete"(假定这一则辑语真实:见*The Art and Thought of Heraclitus*, 120f)。

② 见G. Vlastos, "Socrates' contribution to the Greek Sense of Justice," *Archaiognosia*(Athens 1980), I. 301-324。

③ 见我后文关于482b-c和509a的讨论。

评价上:行不义比受不义更好,但更可耻。羞耻的标准[①]——卡利克勒斯将其降格为习俗意见,试图(没有成功)予以回避——在这里被用作道德真理和谬误的信号,就像早先对高尔吉亚所起的作用一样,但以一种不同的方式起作用。高尔吉亚是耻于说出关于自己的职业不负道德责任的真理,珀洛斯则是耻于否认一种大众承认的,但他又不能用自己的主导价值予以说明的道德真理。我认为,正是由于这个原因,柏拉图才使反驳通向对kalon的分析——把Kalon化约为用途和快乐,因为像珀洛斯这样脑子糊涂的疾世愤俗者实际重视这两个非道德的价值。

既然珀洛斯同意(苏格拉底也同意,但基于其他根据)用途与善一致,那么,他要用kalon/aischron来解释对不义行为的负面评价,唯一的希望就是求助于快乐的标准:快乐是珀洛斯所能确认明显独立于善或有利之物的价值。(要确定它是否真的独立,需要分析珀洛斯关于利益的观念,但对话没有这样做。)珀洛斯被驳倒,是因为他不能用快乐说明对行不义的道德谴责,也因为他没有其他任何东西可以上诉。当然,有人若持一种关于道德的社会功能的更精巧观点,会做得更好。[②] 因此,珀洛斯之后接着就是卡利克勒斯,他会区分真实的与习俗的价值,准备从道德的利益角度说明对不义的习俗

---

① Aischyne是aischros[可耻]的同源词,是最接近道德含义的希腊对应词。比较《普罗塔戈拉》322c以下密切相关的概念aidos[尊严、尊敬、羞耻]。

② 参休谟对正义的说明,正义是基于"一种假定对所有人都共通的利益意识"(*Treatise* III. Ii. 2)。注意,珀洛斯没有看到,对不义的谴责可以从功用的角度——当然不是对行为者的功用,而是对大多数人(hoi polloi)或整个社会的功用——来表述,这一点形式上反映在他没有注意到苏格拉底在结论中(步骤11)暗暗把功用限定于对行为者而言好/坏,而已经同意的前提(4-8)与对某人自己而言好/坏或对整个社会而言好/坏同等兼容。

性谴责,并试图通过将善等同于快乐而给出一个一贯的价值理论。

四 第三幕:对卡利克勒斯的反驳

卡利克勒斯呈现了一个更复杂的立场,其中我们可以区分三个成分:

(1)一种政治观念:拒绝日常的正义概念,视之为仅仅基于"习俗"(nomos)的东西,反过来捍卫一种基于自然(physis)的正义标准,据此,优秀者应该统治并剥削低劣者。

(2)一种实践信奉:献身于一种权力生活和政治成功,拒绝超越上层阶级文化的最低层次的哲学追求。以及

(3)一种关于卓越(arete)的道德理想:其中智力和男子气的勇敢是基本要素,但节制和自制等"无声的美德"被拒斥,以支持一种最大程度地满足最大欲望和快乐的生活。

整个对话的焦点是(2),即对权力和成功的卡利克勒斯式追求,与对趋向灵魂的哲学的苏格拉底式奉行即追求道德和智性卓越之间的选择。对卡利克勒斯的反驳一旦完成(499b),余下的对话就系统阐发两种目标和两种生活之间的这种基本对立:一种追求快乐(既是权力的最终目的,也是获取权力的手段,即通过取悦于大众品味),另一种追求善,即有益于个人和整体城邦的东西。根据快乐与善之间、政治权力与哲学之间的这种双重对比,整个雅典文化受到毁灭性的批评。在最后一节,卡利克勒斯不再是真正的对手,而是个被动的、经常沉默的对话者。

我们这里的关注点不是对话的最后一节,而是卡利克勒斯的积极审查,这个段落我称之为"第三幕":从488b到499b。这里的话题不

是两种生活道路的选择，而是卡利克勒斯的自然正义观及其道德理想，即前文(1)和(3)。讨论第一个话题，是为了回应以下两个问题：

A，谁是应该统治的自然优秀者？

B，如果优秀者是更理智和更有知识的人，他们为什么应该更多享有所提到的好处？

4. A 谁是自然的优秀者？（488b–490a）

乍看之下，反驳的这个开始部分仅仅是为了澄清卡利克勒斯的政治论点。在描述那些自然应该统治的人时，卡利克勒斯使用了“更好”（beltion）、“更优秀”（kreitton）和“更强”（ischyroteros）等可以互换的术语(488b8–d4；参483b5–484c3)。这种含糊使他的立场不连贯，因为在政治上，强者实际上就是那些在每个城邦实际统治的人，他们的权力和自身利益体现于他们的法律（nomoi）以及他们关于何为正义的决议。如果自然正义是强者的统治，那么一般而言，自然正义与法律或习俗（nomoi）决定的正义之间就毫无冲突。特别是，在雅典民主制下，多数人是主导的政治力量，他们的平等原则表达了统治者的力量和利益，因而有资格成为一套自然正义体系。①

现在，卡利克勒斯不相信这种意义上的强权即公理：他绝不是道德相对主义者或法律实证主义者。因此，他很容易就能将自己的

① 见488d–489b。489c6以下的原文不能令人满意，*οἴει με λέγειν...ταῦτα εἶναι νόμιμα*［莫非你相信，我是指，一群奴隶和暴徒的决议就被算作合法？］没有给出想要的意思(如Irwin 187页注释)。我们想要的是比如*ταῦτα <τὰ> νόμιμα εἶναι <τὰ τῶν κρειττόνων>*；［你认为，我是指，这些习俗代表那些优秀者的观点吗？］，呼应488d9和c4的说法。489c7原文在*νόμιμα*之后一定脱落了*οἱ κρείττονες*，因为我们可以看到，随后489d2的焦点就在于*τὸ κρεῖττον*。

立场从表面的矛盾中抢救出来,途径是把道德和智性的优秀与野蛮的暴力区别开来,作为自然统治权的标准。他宣称,苏格拉底仅仅玩弄文字游戏,抓住他用来表示优秀者的“强者”的松散用法。[①]但实际上,这里有比选择词语大得多的危险。正是优秀观念中“更好”与“更强”的含混,使卡利克勒斯可以援用动物生活和帝国政治的事实来证实自己的观点,即强者统治弱者并拿走他能获得的任何东西是自然的法律(483d-484c)。一旦卡利克勒斯清晰区分了自然强力与道德或智性优秀,并明确规定正是后者使人有资格统治,那么,他就不能再引用低级的动物、赫拉克勒斯和现实政治来支持自己的论点。这种对自然事实的疾世愤俗的依赖,有阿里斯托芬《云》或修昔底德笔下雅典人在米洛斯的“不义之词”(Adikos Logos)的风格,即诉诸人类自然来证明弱者总是会被强者剥削这个原则——一旦卡利克勒斯的优秀概念得到严格澄清,这一切都变得无关紧要。[②]那么,关于其主张是对生物和政治现实的说明这层伪装就被剥除了,其论点就显示为一种纯粹规范性的主张:某个阶层的人应该统治,无论他们是否碰巧是掌权者。[③]

这种澄清的第一个后果仅仅在论证的层面上,就是剥除其看似

① 489b8 ὀνόματα θηρεύων, ἐάν τις ῥήματι ἁμάρτῃ[你咬文嚼字,如果某人犯了口误]。

② Irwin,186f的看法因此正确。关于阿里斯托芬和修昔底德笔下类似卡利克勒斯前部分讲辞的例子,见Dodds在384d2和e3的注释。

③ 注意490a2:τοῦτον ἄρχειν δεῖ[这个人应该统治];491d1 τούτους γὰρ προσήκει τῶν πόλεων ἄρχειν[因为这些人适合统治那些城邦]。比较《王制》第一卷的忒拉绪马科斯,他一开始提出一种文化相对主义和法律实证主义的立场(338c-339a),但克利托丰在340a7-c7向他提出的时候,他又拒绝一种相对主义的观点(“正义是服从统治者命令的任何东西”)。但忒拉绪马科斯的精英主义不像卡利克勒斯阐述得那么好,坚持得那么彻底。

有理的经验支撑。第二个后果则在反驳对话者的生活的层面上,就是显示出卡利克勒斯的个人立场潜在地不一致。作为民主制下一个野心勃勃的政治家,卡利克勒斯不得不成为民众的热爱者和主流观点的支持者(481d- 482a;参510a–511a,513a–c)。但他自己是个贵族,鄙视“卑贱的工程师”(512c–d),对民主制的平等原则更是只有轻蔑。[①] 卡利克勒斯的精英信仰与流俗野心之间的这种潜在冲突,会随着反驳的进行而更清楚地浮现出来。

4. B 为什么优秀者或某个既定领域的专家应该更多享有他们负责分配的好东西?(490b–491c)

苏格拉底没有挑战这个主张,即道德和智性方面优秀的人应该统治。他也相信这一点;无论如何,柏拉图相信这一点,并在《王制》中解释了原因。当然,在如何理解使人有资格统治的卓越(arete)方面,苏格拉底极端不同于卡利克勒斯,这将是后半部分反驳的话题。现在他攻击的靶子是如下论点:根据自然的权利,优秀者不仅应该统治,而且应该获得更大份额(pleon echein),无论得到什么好东西。卡利克勒斯用这个论点来捍卫财富与权力之间的联合,那是《王制》的阶级结构明确试图防止的事情。对柏拉图而言(在这里和《王制》中),真正合格的统治者,其自然天赋已经通过统治的techne[技艺]得到完善,将不会以他们的私人利益为目标,而是追求善本身,在政治方面就意味着被统治者的福利和整个城

① 关于卡利克勒斯的精英主义,参483b–c,490a,491a,492a–b等;比较512c–d。这种迹象被一些注疏者忽视了,因为他们误以为卡利克勒斯是个坚定的民主分子。

邦的利益。严格地理解，旨在邦民们的福利就意味着旨在其道德和智性的提升，“使他们的灵魂变得更好”(501b3-5，502e-503b以及各处)。[①]正因为如此，苏格拉底是唯一真正实践政治技艺的人(521d)。

关于这种政治概念的正面阐述散见于这篇对话(始于464b；参513d-514a等)。我们在490b-e看到的是一个论证梗概，这个论证是基于跟医术和其他技艺之间的类比，以表明某个既定领域的专家，比如饮食领域的医生，不会用自我扩张原则作为他在这个领域进行合理分配的基础。(另一个关于内在秩序和“几何平等”的原则稍后有暗示，在503a以下，尤其是508a。)这里开始的论证非

---

① 善的概念在《王制》中复杂得多；《高尔吉亚》也承认诸如健康或身体的euexia[好状态](464a；467d-e包括财富，可能要么是向珀洛斯辩证性的让步，要么是暗示三分法：灵魂之善，身体之善，外物之善)。然而，就道德和政治选择的目的而言，《高尔吉亚》考虑的唯一的善就是灵魂的arete(501b，502e-503a，504d-e，506d以下，513e-514a，517a-518a等)。

Dodds坚持，在所有行动的目的都在于善这个主张中(468b，重申于499e-500a)，“这意味着‘对行为者而言的善’”(页236)，苏格拉底始终采取“开明的自利立场”(页238)。不错，与珀洛斯的争论(像《王制》更充分的论证一样)着手表明，可以从自利的角度证明道德。但要说在两篇对话中“善”(agathon)都是指“对行为者而言的善”，则不可能正确。毕竟，在政治techne[技艺]这个主题上，《高尔吉亚》的主要论点是，这种技艺及其实践者必须以善为目的(而非以快乐为目的)。但这很少是指政治家的善，因为其目标经常被描述为“提升邦民”或“使他们的灵魂变得更好”(见前一节结尾所引段落。)我认为，对苏格拉底来说，若一个人以善为目的，则可顺理成章地得出，他就是在追求自己的最好利益；因此，自我利益可以用来证明或激励对善的追求，但不能用来界定对善的追求。(我怀疑，这是否使苏格拉底成为一个心理学上的自我主义者，像Irwin所说的，页144。)

常接近《王制》卷一详细阐发的反忒拉绪马科斯的论证。[①] 但这里的论证在得出任何结论之前就被放弃了。在这个语境下，论证的目的不在反驳卡利克勒斯，而是激起他对苏格拉底关于各种手艺的"庸俗"例子的轻蔑，进而阐明其优秀概念(490c7以下，d10，e4，491a1－8)。

4. C 严格的反驳(491d－499b)

一旦卡利克勒斯的自然正义概念说清楚了(491b1－4和c6－d8)，苏格拉底就放弃攻击并开始了新的提问方向："关于[优秀者]统治他们自己呢？"(491d4)话题转换很突然，其戏剧标志就是，苏格拉底连问了三遍，卡利克勒斯才明白什么意思。问题的第四种问法更明确：这些更优秀的人会"节制并控制他们自己，统治自己内部的各种快乐和欲望(epithymiai)吗"？(491d11)一旦搞清问题，卡利克勒斯就断然回答：当然不！他们会使自己的欲望无限增长，尽可能变大；他们会足够聪明而坚定，有能力满足它们。正是在这里，他们的优秀、他们的智力和勇气会得到展现，体现在他们满足自己欲望的无限能力中。因为这是真正的卓越(arete)和幸福(491c－492c)。

因此，苏格拉底关于自制的新问题，刺激了卡利克勒斯最全面地阐述政治统治的资格，并突出了卡利克勒斯与柏拉图在优秀观念上的显明对比。正是这个卡利克勒斯式的道德(或反道德)理想，现在被作为系统反驳的靶子。苏格拉底对这个观念的反驳会用来捍

---

① 《王制》I. 341b－342e，346a－347d，尤其349b－350c，那里主张一种美德像一门技艺一样，不会pleonektein[获得更多]。

卫其另一套卓越观,后者将在反驳之后得到详细阐述(503e-508b)。

攻击在两个不同的方向进行:第一,一个以神话典故、譬喻和比喻形式进行的戏剧挑战(492e-494b);第二,一套反对快乐与善等同的系统论证(494b7以下)。第一个挑战对卡利克勒斯毫无影响,是第二个更严密的攻击导致卡利克勒斯的立场完全崩溃(499b)。但苏格拉底的第一个回应是为了自己的缘故,它实际上紧接着转向自我统治的话题之后。这个关于寓意比喻的神话展示靠近对话的自然中心位置,标志着苏格拉底与卡利克勒斯对抗的关键时刻。整个这一节为《高尔吉亚》的文学和哲学解读提出了许多大问题。为什么苏格拉底的问题突然把我们的注意力从自然正义的话题转向卡利克勒斯的道德理想,为什么反驳要限于后者?为什么这个理想被描述为不加选择的快乐主义,而非深思熟虑地牺牲某些欲望来支持另一个欲望,诸如对权力和财富的追求?为什么苏格拉底的回应要始于"生就是死"、"身体即坟墓"这种奇怪的学说,始于关于死后生活的神话观念——其中无法满足的灵魂被描述为一个有漏洞的容器和一个取水填满容器的漏勺——而无论这些典故还是随后关于罐子和脏鸟的比喻,都没有对卡利克勒斯产生值得注意的影响?

对这些关于文本解释的大问题,我只能提出一个笼统的回应线索。从政治统治向自我统治的转换提醒我们,对话的基本问题是道德而非政治:pos bioteon,即一个人应该如何生活(492d5);它暗示,对这个问题的回答也会决定一个人在自然正义和政治统治问题上的立场。关于灵魂命运的神话式神秘引证,是为了给两种生活方式的根本选择设计更大的纬度,从而为结尾的审判神话做个铺垫。不管它是否能对卡利克勒斯产生什么影响,它一定意图对读者产生某种影响。

就对话的戏剧结构而言,这一节很重要,因为它标明了卡利克勒斯作为对话者的局限：苏格拉底这里其实是针对读者讲话，越过卡利克勒斯的头顶或在他背后讲话。因此，柏拉图笔下角色(persona)苏格拉底被指派了一个新角色：他不仅要揭露卡利克勒斯立场的矛盾，他也开始表达一种正面学说，它既不是卡利克勒斯所能赞成的，也不能从他会接受的任何前提推导出来。在这个段落，就像在反驳结束之后的正面阐述和神话中一样，柏拉图超越对话伙伴之间交谈的严格戏剧形式，而用自己的特选角色(persona)直接向听众说话，就像阿里斯托芬的"插话"(parabasis)一样。但在"插话"中，正规的演员已经离开舞台，而在这里，卡利克勒斯作为沉默或不讨人喜欢的听者仍然在场，用来分离他与读者，以致当我们积极回应某个呼吁的时候，他却仍然无动于衷。

最困难的问题是，为什么柏拉图把卡利克勒斯塑造成一个不加选择的快乐主义者，而非一个更有选择的、某些优先激情的追求者，就像《王制》卷八的荣誉制或寡头制下的人？后者的立场似乎在心理学上更合理，从哲学上更容易辩护。[①] 我提出两个答案，一个史学的，一个哲学的。

(i)柏拉图可能已经认识到，对诸如阿尔喀比亚德(或卡尔米德或青年克里提阿斯)之类有野心和天赋的年轻人而言，满足每种欲望的全方位计划，其实比为了职业上成功而牺牲一些欲望以满足另一些欲望的冷静计算更有吸引力。他们会选择获得他们想要的一切，而非放弃狂野的酒会和奢华的赛马以便保护自己的名声和财富。在这种意义上，卡利克勒斯赞同的对满足的无限追求，就更近乎是在表达"其他人想而不愿说的东西"(492d2)。毕竟，这些人生

① 我要感谢John Mcdowell，因为跟他的讨论使我意识到这个问题的重要性，尽管他不应为我的阐述负责任。

活在一个英雄抱负和自我放纵的,而非禁欲或节俭的自我克制的传统里。

(ii)即使从哲学的观点看,一个成功政客或商人的有选择的快乐主义,也仅仅在表面上比卡利克勒斯不加选择的快乐主义更强,因为如果这种选择被表述为一个合理的理论,它就需要某种优先原则,某种划分更好或更坏的快乐的标准。[①] 但快乐主义的巨大吸引力在于,它自称通过诉诸多多少少不易犯错的快乐与痛苦的事实,来解决关于确定何者为善的问题。一旦允许某种道德或性质区分进入快乐之中,快乐主义的理论优势就丧失了,我们终究必须有一种关于善的说明,它独立于关于快乐和个人偏好的原始事实。但任何依赖个人偏好或情感反应的东西,都不可能为卡利克勒斯的立场提供一个充分的基础,因为他会坚持,他所主张的价值比奴隶和社会地位低下者所主张的价值*更好*。他的失败恰恰发生在他被迫承认下述事实的时候:一种一贯的快乐主义会导致关于善的平等概念,善即*任何人喜欢的任何东西*。

对卡利克勒斯快乐主义的三个系统反驳,第一个和第三个通向关于快乐作为生活品质和幸福的标准这种无男子气的、庸俗的或平等主义含义。第二个反驳在伦理上中立,但在逻辑上动人,作为一种软化机巧,把卡利克勒斯带到(有效击败他的是第一个反驳)面对第三个论证仍不会公开放弃其立场的境地。第一个论证从形式上讲最不那么有效,但在心理上最具决定性。

---

① 《高尔吉亚》没有考虑划分更好或更坏的快乐等级的理论可能性,即通过测量(用伊壁鸠鲁式或边沁式的计算法)它们对总体快乐和痛苦的长期贡献来划分等级。这种忽略符合人物的性格:热血沸腾的卡利克勒斯在严肃描绘一种具有杰出arete的生活时不可能提出这种冷静的计算。但柏拉图可以这么做,至少作为一个思想实验,就像《普罗塔戈拉》表明的。

4. C.1 对快乐主义的第一个反驳(494b7－495c2)

苏格拉底从食物和饮料的快乐转到发痒和抓挠的快乐,从挠头转向下流的快乐,聚焦于人人鄙视且可以合法加以羞辱的kinaidos[变童]的例子,即同性恋的被动方,最终迫使卡利克勒斯感到羞耻。[①] 因此,他只是重复了他成功对付高尔吉亚和珀洛斯的花招(就像他自己在494d2－4指出的)。卡利克勒斯没有胆量(tolman)说,kinaidoi只要完全满足自己的需要,就是幸运或幸福的(494e5);但他拒绝说这些快乐坏或可耻,以避免自相矛盾。因此,即使卡利克勒斯在这一点上没有承认失败,他也事实上被第一个反驳驳倒了,尽管这个反驳完全不会损害任何一贯的快乐主义——无论用边沁的严密、伊壁鸠鲁的乐观还是萨德侯爵的道德中立进行辩护。

为什么卡利克勒斯不能成为一个一贯的快乐主义者?首先,因为他有贵族的高傲,并在道德上鄙视那些他视为庸俗、讨厌和无男子气的行为和人物。但当卡利克勒斯“耻于”把kinaidos的快乐包含在自己所描述的幸福生活中的时候,这种羞耻就带有比道德感情更多的风险。多弗尔(Kenneth Dover)关于希腊同性恋的最新研究,使我们可以非常准确地区分两个东西:一面是那些被接受的同性恋爱形式,与在雅典社会的杰出地位完全兼容;一面是那些涉及出卖肉体的做法,其结果则是剥夺公民地位。正如多弗尔说的,破坏dikaios eros[合法爱欲关系]的男人,“使自己脱离男性公民阶层,并把自己归入妇女和外邦人一类”;“任何男性被认为做

① 注意494d3－4,e5和7,495b5重复aischynesthai和aischros。

了其年长的同性伴侣(们)想要他做的任何事情,就被假定出卖了自己”。[①] 男性卖淫依法应当剥夺政治权利:一个出卖自身的邦民不能担任公职,甚至不能在公民大会上讲话,违者格杀勿论!(同上,27)

因此,kinaidos这个术语的含糊性并不重要:无论它是指男性卖淫者还是指同性恋的被动方,都毫无差别,因为法律会把后者等同于前者。苏格拉底要求卡利克勒斯纳入逻辑上可能构成优秀者的arete和幸福的东西,就是这种不仅被视为无男子气和耻辱,而且由导致剥夺公民权利和从政机会的经验所带来的快乐。一个像卡利克勒斯一样羡慕男子气概的人,一个以运用自己政治统治的自然权利(491b1-4)在整个城邦面前自由且有效讲话(485d4-e2)为其道德理想的人,完全不会接受“kinaidoi生活”的象征身份和法律地位。这里不仅有卡利克勒斯的个人价值与其快乐主义学说的平等趋向之间的主观矛盾——类似于其精英信仰与作为雅典民众的朋友和谄媚者的政治角色之间的冲突——而且在kinaidos的例子中,也有这种形式的快乐与在雅典从政的追求之间的客观不兼容。这是卡利克勒斯式野心勃勃的年轻人无法承受的那类欲望和满足之一。

4. C.2 对快乐主义的第二个反驳(495e-497d)

为了证明快乐与善不同:

1. 善(做得好,幸福)与其反面不会在同一个对象上同时出

---

① K. J. Dover, *Greek Homosexuality*(Harvard University Press 1978),103.

现,也不会同时停止。

2. 快乐与其反面(痛苦)会在同一个对象上同时出现,并同时停止(例如喝的快乐随着渴的痛苦而持续)。

3. 因此,快乐不是善。

我不打算详细讨论这个论证,因为它在反驳中不起关键作用。[①] 卡利克勒斯根本没有回应其结论,而是试图中途打断,称这些问题鸡毛蒜皮毫不重要(497a–c)。当然,就其自身而言,这个对快乐的隐含分析是有趣的:它暗示,快乐与痛苦不像一对普通的相反概念那样起作用,因为它们并非在某个既定领域从逻辑上相互排斥。但这个论证的戏剧功能更重要。它给因为被第一个反驳击倒而仍在犯晕的卡利克勒斯一个机会,使他认识到他的辩证立场毫无前途,在这种竞赛中,他根本不是苏格拉底的对手。因此,他会准备在下一个论证的更有效的攻击面前投降。

4. C.3 对快乐主义的第三个反驳(479e–499b)

1. 理智且勇敢的人比愚蠢且怯懦的人更好。(卡利克勒斯的道德论点)

2. 快乐是好的,痛苦是坏的。(卡利克勒斯的快乐主义论点)

3. 表现善的人是好的,表现恶的人是坏的。(一开始得到同意,497e1–3)

4. 有更多善的人比有更少善的人更好。(来自3)

---

① 关于这个论证的讨论,见 Dodds,309 f; Irwin,201 f; Santas,267–270。

5. 有更多快乐的人比有更少快乐的人更好。(来自2和4)

6. 但愚蠢者能有跟理智者一样多的快乐;怯懦者能有跟勇敢者一样多(在某些情况下更多)的快乐。(得到同意)

7. 愚蠢者像理智者一样好;怯懦者像勇敢者一样好(在某些情况下更好)。(来自5和6)

但7与1矛盾。卡利克勒斯不可能既坚持他所羡慕的那类人更优秀,又坚持快乐与善等同。他的两个价值标准相互冲突,再一次是因为快乐主义的平等趋向。如果快乐是好生活的尺度,那么,一个快乐的笨蛋或喝醉的奴隶、一个懦夫或娈童就能像最杰出的雅典政治家一样幸福、一样“好”。卡利克勒斯的个人价值与其快乐主义观念之间的根本分歧,已经被第一个反驳打开,这里则作为明确的矛盾得到详细说明。卡利克勒斯认识到自己的失败,因为他自称他其实一直都相信有些快乐更好、有些更坏(499b8),换言之,有一个关于卓越的标准,它不能用快乐或欲望的满足来定义。但他丝毫没有提出其他标准(参前文)。于是,这一步将第三幕即对卡利克勒斯的审查,带入尾声。

这第三个论证有许多困难。首先,前提3的“表现”(presence)概念需要澄清;而且让人怀疑,需要附加所指的命题是否可以接受。更实质性的是,论证利用了“善”的含混性,在某个语境下用于人(如1),指值得赞美的人格品质,即卓越或美德,但在另一个语境下又用于值得欲求的事物或经验(如2),指某种“使一个人的生活变好且幸福的东西”,或指(对卡利克勒斯来说)快乐。[①]

---

① 关于这个和相关的问题,见Irwin,203-206。Irwin认为,论证在形式上“不合逻辑”,但可以补救,以致卡利克勒斯终究被它打败了。无论Irwin或其他任何注疏者,似乎都没有注意到,这个论证与前文4.C.1讨论的第一个反驳之间

但如果论证的功能恰恰是要显示,卡利克勒斯持有两种不可能一致兼有的价值标准,那么,这种含糊就不是缺陷。其快乐主义的原初目的是从欲望的最大满足角度给出一个关于美德和幸福(关于好人和好生活)的单一、统一的说明,而没有区分哪种欲望应该得到满足。[①] 第三个反驳决定性地表明,某类满足与卡利克勒斯的好生活方案之间互不兼容。目前的论证可以被看作下述结果的归纳:任何快乐,若依赖某种性格特征才能享有,就被卡利克勒斯关于道德和智性优秀的观念所排斥。

这第三个反驳只是驳倒了卡利克勒斯的快乐主义,而非一般的快乐主义。但它确实指向对任何快乐主义的非常一般性的反驳,只要快乐主义试图从行为者经验的主观性质角度来定义个人的卓越或道德。因为就像亚里士多德评论的,道德的人从道德行为中获得快乐,而邪恶的人从邪恶的行为中获得快乐。

有密切的亲缘关系。如果我们用“娈童”代替第三个论证中的“怯懦者”,就会看到,这个论证不过是第一个反驳的更全面的说法。

Dodds(314) 和I. M. Crombie(*An Examination of Plato's Doctrines*, Routledge 1962, vol I,230 f)对第三个论证的批评遭到Santas的拒绝(325 f n 16),他为自己的批评提供了一个详细的、很大程度上否定性的分析(270-284)。Gulley(44)抱怨说,卡利克勒斯本来可以坚持其快乐主义论点,如果他“拒绝承认好人既勇敢又聪明。因为不是必然如此嘛”。这是一个脱离对话者的性格和信念来处理论证步骤的极端例子。如果卡利克勒斯拒绝“承认”,他就会放弃作为其自然权利学说基础的优秀观念。

① 见491e-492c,尤其c4-5:“奢侈、放纵和自由……这就是arete和eudaimonia[美德和幸福]。”

五　结论：反驳的正面功能

我已经试着表明，柏拉图如何在这三个论证中成功地结合人格因素与逻辑因素，以致论证成为对谈话者生活和论点的双重审查，反驳也反映了每个对话者的生活与教义之间的不一致。但一旦我们赞美柏拉图的艺术技巧，我们就留下了重大的哲学解释问题。我们怎么将三个反驳的基本消极的结果，与在第二幕的悖论中提出、在第三幕之后对话最后一节阐发的积极道德教义联系起来？[①] 毫无疑问，苏格拉底认为，悖论的教义是为了反驳珀洛斯和卡利克勒斯而建立的。既然幕后的操纵者毕竟是柏拉图，我们不妨问：柏拉图为什么呈现《高尔吉亚》的中心道德主张：行不义比受不义更坏，不义地生活而不受惩罚是所有罪恶之中最坏的，因为正义和arete［美德］是我们最大的善，是我们真正生活和灵魂的健康和福祉？柏拉图为什么把这些主张呈现为是为了反驳珀洛斯和卡利克勒斯而建立的？他的这种做法，显然从以下四段原文可以看出，前两段针对珀洛斯，后两段针对卡利克勒斯。

> 我认为，你和我以及其他人都相信，行不义比受不义更坏，逃避惩罚比接受惩罚更坏。（《高尔吉亚》474d）

> 因此，我说的是真的，即你和我以及任何其他人都不会宁愿选择行不义而非受不义；因为那样更坏。（475e，悖论2的论证之后）

---

① 关于美德的积极教诲，见499e以下，503c以下，504d-508c，基于第二幕的悖论和对卡利克勒斯的反驳。

> 如果你让这一点不被反驳,即行不义和逃避惩罚是所有罪恶之中最坏的,那么,卡利克勒斯就不会同意你,卡利克勒斯啊,相反,你就会整个一生都不协调。但我宁愿让自己的里拉琴跑调儿,让自己的合唱队不合拍,并让大多数人不同意并反对我,而不愿让一个人即我自己不协调并反对我自己。(482b-c,反驳卡利克勒斯之前)

> 我们前面讨论得出的这些结论是被用钢铁般坚固的论证坚持并捆绑起来的,或看似如此;除非你或某个更有活力的人解开这些绳索,否则根本无法不这样讲并讲得好……但我迄今遇到的人中,没有哪个人能够否定这些主张而不使自己变得可笑,就像现在。(508e-509a)

这些为了反对珀洛斯而建立的结论,也显得同样是为了捆绑卡利克勒斯,也确实反对了所有其他人,以致没有人能否定它们而不陷入矛盾。但如此高度个人化的反驳(针对珀洛斯),如此脆弱和取巧的论证,怎么能证明如此坚固而普遍的主张?

弗拉斯托斯在论苏格拉底式反驳的文章中讨论了一个非常相关的问题,从反驳的逻辑结构角度阐述,分析了反驳的四个要点。我以反驳珀洛斯的情况为例来加以说明。

1. 对话者捍卫一个论点p,p是反驳的靶子。(p=受不义比行不义更好)

2. 苏格拉底在其他前提q和r上取得同意,q和r未经论证就被接受。(q=行不义比受不义更可耻;r包括所有其他前提,始于:判断一个东西可敬/可耻时,我们使用的标准是快乐和用途。)

3. 苏格拉底表明，且对话者同意，q和r导致非p。（非p=行不义更坏）

4. 苏格拉底主张，p被证明为假，非p为真。

弗拉斯托斯指出，从逻辑上讲，苏格拉底只是证明，p、q和r之间不一致：他并未证明关于真假的任何东西。对话者为什么应该放弃论点p而非放弃导致非p的前提q和r？据弗拉斯托斯看，反驳的问题在于：

> 既然从逻辑上看，苏格拉底在任何既定论证中已经证明的只是，论点与没有给出论证理由就得到同意的前提组成的复合命题之间不一致，这个时候，苏格拉底怎么就能宣称已经证明论点为假呢？①

现在，我们可以试着基于形式上的理由来回答弗拉斯托斯的问题。所讨论的前提被同意为真，而论点要被检验，所以，从辩证情景看，前提q和r在一个附带条件的证明中具有公理集或假设的位置，而论点是一个想要成为定理的命题。在这些情况下，关于不一致的证据就是一个证明p应该被拒绝为假的简易证据——不是一个证明公理为假或假设应该被拒绝的证据。

但这个形式上的回答，仍然没有触及关于得到同意的前提是否为真这个认识论或形而上学的问题，因而也没有触及结论是否为真的问题。弗拉斯托斯这里的解决是为了提示，尽管具体的前提q和r可能被牺牲掉，因为另一个对话者（或同一个对话者后来）可以撤销这种同意，就像卡利克勒斯撤销了珀洛斯同意的行不义更可耻，

① See above, “The Socratic Elenchus”, 49.

然而,苏格拉底仍然相信,他总是能够从对话者的信念系统找到其他前提,由此得出想要的结论。他相信一个反驳性的证据能够证明自己的道德论点为真,这个信念因而是基于一个非常一般性的假设:

> 任何持有某种虚假道德信念的人,总是会同时持有导致否定那种虚假信念的真实信念。(同上,52)

正因为如此,卡利克勒斯和其他任何人只要否认苏格拉底的悖论,就会持续自相矛盾且不协调。在其终生的反驳实践中,苏格拉底已经发现,只有一套道德信念可以抵挡反驳并保持一致;那就是他自己接受为真的那一套。

我不想详细检查弗拉斯托斯的方案,而是接受他的提示,即反驳所带来的哲学成功(在建立真实的道德命题时)取决于这种假设:在每个人内部都存在一个他所谓的"真理沉淀"(deposit of truth),即人类共通的对道德真理的理解,它以某种方式反映在对话者会接受的前提之中,也会引导他否定任何虚假或非道德的论点。但我不打算从被接受前提的真理性角度解释苏格拉底辩证法的这个基础,因为这个假设得不到任何柏拉图文本的直接支持。①

---

① 苏格拉底在《高尔吉亚》509b(随后段落见前文所引)所说的是:(a)他相信结论(悖论2和3)为真;(b)任何否定这些结论的人最终都会自相矛盾("变得可笑");(c)这些结论来自那些前提(508e6-509a4;参479c4,480b3-5,e1-3)。就我所见,他从未保证前提的真实。

一般而言,苏格拉底并非不愿使用虚假或不充分的前提,只要它们有助于手头的工作。因此,在《普罗塔戈拉》最后的论证中,他用了一个《高尔吉亚》中的苏格拉底相信为假的命题(即快乐是善),以便得出真实的结论,即美德是知识。我前文已经说明我为什么认为,无论柏拉图或苏格拉底都没有保证第二相反，我打算从一个教条的角度重述苏格拉底辩证法的基础，该教条在第二幕的第一个悖论中被明确证实：即所有人都欲求善，并通过一切行为追求它。[①] 从这个视角看，反驳所依靠的“真理沉淀”，就是我们所有人内部关于何为善的某种认识；就《高尔吉亚》而言，善可以等同于苏格拉底的arete，即灵魂的道德和智性卓越。辩证上的牢固（即苏格拉底宣称自己的基本论点不会自相矛盾，即arete是我们真正想要的，我们真正的善和幸福）与戏剧上的诉求（把苏格拉底刻画为这个论点的化身）相匹配。我想提出，苏格拉底的形象是对反驳的消极结果的积极补充。在这里，柏拉图的艺术技巧也在于结合人格与学说的因素，使之在苏格拉底身上完美地彼此配合，正如它们在那些不同意苏格拉底的人身上不可救药地互不相容。为了理解（从柏拉图的角度）苏格拉底这个文学形象发挥的巨大力量的哲学意义，我们必须考虑他这个主张的含义，即，我们的动机都是合理的求善欲望（boulesthai）。

反对珀洛斯的第一个悖论（演说家和政治家没有真正的力量，因为他们没做他们想要的，只是做了他们认为最好的），是基于如下主张：我们想要的仅仅是*好东西或善*，因此，我们做任何事情都是为了某种好东西（或为了善，即to agathon，见468b1和b7）。对苏格拉底来说，所谓的好东西首先是对灵魂好的东西：一个行为只有在提升我的灵魂的情况下，才对我好，如正义地行动。但这不是一个私人的真理：对我好的东西，也对所有其他人都好。每个人都想要对

幕的核心前提的真实性：即判断任何事物“值得赞美（kalon）”的标准是快乐和用途。像《普罗塔戈拉》的快乐主义假说一样，这个前提也被用来确立苏格拉底的结论的真实性（即悖论2和3）。

① 《高尔吉亚》468b－c，499e；比较《美诺》77c－78b，《王制》VI.505d11。

他们好的东西。实际上,正义地行动是对他们好的。因此,每个人都想要正义地行动,无论他们是否知道这一点。无人想要不义地行动,因为(无论他们是否知道)那样会伤害他们;而无人想要被伤害。任何行不义的人都是akon:即不自愿地(因为他不想被伤害)和不知道地(因为他没有认识到自己的行为有害)。

对论证的这种解读(是509e苏格拉底自己的小结所要求的)暗示,我们所有人都对正义和美德有一种深层而完全合理的、即使不自觉的欲求,一种真实的意志,因为对我们好的东西(我们的福祉或幸福)就在于灵魂的正义和美德状态。但如果我们缺乏关于正义和美德的知识或techne,我们就不知道我们自己的善:我们没有能力鉴别我们合理欲求(boulesthai)的对象。①

这个关于不自觉或仅仅半自觉的、合理的求善欲望的观念帮助我们看到,柏拉图怎么能在这里和别处(如475d–e,悖论2的论证的最后一步)依靠对欲望的(用技术术语说)"透明"(transparent)解读,这通常会被视为逻辑错误。受"想要"或"欲求"之类动词影响的语境一般被视为内涵(而非外延),因而不允许所指相同的不同短语之间相互替换。例如,如果约翰想跟镇上最漂亮的女孩结婚,而镇上最漂亮的女孩其实是简,此时并不能合乎逻辑地推出,约翰想要跟简结婚,因为他甚至都不知道她的存在。同样,人们通常不认为这种形式的论证有效:X想要善;善其实是美德;因此,X想要美德。也许我们应该解释说,柏拉图对这种论证的使用是劝导性的,

---

① 我认为Dodds是对的,他说(236),柏拉图像卢梭和其他人一样,这里保证了一种未必"呈现于行为者的选择中"的"真实意志"。(关于这个表达,见T. Irwin, *Plato's Moral Theory*, Clarendon Press, 1977, 310 n 6,他想否认柏拉图有这种观点。)Dodds没有看到的是(因而使它成为某种非理性的东西),真实意志完全由其对象决定,其对象正是苏格拉底的arete概念所决定的善。

而非演绎性的。如果你最终明白美德就是善(因而对你好),你就会欲求它。反驳的功能(因苏格拉底作为美德的化身而得到强化)在于引导对话者和读者到达他们能够明白这一点的地方。动力不仅仅来自苏格拉底的辩证技能,还来自他本人启动那种推动每个理性行为者的深层求善欲望的能力(即使行为者本人不知这种欲望的本性和目标)。

如果这是柏拉图的观点,我们就能更好地理解羞耻在三场反驳中所起的作用。在每种情况下,羞耻感都标志着这个事实:苏格拉底启动了对话者必须承认的道德关切,若严格地理解,这种道德关切会导向"arete即善"这种正确看法(他真正欲求的看法)。[①] 这种看法实际上没有发生在对话者一方:对话没有描述一些皈依哲学生活的插曲。[②] 但这可能有助于(据说历史上确实有过)在某些读者一方触发这种皈依。我认为,这是理解柏拉图写作这种对话的最终目的(除了更明显的、"偶然的"目的,即为苏格拉底的生活辩护,并证明柏拉图自己为何宁愿选择这种生活而非政治生活)的最好方式。柏拉图可能会说,或我们会替他说:对读者的影响要靠我们所有人内部的真理沉淀,这种沉淀在于我们的爱善之心和从苏格拉底的arete生活实践中认知善的能力。《高尔吉亚》《申辩》和《克力同》

① 我认为,这是下述主张(474b和475b)的基础:每个人都相信行不义更坏,无人宁愿行不义而非受不义。这并不意味着,这些主张来自那些实际被相信的前提(如弗拉斯托斯指出的)。毋宁说,这些主张是劝导性的:这是每个人都会相信和选择的,如果他明白有什么危险的话。因此,在495e1,卡利克勒斯会改变心意,"当他最终正确看待自己的时候"。

② 对这种皈依的暗示,见《会饮》173c-e对阿波罗多洛斯的评论;关于导致这种皈依的人格力量,最完全的描述见《会饮》215b-216c阿尔喀比亚德的讲辞。

的读者都广泛地感受到这种影响，它反映的即使不是对哲学的皈依，至少也是对苏格拉底人格的敬畏感，对其反卡利克勒斯立场的深切同情——柏拉图笔下苏格拉底的文学形象许多世纪都在发挥这种巨大的影响力，这个事实可以视为对柏拉图立场的一种证实，即我们的求善欲望是“透明的”。

对读者的影响在对话之外。我们在文本中看到的是对话者受到影响，苏格拉底利用他们的羞耻感，迫使他们正视自己立场的不一致，从而使之踏出认识自己无知的第一步，而认识自己的无知是智慧的开始。比较苏格拉底通过童仆的困惑向美诺指出的寓意：他认识到自己不知道怎么回答苏格拉底的问题时，就准备学习（《美诺》84a－c）。无论是在公元前5世纪雅典的真实世界，还是在对话的艺术世界，对话者都会以这种方式受益于苏格拉底审查的个人特征。[①] 但我们读者以不同的方式获益，因为我们能够看出对话者如何以及为何以失败告终。如果我们反思高尔吉亚的失败，我们就能看出，他失败的直接原因，即不真诚地自称教授正义，不仅仅是因为任何一方都不愿意否认自己知道并能够教授道德，像珀洛斯提出的（461c）；而是因为高尔吉亚的一个非常个人化的（但愿是片面的）认识：雅典社会不会明目张胆接受一种赤裸裸追求权力而毫不自诩智性能力和道德责任的技术。在对高尔吉亚的反驳背后，我们隐约看到一个理性社会想要加诸其领导者的道德和智性要求。

---

① 苏格拉底以反讽的语气提到珀洛斯和卡利克勒斯不愿通过被反驳而受益，见475d5－7和505c3以下。比较苏格拉底自己的态度，见470c6，505e4－506a5，b8－c3。

在珀洛斯那里,他感到羞耻的(据卡利克勒斯的分析)是讲出自己的想法并背离大众意见,即行不义比受不义更可耻。卡利克勒斯指出,他正是由于赞同这种习俗道德判断才导致失败。但作为公共意见的专业代言人,珀洛斯根本没有个人立场使他可以与主流意见保持距离。他的失败源于一个事实,即他正好反映了对不义的成功的两种不一致的主流态度:羡慕成功,不赞成不义。把他绊倒的这个承认(行不义更可耻)可能是不真诚的,就像高尔吉亚灾难性地自称教授美德[是不真诚的]一样。但他认识到这就是主流观点,这种认识把珀洛斯(以只属于这种人的连接方式,即通过承认公共意见)与"真理沉淀"联系起来:意识到犯罪行为不仅破坏社会,而且最终毁灭犯罪者自己。建立这种结论的论证其实无法传递信念;对此,柏拉图需要一种道德心理学的洞见,这种心理学在这篇对话中仅仅得到暗示,只是在《王制》中得到详细阐发。相反,我们已经检查的第二幕的论证,则仅仅利用了从快乐和用途角度对道德赞赏和谴责进行习俗性说明的弱点,没有任何关于公共用途或整个共同体利益的复杂观念。

正是这种观念被卡利克勒斯引入进来,连同自然正义与习俗正义之分:前者代表了强大而自立的个体的利益,后者反映了虚弱而不稳定的多数人的兴趣。因此,卡利克勒斯可以通过考虑两种不同群体的利益,来解释两种相互冲突的对不义的评价。卡利克勒斯不可能做到一件事,即为他所偏爱的超人群体的个人利益给出一贯的说明。苏格拉底的理想是,个体灵魂为美德所装饰,因而跟其他人和宇宙协调一致;与此相反,卡利克勒斯只能从欲望和满足的角度定义个体之善,在他那里,欲望是epithymia,即肉体欲望,其对象毫无限制,区别于boulesthai[想要/愿意],即欲求某种被判定为善的东西，这在第二幕的第一个悖论中得到描述。[①]

因为耻于让低劣、无男子气或导致政治灾难的快乐进入自己的道德方案，卡利克勒斯最终承认：既献身于政治权力，又献身于不加选择的满足的生活并不一致。这时，他其实就被迫要放弃对epithymia或快乐的不惜代价的追求，而趋向苏格拉底的boulesthai原则：依照某种关于何为善的标准来评价冲动和满足。

因此，在对卡利克勒斯的反驳背后，我们发现两种欲望概念之间的基本区分，以及其中之一不足以作为好生活的一贯理论的基础。一旦卡利克勒斯承认某些快乐更好而某些更坏（499b），他其实就已经接受boulesthai或理性选择作为美德和幸福的决定标准，它取代了epithymia或纯粹快乐的地位。因此，我们接着转向关于善作为行为的目的或目标的观念（499e－500a），最终转向对幸福的合理欲求（boulesthai），它只能在美德的实践中得到实现（507c9以下）。因此，"无人真正想要（boulomenos）行不义，相反，所有行不义的人都不是那么自愿（akon）"（509e5－7）。我们知道，这种求善的合理欲求在某种程度上是不自觉的，就像卡利克勒斯的例子表明的。但反驳的功能就是使这种欲求变得自觉，就像卡利克勒斯勉强被迫要做的。我认为，正是苏格拉底对这种欲求的信任，支撑着他对反驳

---

① 关于boulesis［对善的欲求］与epithymia［对快乐的欲求］之别，在《卡尔米德》167e讲得很明显，隐含于《高尔吉亚》467c－468e的boulesthai与卡利克勒斯所用的epithymia（491e9以下，回应苏格拉底在491d11提到的"快乐与epithymiai"）之间的术语对比之中。确实，像Dodds说的（236），柏拉图在其他任何地方都没有注意boulesthai与epithymein之间的这种术语区分，甚至在《高尔吉亚》中也并列使用这两个动词（如505a7和a9：但注意505b3用epithymiaia指肉体欲望）。然而，在《高尔吉亚》和《卡尔米德》中都存在这种区分，因此，亚里士多德的欲望理论中出现这种区分，毫不新奇。

的信念，他相信，除非伦理教条能被驳倒，否则“卡利克勒斯本人就不会同意你，卡利克勒斯啊”(482b-c)：反驳者必定以反驳他自己告终，并“整个一生都不协调”，因为其自觉的追求与其最深的欲求并不一致。

苏格拉底关于善作为理性欲求对象的正面说明，在反驳卡利克勒斯之后的最后一节对话中得到阐发，那里从秩序、和谐和装饰的角度描述了一般的善(503e以下，506e)，灵魂的善呈现为灵魂用所有美德有序地装饰自身(504d-505b，506c-508b)。为支持这种善的概念而提出的理由更多具有雄辩劝导的性质，而非严密的论证。就这篇对话而言，对苏格拉底道德立场的最有力论证是卡利克勒斯式选项的完全失败，而后者是跟苏格拉底旗鼓相当的人物。这场辩驳表明，苏格拉底的对手们没有能力给出一套符合他们自己的生活和信念的、关于好与坏、正确与错误的说法。苏格拉底的灵魂卓越理想得以确立的、反驳式测验所能给出的唯一证据是：只有在他那里，其生死与其教义一致。①

《高尔吉亚》暗示(但没有确立)，之所以如此，是因为苏格拉底的教义(其对手们的主张则不)与他们求善的合理欲望一致。我认为，反驳的人格功能与欲望理论之间的这种联系是《高尔吉亚》最根本的哲学论点。但要把这个论点建立在一个稳固的基础上，则超出了《高尔吉亚》的范围，也超出了苏格拉底式反驳的能力。那会是《会饮》eros[爱欲]理论、《王制》道德心理学、《斐多》和《斐德若》两篇对话关于价值的理念(Forms)和形而上学学说的使命。但也是在这些对话中，最明显是在伟大的悲谐剧《会饮》和《斐多》

---

① 因此，苏格拉底受审与死亡(这里反复暗示)是《高尔吉亚》的论证的一部分，正如特洛伊的陷落是《伊利亚特》的情节的一部分。

中,苏格拉底戏剧肖像一直为柏拉图的理论主张提供一种情感支撑。在这些对话中,求善欲望和求真追求不是从反驳和自我审查的角度呈现,而是通向理念的途径,被设想为对智慧和实在的爱欲追求,[①] 苏格拉底的人格形象仍然作为爱善的典范、幸运的灵魂站在我们面前,他内在的力量和宁静的自信基于一种欲望的和谐,这种和谐既阐明也证实了《王制》的心理学理论。正是苏格拉底形象的非凡魅力帮助我们至少在直觉层面如此多地同情这些对话的哲学主张。

一种不友好的批评会抱怨柏拉图给我们眼里撒了文学的灰尘,用灿烂的描绘使我们目眩,以致看不到其论证的漏洞。我则采取更赞赏的态度看待戏剧与辩证法的关系,我认为,柏拉图利用其文学力量,是为了在我们读者内部产生一种类似于苏格拉底对其原初听众,首先且主要对柏拉图本人产生的人格影响。如果我可以借用《伊翁》关于磁力链的比喻,作者柏拉图就像诵诗人,向读者传递他自己从苏格拉底那里接收的哲学eros[爱欲],苏格拉底则是磁石,类似《伊翁》所讲的诗人。但既然诗人是从原初的磁石即缪斯女神那里获得力量,因此,苏格拉底所以能获得其学说和人格的大力量,也有其原型式的源泉和目标,即热爱并追求真正的kalon[美]和善。

我在这里不能处理如下难题:有些人认为,对一个人格的爱欲这一心理学事实,与柏拉图从一个属性或概念原则(如to kalon[美])的角度对爱欲进行的理论说明之间,是否真的不兼容。我认为,表面的冲突即使不能消除,也可以削弱,只要我们记住人格因素

---

① 关于哲学作为eros,参(除了《会饮》和《斐德若》的常见段落)尤其《斐多》66e2-3和68a6-7,连同65c9、66b7和《王制》VI.485b-d。

与教义因素之间的相互作用(我整篇论文关注的问题),言辞与行动之间、一个人的论点与其生活之间欲求的和谐,它无论在反驳中或在对美德的刻画中都是必不可少的。我认为柏拉图可能会说,他对苏格拉底的爱欲(我们也有,但隔着很大距离)就是对一个完全献身于某些原则因而变得美丽的灵魂的爱欲,这种爱欲之所以有力量,是因为(根据中期对话的理论)它诉诸——首先对苏格拉底来说,然后对柏拉图来说,最终对我们来说——完全真实而绝对的善。

在《高尔吉亚》中,事情更简单,因为我们求善的合理欲望不是导向某种超越的理念,而是导向灵魂的装饰,即用使生活变得可敬且可爱的美德来装饰灵魂。如果我们忽视不可解决的创作时间问题,我们可以把《申辩》《克力同》和《高尔吉亚》视为一组早期(前形而上学时期)三联剧,其中苏格拉底的生死被呈现为其道德教诲的主要支撑,作为人格化的反驳,暗中削弱其对手们的教条在理论上自称可能具有的任何东西。柏拉图对这种基于讲话者生活和性格的论证所作的哲学辩护,以及(我们可以补充说,从柏拉图的观点看)他关于论证与性格之间的这种联系为何在对话的戏剧影响方面取得如此引人注目的成功所做的心理学解释,都可以在对话者和读者深层的、某种程度上不自觉的求善欲望中发现。关于哲学论证和证明的任何理论,若忽视这种基本欲望在塑造同意和赞同模式时所起的作用,都不可能充分说明柏拉图对话所描绘的哲学实践。

一个没有明言的主题:战争

萨克森豪斯(Arlene W. Saxonhouse) 撰

王文扬 译

自希腊化时代以来,《高尔吉亚》就有了一个副标题:“论修辞术”(Peri Rhetorikēs)。因此,这篇对话已成为柏拉图分析修辞术的经典,特别是作为与哲学既相对又时而相似的修辞术。我的主张是,分析这篇对话必须扩大到我所谓的没有明言的主题,即隐藏在行动和讨论背后的东西:战争。这篇对话的背景是伯罗奔半岛战争,尤其是修昔底德对这场战争的记述。在对话中,代表雅典这方的主角卡利克勒斯,表达了雅典政治背后的假设,同时揭示了雅典的跨城邦扩张在政治上的内在矛盾。修辞术和战争都表达了对统治的追求,这种统治源于在爱欲上渴求更多。苏格拉底实践的哲学也是一种爱欲驱使的活动。对话比照了不同的追求满足的活动,并在此过程中对修昔底德的战争史给出了柏拉图式的回应,同时,它也驱使我们反思修辞术、战争和哲学之间的关系。因而,接下来对《高尔吉亚》的分析势必也交织着苏格拉底的讨论和修昔底德的叙事与讲演。

“战争与战斗,他们说,苏格拉底哦,必须这样去参加”——这是《高尔吉亚》开篇之辞。这话是卡利克勒斯对苏格拉底及其同伴凯瑞丰说的,就在高尔吉亚结束其炫示演说而他们刚刚抵达的时候。苏格拉底想起那句老话，就回应道："不过，常言道，我们在盛宴之后到来且来晚了。"(447a)就像众多《高尔吉亚》的编者曾经告诉我们的，这里表达的情绪，相当于莎士比亚笔下的福斯塔夫(Falstaff)，他在《亨利四世(上篇)》(第六幕第三场)表达过极其一致的看法：

> 战争结束了，盛宴刚开始/不好打仗而好吃喝的，来得正合适。[①]

福斯塔夫面对战斗时的惊恐还能给国王的故事提供谐剧对照，但苏格拉底不同，他既不害怕战斗，也不过分热衷宴会。举例说，《会饮》记录了苏格拉底不愿早早参加宴会(174a、d)，[②]阿尔喀比亚德的讲辞中还讲到苏格拉底在战斗中的英勇。这一点后来在《高尔吉亚》中变得清楚起来：苏格拉底并不远离战斗，即言辞的争辩，也不热心期待珀洛斯和高尔吉亚为他准备好的言辞盛宴。[③]

苏格拉底迟到的表面原因在于他的朋友凯瑞丰。"他有责任(aitios)；他迫使我们花时间在市场上"，苏格拉底解释说(447a)。苏

---

① 迟到对一场战斗而言兴许有意义，对一次战争而言却几乎没用。这句话刚好出现在对话的开头，又用得有些蹊跷，这就马上提醒我们注意它的用意。Newhall Barker, *The Dramatic and Mimetic Features of the "Gorgias" of Plato* (Baltimore: Isaac Friedenwald, 1891), p. 31评论道："'战争'(polemou)，这第一个词语的独具匠心的布置，暗示了这篇对话的本质。"但作者没有进一步告诉我们对话如何做到这一点。

② 在《理想国》开头，关于宴会的承诺不足以讨好苏格拉底，让他留在比雷埃夫斯港(Piraeus)。同样，关于跟年轻人讨论问题的承诺和关于一场新奇的火炬赛跑的承诺也一定不足以讨好苏格拉底(328a)。

③ 整篇对话以高尔吉亚和珀洛斯的讲辞主题作为筵席(如447a，以及在苏格拉底的讲辞中修辞家与厨师的精心对比，464b-465e)。

格拉底没有解释凯瑞丰如何能够迫使他干这干那。苏格拉底本该热切盼望去聆听高尔吉亚的,总之,他不太可能让凯瑞丰来限制自己。但如果我们还记得《申辩》所讲的凯瑞丰德尔斐神庙之旅的故事,便知道,拿凯瑞丰作迟到的理由是另有隐情。然而,我们确乎知道凯瑞丰极其狂热。在《卡尔米德》中,凯瑞丰迎接刚从波提岱亚(Potideia)战争归来的苏格拉底,这被苏格拉底描述为几近疯狂的失衡状态(153b)。① 在凯瑞丰那个时代的谐剧中,他的贫血症和尖声利气被专门用来反映一个人对求知的极度沉迷。② 但是,凯瑞丰对苏格拉底和对求知的狂热不排除他对政治事务有兴趣。在《卡尔米德》中,凯瑞丰以极大的热情向不冷不热的苏格拉底探询波提岱亚战争的相关细节,事实上,在那次对话中,正是凯瑞丰把苏格拉底安排在了克里提阿斯(Critias)这个未来僭主的旁边。凯瑞丰对苏格拉底的狂热也不排除他有其他朋友或老师。虽然菲洛斯特拉托斯(Philostratus)记录了凯瑞丰对高尔吉亚的无礼质问(Philostratus,483),但在《高尔吉亚》中,凯瑞丰形容自己跟高尔吉亚很友好(philos,447b)。也正因为如此,凯瑞丰才能够"弥补"错过的表演,并使高尔吉亚出于友谊而给苏格拉底作个示范,即便不是现在,将来也会。

虽然凯瑞丰与高尔吉亚交好,但这个交情不同于高尔吉亚与卡利克勒斯的关系,因为高尔吉亚在雅典的时候恰恰跟卡利克勒斯待在一起。卡利克勒斯和蔼可亲,邀请苏格拉底和凯瑞丰,说他

---

① Christopher Bruell, "Socratic Politics and Self-knowledge: An Interpretation of Plato's *Charmides*," *Interpretation*, 6(1977), 142; also *Apology* 21a.

② Philostratus, *Lives of the Sophists*, 483。E. R. Dodds, "Introduction," *Plato's "Gorgias"* (Oxford: Clarendon Press, 1959), p. 6列举了有凯瑞丰出现的多部喜剧。

们无论何时都可以去看望他并跟高尔吉亚谈谈。但我们用不着等到“无论何时”让苏格拉底去跟高尔吉亚谈话。相反，苏格拉底热切盼望立即开始这场追问。因而，这次交谈发生在一个非限定的场合，我们仅仅知道它发生在里面（endon，227c）。正是在这个不确定的场合，对话者们才会尽量——尽管并不总是成功——放开说，实践他们的言论自由（parrhēsia，461e，487a、b），也正是在这个场合，高尔吉亚像神使一样坐着，并允诺会回答那些人抛给他的任何问题，那些人在高尔吉亚陈词之后还渴望再听多一点，或者渴望去验证那个敢于站到雅典剧场上说“你出个主题吧”的人所表明的普遍智慧（Philostratus，482）。正如在德尔斐神庙里，凯瑞丰——显然那次是在苏格拉底的鼓动下——去问这样的问题：是什么导致了苏格拉底后来的受审。

因而，通过凯瑞丰最初的问题，及其随后对一个在人前夸夸其谈者的热衷提问（485c），《高尔吉亚》变成了苏格拉底宿命性地质疑阿波罗神谕之后所过生活的缩影。《高尔吉亚》不确切的地点成为苏格拉底审判的背景，在这篇对话中，正如在《申辩》中一样，苏格拉底攻击雅典的价值、目标及其行动依赖的根基。在对话最后，正如在《申辩》中一样，苏格拉底将谈到死亡，这种死亡证明了政治成就——一个关乎肉体并基于意见的世界——最终只是谎言。①

在对话的参与者中，卡利克勒斯是一个柏拉图式的角色。从家族看，他显然是阿卡奈人（Acharnia），在任何其他古代资料中，他始终难以捉摸、不被人注意。对话的其他角色则人所共知。来自西西里勒翁提诺伊（Leontini）的高尔吉亚是著名演说家和修辞教师，他

---

① 就连竭力“使城邦不朽”的伯利克勒斯也无能为力；然而这却是史家修昔底德必须凭自己的言辞去做的事情（修昔底德《战争志》II.43.2）。

相信,由于人类理性的局限,演说对灵魂的控制甚于物理力量或药物对身体的摆布。[①] 演说运用得当,则可成为一剂能控制个体与城邦的魔药。诚如我们将看到的,并非高尔吉亚的讲辞之美吸引了这些跟随他来到卡利克勒斯家中的年轻人,他们渴望学习高尔吉亚的技巧,目的却不在技巧本身,而是因为演讲允诺给掌握它的人以权力。珀洛斯虽同样来自西西里,但他来自西西里最繁荣、最公平的阿格里真托(Agrigentum)。珀洛斯不如高尔吉亚那么出名,也更年轻,但他在古典时代也以一部题为《技艺》(*Technē*)的作品为人所知,《斐德若》267bc略带轻蔑地提过他。然而,是卡利克勒斯首先发起这场对话的,他的名字暗示了对话的结论,他恢宏的演说成为对话的中心点和关键点。我本人毫不怀疑卡利克勒斯是真实人物(Dodds, p. 12)。如果柏拉图不想确认角色的身份,那他们就是完全用的假名。

人们大可以像多兹(Dodds)那样推测谁是卡利克勒斯,以及为何现代研究者如此难以把握此人。卡利克勒斯的乡区(deme)给我们提供了一些线索:阿卡奈(Acharnia),雅典北边一个人口密集的地方,在伯罗奔半岛人第一次入侵期间遭受重创,阿卡奈人"为此决定发动一场复仇之战直到胜利完结"。[②] 因而,卡利克勒斯来自一个确实遭遇了伯罗奔半岛战争侵略的地区。卡利克勒斯的所爱为我们提供了另一条线索:德谟斯(Demos),普里拉姆佩斯(Pyrilampos)之子,他使卡利克勒斯与雅典的领导者和柏拉图扯上关系。[③] 多兹

---

① Gorgias, *Encomium on Helen* II.

② K. J. Dover, *Aristophanic Comedy* (Berkeley and Los Angeles: University of California Press, 1972), p. 79.

③ Plutach, *Lives*, Pericles 13.

提示，这一坦率直言的年轻人早早就死了，但他的无足轻重或许也突出了雅典人自己的无能为力，因为在他们对其他城邦的行动背后，隐藏着某些他们无法接受被公开暴露出来的观念。类似的话语只能出现在密室谈话中，或者在政府领导的委员会中，或者在流亡史学家的著作中。① 卡利克勒斯或许过于处心积虑，以致没能像在私下里那样公开运用雅典人的言论自由。

但也许，卡利克勒斯不仅仅是一个没能在关于公元前5世纪和前4世纪的历史讨论中占据一席之地的真实人物。我想引出一个问题：卡利克勒斯用长篇讲辞为强者的正义辩护，这是否就是代表雅典，即公元前431—前404年的雅典，以及是否通过言辞表达了伯罗奔半岛战争期间雅典人通过行动竭力维护的价值呢？（参492d）正如雅典人对苏格拉底的追问表示冷淡，卡利克勒斯也对苏格拉底的反面论调显出同样的漠不关心，同样拒绝卷入苏格拉底探寻美好生活的问题和真假快乐之区别的对话。

雅典正处于战争之中。公元前431年，即可里西斯（Chrysis）担任阿尔戈斯（Argos）女祭司的第48个年头，也是斯巴达的埃尼希亚斯（Aenesias）担任监察官（Ephorate）的那一年，波提岱亚战役过后六个月，拉刻岱蒙人（Lacedaemonians，即斯巴达人）撕毁他们与雅典的三十年和约，仅仅履行了十四年之后就入侵阿提卡。古希腊两大力量之间的战争开始了。这场战争将摧毁近乎整个希腊，标志着

① Terrence Irwin, *Plato's Gorgias*, translated with notes (Oxford: Clarendon Press, Clarendon Plato Series, 1979), p. 175问道："卡利克勒斯宣称被强大的国家侵略完全正当，对此，多少人会为之震动呢？"提及修昔底德，他指出两点："第一，可能修昔底德记述的不是雅典人对自己的真实所言，而仅仅是他们理应要说的"；"第二，甚至修昔底德的说话者也没有说他们的所作所为是正当的、是好的。"

我们熟知的希腊光荣时代的终结。修昔底德让我们相信,雅典人是为了保卫他们在波斯战争之后所赢得的帝国而战,而斯巴达则是出于惧怕希腊势力膨胀而战。战争的第一个年头平淡无奇。忒拜人(Thebans)进攻普拉提亚(Plataea);拉刻岱蒙人劫掠了阿提卡平原的农场;伯利克勒斯发表颂扬雅典人的演说,悼念雅典的阵亡将士。第二年,战事继续而瘟疫袭来。伯利克勒斯遭罚款,而后又经选举当政。不久之后,伯利克勒斯去世(参503c,*)。[①]

几年之后,大约前427年,战争仍在肆虐,并蔓延到希腊北部和西部,与此同时,雅典的臣服者变得躁动不安起来,像密提林人(Mitylenians)已经开始反叛,来自勒翁提诺伊的高尔吉亚则第一次访问雅典(*)。他的使命不是教授修辞术,也不是显示他在众人面前的才能。毋宁说,他是作为自己城邦的使节奔赴雅典,目的是要求雅典人履行和约的义务,帮助伊奥尼亚的勒翁提诺伊人对抗斯巴达的盟国、有威胁的叙拉古人。高尔吉亚的散文体演说——带着一种在以前集会中未曾听过的高雅——吸引了雅典人,[②] 但学者们对其成功评价各异。[③]

公元前422年,战事在北方继续,交战双方都开始厌倦战争,一个名叫德谟斯的年轻人,普里拉姆佩斯之子,当时风华正茂,适可成为一位年长者的所爱(*)。紧接着是“尼西阿斯和平”(Peace of Nicias)的到来,这给战争双方带来几年间歇,免于作战。但在此期间,另一个年轻人在德利俄斯(Delium)战役和波提岱亚战役中展

---

① 所有标有(*)的事件,都是指发生在这篇对话同时或最近的事件。

② *Diodorus Siculus*, XII. 53.

③ 比较如下评论:F. E. Adcock,“The Archidamian War,431-421 B.C.,” *The Cambridge Ancient History*(Cambridge: University Press,1927), V, p. 223,以及A. F. Woodhead, *The Greeks in the West*(New York: Praeger,1962), p. 83。

示了勇气，并开始统治雅典的政治和社会世界。他确保了雅典与之前支持斯巴达的阿尔戈斯、曼提尼亚（Mantineia）和厄利斯（Elis）结盟。他在奥林匹克竞赛中赢得了空前多的胜利。他那衣着奢华的检阅部队穿过城邦，并以爱若斯（Eros）和闪电作为纹章图案。他成天跟苏格拉底泡在一起，并处于尴尬的位置，因为他作为苏格拉底的所爱，同时又试图勾引苏格拉底（*）。他——说话口齿不清，以致遭到卡利克勒斯如此嘲弄（参485b）——说服雅典人冒险奔赴西西里，呈现给他们一幅伟大征服的景象，其范围扩展甚至超出了西西里岛本身，直至迦太基（Carthege）和利比亚（Libya）。

> 我们得知，哲人苏格拉底和占星家梅东（Meton）不相信这次冒险能给城邦带来任何好处。苏格拉底或许已经从他熟悉的守护精灵那里收到不祥预兆。[①]

但阿尔喀比亚德并不在西西里丛林和岩盐区的阵亡者之列，相反，他用机巧的演说说服并蛊惑了斯巴达人，促使他们支援叙拉古，从而确保雅典在西西里溃败。

与此同时，马其顿国王兄弟的一个奴隶叫阿克劳斯（Archelaus），谋杀了自己的主人和主人的儿子，并把国王的儿子扔下井里（471a–d），从而掌控了整个王国（*）。稍后不久，阿克劳斯成了雅典人的同盟者，雅典人称颂他是个尽其所能热心行一切善事的好人（Dodds, p. 241）。像欧里庇得斯和阿伽通这样的诗人在他的宫廷里消磨时日。苏格拉底也受到邀请，但他拒绝了。[②] 阿克劳斯

---

① Plutarch, Lives, Alcibiades 17.

② Aristotle, *The Art of Rhetoric*, 1398a24。据亚里士多德，苏格拉底的理由是“傲慢”。谁傲慢，不清楚。

赢得了修昔底德的褒扬：

> 即位之后，他开辟了全国的直达公路，使马其顿王国在骑兵、重装步兵和其他战争资源方面全面超过了他以前八位国王统治的时代（II.100.2）。[①]

对雅典人而言，他提供了造船的木料，雅典强大的海军正是建基于此。到公元前399年，也就是苏格拉底被雅典公民审判的那一年，阿克劳斯被谋杀，死在他的一个同胞也是他的所爱手上（《阿尔喀比亚德后篇》141d）。

公元前411年，战争此时已经向东蔓延至小亚细亚，阿尔喀比亚德在雅典人的拥戴下归来，欧里庇得斯的戏剧《安提俄珀》（*Antiope*）上演。安提俄珀与宙斯的双生子被牧羊人抚养长大并各自从事不同的职业：安斐翁（Amphion）献身于音乐，他的七弦琴能感动顽石；泽托斯（Zethus）致力于狩猎并照看自己的羊群，一面增加自己的财富，一面照看已有的财富。他们在舞台上就各自生活的益处争论。与此同时，战事继续，雅典政府从民主制变成寡头制，又变回民主制。卡利克勒斯的朋友阿里斯托克拉底（Aristocrates），作为四百人寡头的一员，参加了公元前406年的阿吉纽西（Arguinusae）远征（*）。雅典人获胜，但受风暴和战事后的混乱所阻，这些将领们没能从海中打捞起生者和死者。包括阿里斯托克拉底在内的将领们返回雅典后受审（*）。苏格拉底作为公民大会议员之一，主持审判他们的会议，并申明这次联合审判全体将领是

---

① ［译注］参修昔底德，《伯罗奔尼撒战争史》，徐岩松、黄贤全译，广西师范大学出版社，2004，页134。

违反法律的，[①] 但于事无补(*)。包括阿里斯托克拉底在内的将领们皆被处死。两年之后，战争结束。

这篇对话似乎发生在整场战争的间歇期间。有人提出，这种年代错误赋予了对话一种特定的无时间性。[②] 也许事实恰恰相反。也许这恰恰赋予对话一种确定的适时性，即这场对话与战争、与这场支配雅典政治和艺术生活长达28年之久的战争密切相关。要理解对话的角色及其论点，就不能脱离萦绕在对话后面的政治大背景，尤其要考虑到对话从头到尾频繁提及确切的政治事件。

政治关联使这场对话依附于战争时期，同时，也突出了对话的虚构性质。这场对话可能从未发生过，或许，这与卡利克勒斯自己的难以捉摸有关。卡利克勒斯是真实的，还是不真实的？这篇对话没有历史记载，但这点在本质上非常重要。修昔底德的战争史既然依附于战争的事件和演说，那么，其中透露的细节也就有助于对战争的理解。但作为哲人而非史家的柏拉图则给出一则虚构的对话，去解释这场战争——去揭示其前提并突出其虚妄。当然，因为时机掌握关系，也可能因为所涉及人物的关系，这场史无记载的对话——对话是可能的——必然要求从我们今日所谓的历史事实中脱离出来，转向另一种真理。这种真理更丰满地展现在柏拉图对话的虚构中，而非展现在任何历史考察中。

珀洛斯来自一个极其富庶的城邦，日常家用物品都是真金白银所造，至于其富丽，品达(Pindar)形容为"辉煌"，一个"壮丽的城

---

① Kathleen Freeman, *Greek City-States* (New York: W. W. Norton, 1963), p. 64; Pindar, *Olympian Odes* II. 6–10, and III.2; and Frag. 1922. 2.

② [译注]根本的矛盾在于公元前415年之前(519a关于阿尔喀比亚德的预言)与公元前413年之后(470d阿克劳斯刚刚获取统治权)。

邦,尽在诸神的馈赠中奢华浪费”,“西西里的明珠”。至于珀洛斯为何跟高尔吉亚一起出使雅典,我们不得而知。珀洛斯的城邦并未请求雅典援助。其城邦作为西西里的荣耀,是少数能够在西西里战役中保持中立的城邦之一。但是,雅典的战舰进入叙拉古水域那天,距珀洛斯追随高尔吉亚抵达雅典的日子为时尚远。我们不知道珀洛斯为何来雅典,但我们知道他为何跟随高尔吉亚:他渴望修辞术赋予的权力,高尔吉亚使他确信,在城邦中获得权力的道路就是学习修辞技艺。① 对权力的强烈渴求驱使珀洛斯跟随高尔吉亚,使他时刻专注于高尔吉亚,指望着兴许终有一天,他能做的不仅仅是纯粹用言辞表现修辞术的功能,还可以真正地运用修辞术向他保证的权力。

高尔吉亚试图定义修辞术的,以及苏格拉底渴望揭示的,正是修辞术的权力,这也正是珀洛斯热心寻求的权力。高尔吉亚说,对人类(anthropois,452d)而言,修辞术的权力是最伟大的善(megiston agathon)。可以想见,高尔吉亚意指的仅仅是某些人(some humans),即那些知道如何运用的人。修辞术的权力之所以是善,因为对人而言,它是自由(eleutheria)的根据(aition)。我们必须插入探讨一下“某些人”,因为正如高尔吉亚在下一短语中展示的,为了某些人的自由并不意味着为了所有人的自由,而是在城邦中统治其他人的自由。② 高尔吉亚不承认,对他和珀洛斯如此推崇的修

---

① 贯穿对话的表示权力的术语是hē dunamis;要计算对话的前半部分dunamis与修辞术一起使用的次数,超出了我的能力范围。只要阅读这篇对话的同时留心这一点,就可以看到,这个术语的使用非常频繁。对比《海伦颂》(第八段),高尔吉亚在那里把言辞(logos)描述成最大的掌权者(dunastēs),并评论说,虽然言辞身躯最小且最不可见,但它实现了最神圣的功能(erga)。

② 对比修昔底德笔下Diodotus的演说,修昔底德《战争志》III. 45. 6。

辞家而言,自由反过来也意味着他们是某些人的奴隶。在希腊,自由人不单是不受他人统治的人,也是统治他人的人,即把他人变成奴隶。高尔吉亚向苏格拉底证明修辞术的权力(dunamis),展现了修辞家如何能够使其他工匠变成奴隶。

> 凭此权力,你将能够使医生变成奴隶(doulon),使健身师变成奴隶。(542e)

高尔吉亚设想,这种使他人成为奴隶的权力将被运用于善良的目的,比如去说服一个病人听从医生的建议,或者说服一个雅典议员听从伯利克勒斯或忒米斯托克勒斯的建议;而对奴隶而言,无论他或她是谁,都会从自己的主人的控制中获益。

珀洛斯关于修辞术的权力的看法则并非如此良善,对他而言,这意味着在城邦中拥有最大的权力(megiston dunatai en tais polesin,466b)。跟高尔吉亚不同,珀洛斯不讨论奴役工匠去做好事。他羡慕的人,即他希望模仿的人,是马其顿的僭主。阿克劳斯此时此刻确实自由并有强大的权力,是一个主人而非奴隶。阿克劳斯曾是奴隶的儿子,但摇身一变成了君主。现在,他作为君主获得了完全的自由,可以为所欲为。阿克劳斯为获得这种自由犯下了诸多罪行,杀害大量人民,欺骗他人,但此时他应当真正幸福,因为他已经从奴隶变成自由人了。苏格拉底若是不承认自己也羡慕阿克劳斯,那他纯粹就是胡搅蛮缠。阿克劳斯在城邦中可以为所欲为,可以没收国民的财富,可以流放他们,可以杀死他们而不用担心自己受罚。阿克劳斯已经从奴隶变成使其他人成为奴隶的人。阿克劳斯虽非通过修辞的技艺获得这种地位,但有效运用演说也能获得这种成就。珀洛斯想要追随阿克劳斯的榜样。现在,珀洛斯仅仅是高尔吉亚的一个奴仆,只在高尔吉亚疲惫的时候替他回答问题。珀洛斯渴求一种截然不同的人生:一旦他不再面对其他人回答问题,一旦拥有权力,他就可以自由地想做什么就做什么,想什么时候做就什么时候做,想怎么做就怎么做。

珀洛斯的看法在诸多方面受到限制,而其中最让我们关切的,就是它为城邦的围墙所限制。珀洛斯追求的权力,事实上高尔吉亚也同样追求,是一种局限于城邦之内的权力。① 他们设想的统治是一种凌驾于同一城邦居民之上的统治,一种可能是借助言辞的统治。他们不处理对其他国家的统治,也不处理高尔吉亚的使团试图从勒翁提诺伊避开的统治。修昔底德的历史栩栩如生地展示出,在这样的领域,最优秀的演说也起不了任何作用。高尔吉亚谈到最大的权力即修辞术时,他谈论的是伯利克勒斯和忒米斯托克勒斯的本领:他们说服了雅典人去建造城墙和海港。当然,高尔吉亚在提及所有这些人时,略去了他们在雅典霸权惊人的扩张中,还有雅典人在波斯战争后实践的自由的惊人扩张中扮演的角色——奴役爱琴海诸岛,为了建立一个自由的雅典,爱琴海的霸主(dunastēs or tyrannos)运用他们的资源。珀洛斯羡慕的权力,毋宁说是只能在城邦之内行使的权力。② 珀洛斯忽视了一点:阿克劳斯的那些行动增强了马其顿对希腊诸城邦的地位,即成功扩大了马其顿的贸易,增加了马其顿的盟国,并使野蛮城邦希腊化。

珀洛斯对权力和政治事件的理解局限于城邦内的关系上,因

---

① 尽管事实上高尔吉亚身负城邦间关系的使命,但他还是忽略了演说影响作为整体的诸城邦的力量。他仅仅看到内在于城邦的部分。而那些学者以此作为评判他这次使命失败的标志是否正确呢?

② 短语en tais polesi[在城邦内]在珀洛斯的演说中使用频率惊人:466a、b、d,467a(两次)。还有高尔吉亚在452d的使用。

此，正如卡利克勒斯恰当地指出的，珀洛斯会被苏格拉底操控而陷入自然（physis）与习俗（nomos）的混淆之中。珀洛斯在城邦内活动，他的价值标准就是城邦中人的标准。珀洛斯羡慕阿克劳斯的作为，但他不能说这些行为高尚（kalon），反倒必须称之为可耻（aischron）。珀洛斯为自然与习俗之间的矛盾所羁绊，一方面认为阿克劳斯的行为给他个人带来幸福，一方面又承认，就习俗即城邦的传统价值标准而言，这些行为不是善。受城邦的视野所限，珀洛斯不能区分什么是凭自然而存在的东西，什么是凭习俗而存在的东西；除非他能离开城邦，脱离城邦的法律，他才能区分这二者。在城邦中，习俗与自然是一回事，不能轻易地忽视或抛弃关于正义与不义的法律（474cd）。对忽视法律之人的赞美在苏格拉底的追问下挣扎，苏格拉底的追问其实是来回摆动的，如卡利克勒斯所言，从习俗到自然，再回到习俗（如474c，以及对“羞耻”的介绍，还有478a、b、d）。

高尔吉亚和珀洛斯都耻于拒绝城邦赖以建立并据以运作的关于正义和美德的传统价值，在面对城邦居民谈话时，他们确实应该这样。如果修辞术用得不义，高尔吉亚不能为此承担责任；珀洛斯会用修辞术达到不义的目的，却不会称这些目的是善。卡利克勒斯是一个愿意从城邦外面来看的人，他可以完全不顾传统价值，愿意去看完全不为政治共同体要求所限的自然。他可以设想一种全新的关于正义的意义，可以持有一种关乎不平等和攫取非己所有的看法。卡利克勒斯能够看到城邦与人类无条件的动机之间的关系。①

卡利克勒斯自认为自己超脱于自然与习俗的矛盾之外——如此一来，他就可以把这两个概念整合到一个让人吃惊的新短语中：

---

① Arlene W. Saxonhouse, “Nature and Convention in Thucydides’ *History*,” *Polity* 10(1978), 461-487.

“自然法”(nomos tes physeos,483e)。这种法律在于,自然本身支持不平等;动物界显示了这一点,尤为重要的是,那些仅仅谈论正义而非遵循正义的国家中也见到这种自然法。城邦之间的关系和国家之间的战争容易成为这种模型,卡利克勒斯将以此使自己想要在城邦中采取的行动合法化——如果他可以的话。故此,在对话的结构中,卡利克勒斯必须把先前对话者的有限视角扩大到城邦的城墙之外,而作为个人,他又必须诽谤那些已经服从苏格拉底辩证术的人。

珀洛斯这个年少轻佻的新手,已经放肆地赞美过僭主的生活。他羡慕阿克劳斯的权力,并推想苏格拉底也必然如此,但他刚刚已经同意,修辞术必须被用来审判和惩罚犯罪分子,无论犯罪的是朋友还是家人,同时帮助犯下不义行为的敌人逃脱惩罚。卡利克勒斯就像一个深谙苏格拉底伎俩的人那样询问凯瑞丰:“苏格拉底是认真的呢,还是在演戏?”(481b)[①] 凯瑞丰或许是苏格拉底的热心追随者,但未必明了苏格拉底的智慧,他相信(emoi men dokei)苏格拉底确实很认真。[②]“你自己问他”,珀洛斯怂恿卡利克勒斯,同时准确地重复了卡利克勒斯早前对苏格拉底的建议(447c)。“诸神为证,我最迫切想问”——卡利克勒斯也照办了,同时附加说明,如果苏格拉底所说的和珀洛斯同意的都是正确的,生活就会彻底颠倒(anatetrammenos,481c)。苏格拉底没有马上回答抛给他的问题,而是谈起痛苦(suff ering)和爱欲。

---

① 在对话的开头,卡利克勒斯也向凯瑞丰了解苏格拉底的思想状况。他问:“苏格拉底渴望(ephithumei)倾听高尔吉亚吗?”(447b)卡利克勒斯似乎很难直接面对苏格拉底。

② 这未必意味着凯瑞丰说得对。要回答卡利克勒斯的问题,就必须进一步深入思考游叙弗伦的尝试:把父亲拉去受审。

> 卡利克勒斯噢，如果人们没有同样的痛苦(pathos)，而是对某些人来说有某种痛苦，对另一些人来说则有另外的痛苦，并且我们中间的某人遭受了(espaschen)一种不同于其他人的个人痛苦(idion ti pathos)，那么，就很难向另一个人表明自己特有的痛苦(pathema)。我这么说，是因为我知道，我和你正经历着(peponthotes)同样的事情，我们都爱着两个情人。我爱科勒依尼俄斯(Clinias)之子阿尔喀比亚德和哲学，你爱雅典民众(demos)和普里拉姆佩斯之子德谟斯(Demos)。(481cd)

卡利克勒斯与苏格拉底之间的讨论始于一种经验的相似性，始于受苦的同伴关系。他们之间对话的认识基础不是理性，而是痛苦，它在后面的对话中将一直浮在面上。他们共同的痛苦或受苦是爱，是这种匮乏感、需求感。

关于爱与痛苦的关系，《会饮》是经常被引用的典范。[①] 夹着苏格拉底著名讲辞的，是阿里斯托芬和阿尔喀比亚德的讲辞。虽然苏格拉底——通过第俄提玛(Diotima)这个人——也谈到了痛苦和对满足的渴望，但他设想的是最终的满足，要得到这种满足，必须灵魂从肉体需求中分离出来，上升并看到一种独立于身体而存在的，提供给爱者一种非肉体的、不朽的真正美丽景象(212a)。唯当人类不再受肉体需求限制时，真爱的满足才会出现；政治生活集中在城邦内的人们身上，以人与人之间的身体活动为中心，这种身体是组成城邦里的各种不同单位的身体，为保持城邦的生存而战的身体，必须居住、穿衣和饮食的身体(参《王制》II.369-374d)。身体感受到

---

① 这部分的分析很大程度上归功于Martha Nussbaum的文章，"The Speech of Alcibiades: A reading of Plato's *Symposium*," *Philosophy and Literature* 3 (1979), 131-172。

爱，即一种对身体之外的东西的匮乏，身体的受苦只有从身体中抽离出来时才能终止，而非在此之前。换句话说，痛苦只有在人类变得神圣之时才能终止。

阿里斯托芬和阿尔喀比亚德的讲辞都拒绝否认身体的需求，拒绝接受从身体中超脱出来的解决方式，就像苏格拉底看似为第俄提玛所说服而很可能愿意去做的那样。他们强调身体的渴望，强调在身体试图满足自身、获取肉体不朽或至少肉体圆满时支配身体的痛苦。阿里斯托芬和阿尔喀比亚德的讲辞都强调爱与受苦之间的关系。阿里斯托芬所谓的一半往往是徒劳无功地寻找另一半。阿尔喀比亚德在雅典民众前寻求满足的生活，也被苏格拉底的在场、话语和音乐打上了问号，变得看似匮乏起来了。爱若斯（eros）是分裂的。它不让爱人生活在幸福的自我满足中，而是迫使她去寻求占有自身之外的东西：要么是雅典民众，普里拉姆佩斯之子德谟斯，要么是只有心灵才能感知的真正美好。爱若斯创造了渴求，这种痛苦在阿里斯托芬和阿尔喀比亚德的话语中如此明显。只有第俄提玛给出了一条道路，可以在与美好统一的状态中逃离痛苦。但正是在那一点上，爱者已经不再是人，不再区别于她所苦苦寻求的和她所爱的东西。在某种意义上，爱者已经死去，变成了他所爱的那个存在，已经变成了一个神。作为人，就是去欲望、去需求、去拥有爱若斯。卡利克勒斯和苏格拉底皆为这些人类的欲求所驱使；他们都在爱，也都在受苦。

在苏格拉底演说的最后，哲学将成为对政治家卡利克勒斯的考验。卡利克勒斯必须回应哲学的一致性（482a），但他办不到。他从政治上立论，而苏格拉底则是从哲学上，从之前第俄提玛所持的关于一种永恒不变的美与永恒不变的真的景象立论。但是，第俄提玛给出的解决办法是把人类从自己的身体中抽离出来，因而也就否定了政治。阿里斯托芬与阿尔喀比亚德这两个彻头彻尾的政客，在各自道路上皆受缚于身体，因此也受缚于政治。他们的渴望从来都不会满足。他们不断投身于城邦的政治活动，各自寻求从来就不能实现的肉体的完善。在此冒险之中，就产生了城邦（polis）和政治人（political being）。阿里斯托芬所言的二分之后的一半，如果不能在一个人那里找到伴侣，那么，它会继续寻找适当性别的另一半，即为了一个不可能实现的完善而永远趋向他者。阿尔喀比亚德没有待在苏格拉底身旁；他被对赞美之爱、对财富和其他身体之爱给拽住了。

雅典这个爱琴海上的僭主，也不会满足于自己的帝国权力。雅典追求更多，西西里的财富和挑战吸引着她。她自己不会安息，也不会让其他城邦安息（修昔底德《战争志》I.70.9）。伯利克勒斯在战争期间竭尽全力使雅典保持完整，让她不再无止境地寻求更多，寻求不可能达到的完善（修昔底德《战争志》II.65.7）。但我们看到，伯利克勒斯提供的完整是一种从“人类的肉体和肤色以及其他必死者对神性美的无意识”（211e）中提升出来的完善。政治人物，即雅典公民和领导者，不单单渴望非肉体需求的满足。卡利克勒斯和珀洛斯都不单单想要凭修辞说服别人的权力，即凌驾于他人意见之上的权力。他们想要的是足以使他们凌驾于男人和女人身体之上的权力。他们希望能通过在城邦中的权力，来满足他们作为肉体存在者的各种需求和渴望。

修昔底德的《战争志》探寻了人类激情在城邦之间和城邦之内的作用。雅典的恐惧是这场战争的导火索（无论如何，可能是前兆、借口）。渴求更多驱使雅典人侵略西西里。在这一最重大的剧变中，同样有爱若斯，尽管并不总是说得完全清楚，但确实推动着参与者。在纪念雅典的牺牲者时，伯利克勒斯颂扬了雅典，强烈恳求雅典公民成为雅典的爱者(erastes)。“款待你的双眼,每天都看着她,”他对他们说,“直到你成为她的爱者。”(II.43.I)他的漂亮演说是希望使雅典变得美好,以致产生一种渴望,一种对雅典的激情,一种会使雅典人忘却自身而只想念雅典——他们的所爱——的激情。① 只有经过雅典,他们才能达到一种不朽的境地,这样,他们就不会为他们必死的肉体所限制,而为那将成为他们不朽的坟墓的纪念所限制(II.43.3)。对伯利克勒斯而言,城邦就是第俄提玛的美。他们都把个体从城邦的身体中提升出来,而将城邦系于那可以永久长存者;他们都赋予人类一种以往为诸神所保留的不朽性;他们都公然反抗身体的限制:一个通过对公民的政治热爱,另一个则通过哲人的考察。为同一个目的而斗争,他们站在了对立面。

然而,修昔底德和苏格拉底都表明,这种爱最终是不可能的。在伯利克勒斯的演说之后,雅典的爱者没活多久。一旦瘟疫侵袭了雅典男男女女的身体,对雅典及其美好的抽象之爱难以持续了。在接下来的演说中,伯利克勒斯必须澄清,为什么应该热爱雅典。这就不再是为了雅典政制(politeia)的美好和她创造的生活。这些东西在战争和疾病的创伤面前立马褪色。应该热爱雅典,是因为雅典维护并满足了组成城邦的这些个体的身体需求,因为没有雅典的福祉就没有个人的福祉。个人的好运没有城邦的保护是毫无意义的。葬礼演说中的美好雅典,变成了仅仅是一个在完全统治他者与潜在地服从他者之间进行危险平衡的僭主(修昔底德《战争志》II.63.2)。

---

① 见Nussbaum文,前揭,页156,那里论到希腊同性恋中被爱者(eromenos)作为一个被欲求的不动对象的角色。Nussbaum有效地利用了K. J. Dover, *Greek Homosexuality*(Cambridge: Harvard University Press,1978)的分析来研究柏拉图的思想。

尽管伯利克勒斯为美化雅典作出口头和身体上的努力，但对雅典城邦的爱欲已经不能为雅典人提供动力，而且爱欲从修昔底德的历史中消失了。也就是说，到第六卷，即西西里和阿尔喀比亚德站在那里为人所欲、成为被爱者（eromenos）时，爱欲就消失了。[①]“同样，在起航开往西西里时，爱欲（eros）完全倒下了。”（《战争志》VI.24.3）公民不再被迫热爱和渴望像城邦政制这样抽象的东西，他们可以欲望一些有形的东西，一些关乎身体而非仅仅关乎灵魂的东西：西西里的财富，当然，还有阿尔喀比亚德的身体。伯利克勒斯要求的沉思的安静条件或爱欲的满足，不能把雅典人带到任何地方。相反，对身体、对更多东西的爱欲却可以；它把雅典人带向了西西里，带到了珀洛斯和高尔吉亚的故乡。[②]

显然，对特定者的爱欲推动了政治组织。斯巴达人以他们的沉静（hesuchia）、安静、适度和对欲望的解脱为特征，他们停留在，进而深陷于自己的做派，缺乏冒险，让其他人在他们保持静止时成长。相反，这种痛苦或受难，这种驱使雅典人缔造帝国的对更多东西的欲求，则带领雅典人走向伟大，正是它们，使雅典的战败变得值得最伟大的史学家将其作为过去最重大的事件来关注。斯巴达人的秩序井然（eunomia）和被动留给他们的，是静止如磐石或呆滞如

---

① 说来很有意思，在同一本书中，正要决定去西西里的时候，修昔底德忽然完全抛开上下文关系，放进了哈摩狄阿斯（Harmodius）与阿里斯托盖通（Aristogeiton）的爱情故事，并且在此指出爱欲如何影响政治事件（《战争志》VI.55-59）。Eros的派生词在这些段落中反复出现。

② 在对话中，高尔吉亚通过使用“西西里主义”一词，强调自己与西西里之间的关系。在此，我必须依赖其他人的解释，如Barker, p. 3，他认为450b即注疏家奥林匹奥多罗斯（Olympiodorus）所指的一个例子。Dodds, p. 196对此提出质疑。

死尸(49e;以上分析,参修昔底德笔下的科林多人演讲,《战争志》I.68–71)。

卡利克勒斯在《高尔吉亚》中间部分狂热并有力地演说时,他谈论的不是雅典,也不是斯巴达,也不是波提岱亚或科塞拉(Corcyra),而是自然和欲求更多、多于一人所拥有的自然动力,这种动力只会为那些弱者和消极者的蛊惑话语所限制。那些人没有个性力量去获取更多,去不断寻求满足永无止境的需求和欲望。他们就是大众,为了保存自我而必须赞美节制。卡利克勒斯没有提及斯巴达、西西里或雅典,但他表达的看法提醒我们注意这些城邦之间的相互关系,这些关系在之前演说者的谈论中尚未提起,现在,因为不是单从城墙之内看城邦,而是把它作为一个更广大世界——在那里,整全和完善的可能性甚至更有限——的一部分来看,关系问题开始浮出水面。

卡利克勒斯在对话中间的宏伟演说仍需仔细考察。这篇讲辞很复杂,分为两个部分,也并非总是连贯一致。它回应了苏格拉底关于爱欲的讲辞。苏格拉底已经谈论了爱者的受苦,被爱者(更确切地说,除哲学之外的一切)的多变性和被爱者寄予爱者身上的后续变化和往往矛盾的要求。苏格拉底宣称,只有哲学不会要求他与他本身不协调(asymphonon,482c)。卡利克勒斯没有直接回答,正如卡利克勒斯问苏格拉底跟珀洛斯争论时是否严肃时,苏格拉底并没有直接回答卡利克勒斯一样。卡利克勒斯忽视了关于爱欲的演说。或许在此,卡利克勒斯认为苏格拉底是在表演,但事实上,苏格拉底在这里也许最认真,因为若不理解我们作为人类的爱欲和激情的本性,特别是我们源于某种匮乏感的痛苦的本性,我们就永远不会知道我们的生活是否应当完全颠倒过来。相反,卡利克勒斯把焦点集中在两种不同类型的受苦上,不是那些因缺乏自己所渴望的物质而产生的痛苦，而是源自羞耻感，卡利克勒斯认为，这种羞耻感源于自然与习俗之间的错误二分，并奴役着自由人。

卡利克勒斯以一个指控开始自己的演说：

> 哦，苏格拉底，你表现得像个傲慢无礼的青年，但其实你只是个政治煽动家。(482c)

苏格拉底做演讲是向大众、向卡利克勒斯所爱的民众吁求。他试图推翻卡利克勒斯，从而使民众转向自己。在下面的几行里，卡利克勒斯三次把苏格拉底称作一位政治煽动家，四次指控苏格拉底使其他人受苦，指控他是痛苦的原因。在这里，事实上在这一演说的其他地方，卡利克勒斯看似迷惑了。政治煽动家抚摸禽兽，为的是使它满足、幸福，从而愿意去完成煽动家指派给它的一切任务。据苏格拉底所言，政治煽动家正是那个为他自己内在的不协调所伤痛的人，这种不协调因大众的易变性而引起，因那些他试图取悦的人不断转变念头而引起。然卡利克勒斯却不这么看；他把政治煽动家苏格拉底描绘成一个使其他人受苦的人。卡利克勒斯知道他在谈论什么吗？卡利克勒斯一开始就把煽动家跟听众的受苦画等号，而非像高尔吉亚所教导的那样把煽动家等同于令人愉悦的、使人宽慰的话语，如此看来，他的宏伟演说是否有瑕疵呢？但这不是他那宏伟而重要的演说的唯一问题。更多问题接踵而至。

据卡利克勒斯的说法，由苏格拉底引发的痛苦产生自羞耻。政治的、公众的人物是为羞耻所驱使，为他以何种方式出现在他人面前、大众如何看待他所驱使。他的价值并非来源于自身，而是来自他人的意见。在他人面前感到羞耻，这使他痛苦，因为这意味着对崇敬的否定(对比忒拉绪马科斯的羞愧，参《王制》350d)。然而，正如高尔吉亚和卡利克勒斯竭力要做的(458b,497bc,505d),源于羞耻的痛苦虽然会使自身从公众视野中消失和移除,但是,源于苏格拉底和卡利克勒斯共有的爱欲的痛苦会导致行动——追逐权力或美的行动。照卡利克勒斯的解释,苏格拉底引发的带给他人的痛苦,源于苏格拉底拒绝允许他人区分自然与习俗,拒绝混淆这二者,从而迫使他人说出他们不相信的和不能辩护的东西,比如,说正义和平等是高贵的。哪个公众人物为了他的权力,在需要诉诸大众时胆敢说正义不高贵,德性非善呢? 哪个民主国家的公众人物胆敢如此冒犯大众而公开承认一条不正义、不平等的原则呢?

雅典人在战争开始之前对斯巴达人演说时不可能这么做。科林多人不得不在斯巴达人面前演说,鼓动他们卷入反对雅典的战争。科林多人一改传统的赞美之语而代之以谴责之语。节制(sophrosunē),已经使斯巴达人无力处理外部事务(ta exo pragmata, I. 68. I)。斯巴达人的不行动造成了他们的朋友和盟友被奴役(I. 69. I)。斯巴达人的颜面被践踏、被戳破了,因他们坐视盟友在危难局势中而不予援助。斯巴达人不采取行动去阻止雅典人的征服行动,所以斯巴达人才是真正的奴隶。在雅典人积极行动图谋更多之时,斯巴达人坐视不理,守护他们的传统价值,这伤害了他们的同盟者和整个希腊。

科林多人的这一演说质疑传统德性的价值,并提出,在谈论城邦之间的关系时,这些德性是危险的——即便是在这一演说之后,当时正在斯巴达的雅典使节仍发现他们的行动不可能与传统价值截然分开。相反,他们必须主张:“我们所获得的一切是名正言顺的(oute apeikotos, I. 73. I)。”雅典人在波斯战争中提供了打败波斯人的三样关键元素(军队、领导和最坚定的热忱),成为希腊的救世主,这场战争的历史赋予他们荣誉和威望,以及屹立于他们所拥有的帝国的自豪。“哦，拉刻岱蒙人，因为我们那时所表现出来的热忱……，我们不至于遭受这么多敌视（epiphthonos）。”（I. 75. I）他们的行动并不是从这样一个角度出发，即他们因为自己的强大而应当统治希腊。毋宁说非难应该落在斯巴达人肩上，是他们令同盟者落入雅典的控制并迫使雅典人去统治。同时，弱小者为一更强大者所控制应当是必然的，雅典人配得上他们的地位，他们也确实比斯巴达人更加渴望在安置其臣民时展现出正义和公平。

在这一公开演说中，尽管科林多人给了他们机会，雅典人仍然显示了对传统的善与恶、德性与正义的价值的遵从。他们耻于在公众面前谈论什么是凭自然的真理。他们只有在会见美洛斯（Melos）领导者的秘密场合才会这么做。在那儿，价值的话语被扔到一边。别跟我们谈论正当与否。你和我们一样都知道，正当“是在人类的言辞中，当强者为其所能为而弱者顺从时，从一种平等的必要性来判断的”（V. 88）。在那儿，自然的必然性说了算，单单雅典人的强大就能为其征服提供正当性。在美洛斯会面室这个小范围内，雅典人说话就不像公众人物那样考虑到言词对他人的影响，或者因颂扬不正义、推崇不平等、专注自身利益而使自己蒙羞。因而，他们没必要再靠一套关于价值的精妙用语和回忆以往的高尚业绩，来隐藏他们对权力和统治的野心了。自然的要求赤裸裸地宣称：强者统治弱者。这不仅仅是必然的，而且是诸神认可的（V. 105. I）。正当不是向大众吁求的东西，而是自然要求的东西。

高尔吉亚和珀洛斯就像雅典人在斯巴达那样，没能抛弃那些关于正义与德性、平等与善良的听起来高贵的话语。他们被苏格拉底所谓的“用言辞作恶”给套住了，苏格拉底看出他们学习修辞术的理由跟雅典人扩张帝国所抱的目的如出一辙，即欲望统治他者，成为掌权者（dunastai），成为一个奴役别人的自由人，且宁愿行不义而不愿受不义。卡利克勒斯抖落了传统价值的锁链，正是它们限制了高尔吉亚和珀洛斯的视野；在某个不确定的空间范围之内，他说起话来就像雅典的领导在美洛斯时那样，给了他自由去畅所欲言的，是苏格拉底和胆量，就像在对美洛斯的领导者说话时雅典人的那种胆量。他公开地宣称，而其他人可能不会这么做；他们藏着掖着或许是因为害怕，但也很可能，他们之所以克制住了，是因为他们不能精确地表述出他们关于好与坏、正当与不正当的观点背后的假设。

对话较前部分所引的那些传统价值并不属于真正的男人(anēr)，真正的男人是一个能够获取更多的人(483b)，一个在卡利克勒斯看来无论想到什么都能实现的人(491b)。[①] 那些价值属于奴隶(andrapodos，483b)、怯懦者，即一个或许想到但不会行动的人。对这种人来说死比活更好，而这种人必定声称贪婪(to pleonektein)是不义的(483c)。卡利克勒斯看来确信活比死更好。只有奴隶会恳求死亡。生命对卡利克勒斯来说是热情洋溢的，不断寻求更多的生命：这是一种霍布斯式的生命，欲望永远不会完全满足，只有短暂的满足，随之又立马熊熊燃起新的欲望。没有激情就等于死亡。一个真正的人是一个永恒的消耗者。他寻求激情的不断满足，完全不在意这些激情没有止境，没有一个最后的栖息之所(finis ultimus)。奴隶寻求死亡，因为他寻求终止永不餍足的激情，因而也没有任何愉悦。

我们必须记住，这篇演讲的序曲是苏格拉底论爱欲和爱者之苦的演讲。哲人苏格拉底没有停止寻求；他对真理和美好的热情同样没有止境，只要他有朝一日还生为人。哲学爱欲的尽头，就像第

---

① 对比科林多演说中明显相似的话语，见《战争志》I.70.2：epitelesai ergoi ha an gnosin。卡利克勒斯的强者是hikanoi ontes ha an noesosin epitelein。

俄提玛描述的那样(事实上也可以从《王制》推断出来，参VI.506e，VII.533a)，是卡利克勒斯和苏格拉底理解为永恒寻求之生命的死亡。对苏格拉底而言，死亡或许是一种解脱、一种完成，但在《申辩》中，他的很可能带有谐剧性的看法表明，他不断追问的生命并不必然终于死亡。对卡利克勒斯来说，死亡只能是失败的标志；只有对那些不知道怎样去生活得好，不知道怎样以别人作为代价来满足自己熊熊燃烧之欲望的人来说，死亡才是利益的标志。没有能力控制和支配他人的行动，没有能力保护自身和自己所爱之人，使自己陷于泥淖，人生如斯岂不枉活？

统治对人类幸福的重要性，卡利克勒斯深知矣；这也是他公开主张的。而当卡利克勒斯分析自由和奴役的条件和原因时，他开始沉思；他开始迟疑。他说，我相信(Oimai，483b)；他不再知道。弱者就是建立这些限制和奴役强者的规矩(nomoi)、传统和价值的人。雅典人宣称，跟雅典相比，斯巴达人站在弱者的位置上：

> 计算什么是你们利益内的东西，这下你们提起了正义的语言，它从来不曾使任何有能力去获取的人放弃去获取更多(pleon echein)。(I. 76. 2)

换句话说，正义的语言是那些弱者的说辞。弱者畏惧强者(erromenesterous… kai dunatous，483c)；他们害怕强者会比他们的公平分配获取更多，就像雅典人在希腊真正所干的那样。因而，像斯巴达人这样的弱者会说，雅典人的行为是罪恶的，他们不正当且不符合规矩。意图获取比公平分配所应得的更多，这遭到那些弱者、那些不能满足自己激情并妒忌真正强大之人和强大之邦的奴隶的谴责。因此，卡利克勒斯相信(oimai，483c)，正是弱者和废物才热爱公平。

卡利克勒斯在此显得对民主政治不友好。但我们必须小心。刚刚不久前，苏格拉底才描述过卡利克勒斯的双重爱欲，即两个“德谟斯”(demos)，还有卡利克勒斯如何改变看法和语言去取悦他们。当然，雅典民众应当不会乐于听到卡勒克勒拒斥平等——抑或他们会？如果我们把目光集中在城邦间关系而非城邦内关系上，那么，卡利克勒斯的论点确实取悦了雅典人，在雅典帝国扩张之时，他们奴役了希腊其他地区，并拒绝使用正义(dikē)之类欺哄人的语言。他向灰心丧气的雅典人承认：帝国像个暴君一样所进行的攫取或许不正当(adikon)，但随它去(即放弃帝国)将是危险的(II. 63. 2)。城邦必须从两个角度来看。城邦之内，民主政治要求公民之间的平等(isonomia)；它的统一性来自这一平等，由此将全体公民组合成一个内在一致的整体。而对外，城邦跟邻邦处于不对等关系中；城邦作为匮乏者存在，欲求更多，渴望攫取非自身所有的东西(pleon echein)，渴望肯定一种不平等而非平等的状态。卡利克勒斯演说的前面部分揭示出，城邦内行为的基本法则与城邦外所应用的基本法则之间是不相容的。像苏格拉底的所爱阿尔喀比亚德一样，卡利克勒斯向民众吁求，不是通过赞同其民主的、平等主义的原则——这些是伯利克勒斯试图把雅典打造成一个完整美好的城邦时(II. 37. 1-2)想方设法弄出来的东西；而是怂恿民众，给他们提供一个作为超级城邦之公民组成成员的远景(对比阿尔喀比亚德对雅典人的演说，特别是《战争志》VI.18.3-7)。

卡利克勒斯在形容一个真实的男人被大众所奴役时，他所说的锁链是一个隐喻，指代语言，即赞美之辞和责备之辞。话语——苏格拉底的话语、大众的话语——能够使强者感到羞耻，能够囚禁一个珀洛斯或阿尔喀比亚德，甚至令高尔吉亚这样的语言大师也手足无措。话语有能力影响行动，奴役强权者。高尔吉亚是对的。卡利克勒斯在其演说的前半部分竭力试图挣脱话语的力量——然而到了下半部分，当他转向城邦内关系时，他又再次肯定了它，因为在城邦内，共同语言以及与此相关的共同价值都至关重要。为了打破话语的力量，卡利克勒斯转向了自然，首先是动物（en tois allois zoiois, 483d），因为它们没有关于正义和不义的语言，对它们来说，大自然的指令直截了当，没有道德和德性的干扰，它要求强者比弱者拥有更多，狮子所有的慷慨就是夺取一切。指出这个真理适用于所有城邦和种族之后，卡利克勒斯的举例又转向蛮夷。在雅典人看来，蛮夷代表未开化的、像动物一样的人类，他们不说希腊语，只会说叭-叭-叭（bar-bar-bar），他们没有关于正义和德性的语言。

> 薛西斯（Xerxes）凭何种正义（poioi dikaioi）发兵攻打希腊？或者他父亲凭何种正义攻打西徐亚人（Scythians）？人们还可以举出无数类似的其他例子。（483de）

但卡利克勒斯没有给出更多的例子。是不是因为他已经认识到这两个例子并不恰切？——因为两者都被西徐亚人和希腊两地弱小的本土居民给打败了。抑或是因为他忽然想起了记述这些战争的史学家希罗多德？希罗多德总是明确一点：那些不正当入侵别国的人，那些攫取比他们的份额更多并超越自身界限的人，受到了诸神的惩罚，因为诸神的嫉妒（phthonos）人永远无法逃脱。卡利克勒斯虽然回避了这个问题，但柏拉图不是已经在卡利克勒斯的讲辞上玩了花招吗——给他一系列错误的例子来证明其可疑的中心论点？柏拉图不是已经通过使他显得愚蠢而削弱了其目标吗？

卡利克勒斯忽略了大流士（Darius）和薛西斯所遭遇的失败问题，因为他随后转向诸神，凭宙斯（传统上正义的分配者）发誓说，存在(或他相信存在，oimai，483c)一种自然法(nomos tes physeos)，波斯僭主们入侵弱者的土地时就是遵循这种自然法。但这种自然法与卡利克勒斯所设想的可能完全不同，因为无论就其中任何一种情况而言，宙斯都没有对侵略者、对那些妄图获取超出份额之人的远征行动报以微笑。当然，在这场剧变背后隐藏着一个未曾提及的范例，那就是雅典。雅典人像蛮夷和动物那样不受限制，因为他们坚决宣称自己对他者的统治权。他们一个城邦接着一个城邦地征服，满足他们对更多的欲求时，何曾关心公平分配啊。卡利克勒斯暗示，雅典人行动所据的法则是经过诸神认可的；而根据修昔底德的记录，随着战争的进展，雅典人自己也认为他们的行动法则是诸神所认可的(V. 105. 1－3)。

但卡利克勒斯很快从国家转向人，转向个体。他没有在国家间关系的范围内逗留太久，在那儿，他的例子引起了对其信念之有效性的质疑，对后来雅典霸权扩张的质疑。相反，他开始思考一个人在城邦结构之内所遭遇的命运，在城邦之内，关于正义和不义的语言是奏效的，我们中的强者被我们关于平等既好又正义之类的说法所迷惑、所奴役(katadouloumetha，483e)。真正的人，拥有足够强大天性的人(physin hikanen，484a)，将会逃脱我们的魔法(卡里克勒这么相信，oimai，484a)，以及我们的话语(grammata)和违背自然的律法(para physin，484a)。他会站上前来，显示他自己是我们的统治者而我们是他的奴隶；在那儿，自然的正义将会照耀发光。卡利克勒斯这里选择谈论一个人，但他又一次描述了雅典人的行动。雅典人与希腊其他城邦的关系已经显明，他们独立于古老的价值之外，拒斥了在城邦之间关系上平等既好且正义这样的观念，并站出来揭示了自然的真正正义。

接着，卡利克勒斯在自然(动物)和历史的证据之外，增加了底比斯那个虔诚诗人的说法。那位诗人宣称，正是法（Nomos）这一人类和诸神之王把暴力变成正义，这个法——很可能就是卡利克勒斯刚刚宣称的自然法（nomos tes physeos）——支持赫拉克勒斯（Heracles）的行动，他偷了格律翁（Geryon）的牛，没有付钱也没有出售（484b）。然而，奥斯特瓦尔德（Martin Ostwald）在试图——但仅仅是其诸多意图中的一个——揭示这一引用段落的意思时指出，

> 诠释印上了习俗—自然之争的标记，但这是直到品达死后数十年才兴盛起来的，将后来一代人阐发的见解回溯到品达诗歌是很冒险的做法……品达写这首诗也不可能是为了支持英雄道德本身就是法这种看法……［品达］还特别强调了赫拉克勒斯的不够英雄的品质和他的对手狄奥米德斯的卓越（arete）。[①]

但卡利克勒斯并没有捕捉住这一微妙之处。他没有看到另一种解读，它可能表明强者仅仅宣告什么是正义的，或者像另一种柏拉图式风格短语表达的，正义是强者的利益（《王制》I.338c）。卡利克勒斯承认，他不是很懂诗歌和言辞（484b），我们可以推测，他也不懂诗的含义。因而，他必须转向释义。他没有花时间来背诵诗，因为那是做作、颓废的行为，是那些不行动的人的活动。在这一点上，他对诗歌的了解就像他对哲学的了解一样少。他现在强烈要求苏格拉底放弃哲学，并随之转入演说的下半部分。

---

① Martin Ostwald, "Pinda, Nomos, and Heracles," in *Harvard Studies in Classical Philosophy*, 69 (1965), p. 123。亦见 A. E. Taylor, *Plato: The Man and His Work*（Cleveland and New York: World Publishing, 1956), p. 117, n. 2, 以及 Dodds, pp. 270–272。

随着卡利克勒斯开始下半部分的演说，他迫切渴望向苏格拉底揭示真理，即他的真理。在他演说的上半部分开头，他曾经说苏格拉底“真正”(482c)是个政治煽动家，但他并不明白煽动家这个词的意思，更不用说真理了。他再次宣称他将转向真理(484c)，但他的两个真理不相容。第一个真理(即苏格拉底是个煽动家)与第二个真理(即苏格拉底作为哲人没有能力在大众面前保护自己)不相容。卡利克勒斯对什么是真理的理解，在这一刻与下一刻不一致，除非我们认为他把哲学和煽动混为一谈，但他并没有这么做。他的观点是哲人不知怎样在大众面前发挥作用，不知怎样控制多数人而非被他们控制。

很显然，卡利克勒斯前后不一，因为在他从演说第一部分转入第二部分时，他做了一个根本的转变。在第一部分，他处理的是超人和超级城邦，即希腊的雅典。在那里，他讨论的是一个城邦与另一个城邦之间的关系，是关于权力和力量的法，在该领域，暴力和欺骗就是德性。[①] 而演说的下半部分涉及城邦内的关系——这个城邦基于他前半部分已经否定的平等。下半部分处理的是在平等的公民之间、处于一系列政治关系中的个体的幸存——生存才是卡利克勒斯演说第二部分的主题，而非领导权。城邦间所必需的东西与城邦内所需要的东西并不相同。在演说的第一部分，对立双方是两种正义(dikē)，即以正义为战斗口号的弱者一方的正义，与那些拒绝平等的强者一方的正义。但在城邦之内，正如卡利克勒斯提出的，哲学与政治之间存在冲突，哲学假定在更好与更差的个体之间、更好与更坏的快乐之间是不平等的，而政治假定所有公民无论好坏在

---

① Hobbes, *Leviathan*, ed. Michael Oakeshott, Oxford: Blackwell, 1960, p. 83 (Ch. XIII).

法律面前一律平等。

卡利克勒斯在贬低哲学的同时并没有立刻提到政治;更确切地说,是他所用的措词使人想到政治层面,也就是那些关于名声、外观和表现等措词。一个人必须具有绅士(kalos kagathos)或体面人(eudokimos anēr,484d)的名声,必须知道别人的快乐和激情,什么是他们要求的、什么是他们厌恶的。哲人非但在法律方面缺乏经验(nomon aperioi),而且没有能力操控大众的意见,因此,他们是可笑的,珀洛斯加在苏格拉底头上的那类嘲笑是他们所应得(462e),他们不值得尊敬。不管是参与个人事务还是公共事务,他们都极其可笑,但当他们花时间在哲人的活动上时,他们倒像——卡利克勒斯如此相信(oimai,484e)——政治家(hoi politikoi),事实上,也就是像对话最后卡利克勒斯所成为的那种人。

这种不一致显而易见,也常常被人指出来。卡利克勒斯先是主张完全漠视多数人的意见、迷惑人的说法和奴役人的规矩(nomoi),后来又主张要注意多数人的意见,注意那些奴役超级英雄的弱者们的意见。我们怎样才能调和这两种看法呢?除非我们承认,虽然不是那么清晰,但卡利克勒斯还是区别对待了城邦内关系与城邦外关系,否则我们无法调和它们。城邦不会轻易容纳这些昂然挺立的个体,如阿尔喀比亚德、忒米斯托克勒斯,甚至是伯利克勒斯(苏格拉底在后面强调,雅典伟大的政治领导人如何一律遭到民众的恶劣对待,515e和516e)。超级英雄和第一部分对不平等的褒扬在此无法成立。珀洛斯非常钦佩的阿克劳斯当死于其自己人之手。

卡利克勒斯引了很多行诗,这回他求助于一个更当代的作者,雅典人欧里庇得斯。现在谈到城邦内部的关系,他转求一个自己城邦的诗人,这比求一个面向全希腊说话的诗人要好。他所引用的段落很可能出自欧里庇得斯《安提俄珀》中的牧人泽托斯之口。我们都赞扬我们做得最好的事。这是对个体性的诉求,是承认我们各人都具有不同的能力。在《王制》中,苏格拉底确信一个真正的城邦正是建立在这样的自然差异之上。但卡利克勒斯并不赞同他的同胞欧里庇得斯。最正确的进路——卡利克勒斯如此相信(oimai,485a)——是参与生命的两条道路,然后选择其中一条,而选中的一条永远是政治。他并不鼓励欧里庇得斯的泽托斯所推崇的多样性,也不鼓励追求哲学。一个值得尊敬的人(eodokimos aner),是一个表现得照成熟的合宜方式行事的人,是一个年老之后不再忙于孩提之追求的人,是一个到了投身政治的年龄之后不再从事哲学探讨的人。

是的,人年轻的时候从事哲学是美好的,但如果一个老人还在实践哲学,那就是天大的笑话。哲人与大众不同。他嘲笑大众的意见和同质性。他站得远远的,躲在某个角落里与另外三两个人低声密语,从不参与大多数人的各种活动,不去各种不同的聚会中心。他不是整体的一部分,也不关心整体的意见和价值。这一独立于整体意见之外并对其不感兴趣的个体,在卡利克勒斯演说的前半部分还处于中心地位,现在却被看作对卡利克勒斯所赖以为生的城邦之幸存和自由的威胁。

随着焦点从演说的前半部分转移到后半部分,奴隶和自由的含义也相应发生了转换。在第一部分,自由人是那些打破习俗(nomoi)锁链的人,或者是征服其他城邦并威胁那些不顺从者的雅典人。这就是珀洛斯和卡利克勒斯所渴望的自由。第二部分的自由概念则是以顺从习俗锁链的人为中心,这种“自由”人由他的贵族同伴来判定,他拥有必要的社会体面,在朋友需要帮助时可以伸出援助之手(见 Dodds, p. 274)。第一部分中的奴隶是受制于大众意见的人;而在第二部分,奴隶是那些不融入大众意见的人,是像苏格拉底那样的人。他对哲学的追求显示出他不自由，缺少一个良好教养者的体面，始终像个孩子一样口齿不清，没有能力帮助朋友和伤害敌人。这样的个体没有男子气概（anandron），像个奴隶（doulouprepes），不自由（aneleutheron，485b–d）——这样的男人只配被扇耳光，就像个奴隶因为太愚蠢以至于听不懂命令那样。自由人（eleutheros）是一个受过训练而在战役中和演说中赢得尊敬的人，是一个受过训练而参与城邦活动的人。

但又一次，卡利克勒斯显得很慷慨，就像在对话开头那样。他显得大方，渴望帮助他的朋友。他对苏格拉底来了一场演说，其中充满了好意（eunoia，486a），而非有意激怒苏格拉底。这一演说又模仿了欧里庇得斯《安提俄珀》中那个不安宁的、活跃的泽托斯的说辞，而就在不久之前，泽托斯的建议还遭到了拒绝。自负是多方面的。

> 我碰巧遭遇了（peponthenai）欧里庇得斯的泽托斯在安斐翁（Amphion）面前所碰到的……有话语到我这里来向你说，就像他［泽托斯］对他兄弟说话那样。（485e）

不要像个年轻人那样行动了，苏格拉底。[①] 放弃哲学。变得成熟，学着在城邦中行使职责。不要行为不体面，就像那些——我如此相信（oimai，485a）——追求哲学太久的人那样，搞得你自己被指控、被杀害，在法庭上显得晕头转向，目瞪口呆，屈服于任何想伤害

---

① 卡利克勒斯从欧里庇得斯那里援引段落之时，他意味深长地换掉了一个词，原文的gunaikomimoi［女人气的］一词，在卡利克勒斯的版本中被替换成了meirakiodei［年轻的，孩子气的］。比较Gonzalez Lodge，ed.，*Plato*，"*Gorgias*"（Boston：Ginn，1980），p. 147。

你的人的权威。不要让其他人对你无礼(我们应该指出,比如像珀洛斯那样,461c)。不要丧失帮助自己的能力。听我一句,放弃个体化的生活。“从事音乐事务吧”,卡利克勒斯怂恿道,他又一次引用了泽托斯的话(486c)。避免雅典人所谓的政治麻木(apragmosune),即不干涉城邦事务。在这里有一种反讽;安斐翁正是凭借他的音乐知识才筑起底比斯的城墙,他的七弦琴搬动了石块而城墙由此得以建成。正是他通过演练他个体化的音乐,才帮了城邦最大的忙。但卡利克勒斯极力要求:

> 不要模仿那些为小事而争论的人,而要模仿那些有活力、有主张并有很多其他好事的人。(486cd)

卡利克勒斯把他的演说献给了亲爱的苏格拉底(o phile Socrates,486a),说话都带着温暖的兄弟般的感情。但苏格拉底并不信赖他的讲辞。他质疑卡利克勒斯的诚意,暗示这是一种反讽(489e)。卡利克勒斯为什么要给苏格拉底这样一个友好的而苏格拉底又不认真采纳的建议呢?这是否部分地解释了卡利克勒斯两部分讲辞之间的转换呢?是否卡利克勒斯的讲辞是他害怕苏格拉底的一个掩饰呢?不是苏格拉底这位超人清楚地看到了规范的不可靠以及弱者对规范的依赖吗?苏格拉底不是能够超脱、抖落意见的锁链,能够在讨论中最轻而易举地在习俗和自然之间转换,能够认识到正义(dikē)并非来自多数人的意见吗?难道不是这一学问、这一认识,使他实际上能够成为一个煽动家吗?难道他当时没有施加严重威胁于可怜的卡利克勒斯,这个因其爱欲而希望安抚大众的人吗?

卡利克勒斯被苏格拉底的权力恐吓到了;演说的下半部分试图使哲人屈服,试图使哲人适应城邦,而非让他脱离和超拔于其他奴隶。哲人不是没用,也不是简单地愚蠢。他是有威胁的,威胁着卡利克勒斯的权力和地位。就像卡利克勒斯起初攻击苏格拉底时所指出的那样，哲人确实认同自然与习俗之间的区分。卡里克勒斯所说的那些躲在角落搬弄是非的人丝毫也不关心多数人的意见，不关心锁链与魔法。只要愿意，他们有能力奴役、征服、麻痹那些受制于大众规范的人。事实上，他们甚至不会三三两两地躲在一角窃窃私语，相反，他们在公开场合大声地宣讲——在市场上，就像苏格拉底在对话开头让我们获悉的那样(447a)。哲人由于私下知道卡利克勒斯的秘密，因而威胁到城邦的幸存。苏格拉底是卡利克勒斯的敌人。苏格拉底知道，要他放弃哲学的吁求并不是真诚的。这一吁求意味着让苏格拉底放下武器，屈就于城邦的范型，即城邦的平等。这一吁求是要使他重视城邦所重视的东西，首先是生命，同样还有因服从他人而得到的名声和自由。[①] 卡利克勒斯声称苏格拉底追求哲学是一个错误而非自觉的选择。但因为这一关于苏格拉底动机的假想显然不正确，所以他必须尽力消除苏格拉底的敌意并征服他。

卡利克勒斯的演说分为两半，其各自所裹挟的真理取决于一个人是从城邦内还是从城邦外来看问题。因此，这一演说看似带有两个矛盾的目标。学者们为此争论：卡利克勒斯到底是一个民主主义者呢，还是一个寡头统治者呢？[②] 问题的答案取决于你读了哪一部

---

① 对卡利克勒斯而言，自由是不做奴隶，但苏格拉底在他的谈论中并没有区分奴隶与自由人。对照514d和515a；在514e，他没有对男人和女人讲不同的话。鉴于卡利克勒斯重视男子气，这是对卡利克勒斯的一种意味深长的攻击。

② G. B. Kerferd, "Plato's Treatment of Callicles in the *Gorgias*," *Proceedings of the Cambridge Philological Society*, 20 (1974), p. 48 and in notes 2 and 3，其中描述了这两派的各种不同论点。作者Kerferd站在把卡利克勒斯看作一个民主主义者一边，页52。

分,因此这又表明这种分析不够充分。让我们把关于特定政治倾向的争论先抛在一边,而把卡利克勒斯看作一个政治人物,一个行动的人物,就像牧人泽托斯,就像雅典城邦。无论他是民主主义者还是寡头统治者,他都坚定地反对哲人的有待检验和证明的生活。哲人在回应卡利克勒斯演说的两个部分时都必须处理这一条,他必须同时展示这两方面看法的不足之处:一方面,超人和超级城邦轻视大众的意见;另一方面,政治人物依赖大众即其所爱的平民的意见。

卡利克勒斯已经宣布,更好的人应该拥有更多,这凭自然是正义的,这就是自然法。然而,苏格拉底必然会问,怎么来形容更好的人呢?你和品达赞美的这种正义是什么呢?卡利克勒斯直到在苏格拉底的追问下才会澄清这一问题。更好者是更强大者,更强大者就是大众。在苏格拉底的操纵之下,卡利克勒斯突然变成了一个民主主义者(458d)。在议会和战场上,优越性确实源于大众,即大量个体的联合。但卡利克勒斯不会同意在数量的优越与最好之间简单画等号。有那么一些懂得如何操控议会的人,也就是擅长运用语言的煽动家;也有一些人懂得如何在战场上利用少数人,好像他们就是多数人一样(比如反对波斯人的希腊人)。卡利克勒斯澄清了。更好者并不简单就是多数人——“一堆奴隶”(doulon,488c;参489d)——也不是那些仅仅在身体力量方面的更强大者。更好者是政治统治者,是珀洛斯眼中的阿克劳斯和卡利克勒斯眼中的社会人,一个献身于公共事务(pragmata)之音乐的人,也就是那些统治其他人的人(491b, d),那些有能力真正实现他们心中所想的人。[①]

---

① 在这里,我们看到卡利克勒斯遭遇了与忒拉绪马科斯同样的问题;因为两种优越性的界定都涉及心灵,虽然心灵指向欲望的满足。正是这一点使他们成为苏格拉底的合格对话者——也使他们代表的和伯利克勒斯高度赞扬的雅典人值得苏格拉底注意。

他所说的自然正义与城邦之内的统治者和帝国的主人相连。

但苏格拉底引入了一种新的交互作用的层面，也就是自身之内的统治，这个层面之前在卡利克勒斯的演说中未曾出现，珀洛斯或高尔吉亚也未有提及。

> 来吧，朋友，现在告诉我，对他们自己又如何呢？是他们统治什么还是他们被统治呢？（491d）

处理这一观念对卡利克勒斯而言有难度。他最后明白过来的时候，愤怒地脱口而出，“你真是可爱（hedus，甜美吗？），你把傻瓜称作节制（sophronas）”（491e）。在卡利克勒斯看来，苏格拉底给出了一种新的不同的奴役形式，又是作为统治的对应面。“一个幸福的人（eudaimon）怎么可能成为其他东西的奴隶（douleuon）呢？”（491d）——更何况是他自己呢？卡利克勒斯问。不，一个正确生活的人必定会释放其激情、满足其欲求并不断地充实自己（apopimplanai）。卡利克勒斯相信（oimai，492a）这对大众来说是不可能的（ou dunaton，该词的不同形式在492a出现了三次），大众因为缺少男子气概（anandrian），所以觉得满足欲求是一种过错；他们把它看作一种可耻的放纵。苏格拉底啊，真相是（492bc），自由不是掌控自己，而是完全释放一个人的激情——连同满足这些激情的权力（dunamis）。奴役状态就是不能填补空虚，不能找到阿里斯多芬的模型中那失去的、难以找到的另一半，因而是一种悲惨的状态，觉得生命比死亡更糟糕。根据卡利克勒斯，苏格拉底的问题在于他没有认识到对幸福和对生命的欲望（epithumia）的重要性（492c）。生而无欲等于死——一块石头或一具尸体。

这里令人震惊地预示了霍布斯的学说。正如霍布斯栩栩如生地展示给我们的，这些欲求——这些永不满足的欲求——必定导致战争。(我们不该忘了,霍布斯出版的第一部广为人知的作品就是修昔底德作品的译本。)满足个人欲望的强大动力带领一个人去增强他的力量,加强权力去满足欲望,无论这权力是以修辞术,以军事力量的形式,还是凭操纵人的诡计得来;它是征服的权力,是对平等的拒斥,是认为世界由主人和奴隶构成的幻想。苏格拉底指责卡利克勒斯:他不懂平等的重要性。他不够关注几何学(508a)。平等是一个拒斥凌驾他人头上的权力而强调友爱的王国。卡利克勒斯这个有欲望需要满足的人,这个需要凌驾他人之上的权力来生活的人,他不能接受平等。[①] 对个人,或对一个与其他城邦打交道的城邦而言,接受平等就等于死。陶醉于其平等的自身满足的城邦和自我满足的个体都是虚弱的。斯巴达容许他人把她践踏成泥,扇她脸面。

科林多人之建议斯巴达,类似卡利克勒斯之建议苏格拉底。“从事政治事务的音乐(pragmata,486c)吧”(参修昔底德《战争志》I.72.2-4)。爱琴海的僭主雅典已经开始积极追逐她的不平等,追逐她的权力以使她能够用外面城邦的财富来满足自己。对作为城邦的雅典而言,不存在最终的憩息之所;甚至伯利克勒斯在他葬礼演说中所极力主张的,也只是一个暂时的憩息之所,一旦战争的危难到来,宁静就会打破。城邦必须永远处于活动状态,因为有那些外面的城邦在威胁着它。斯巴达试图安坐原地,实践它传统的沉静(hesuchia),但它办不到。

一个城邦与另一城邦之间的政治生活是一种不断追求更多的生

① 注意霍布斯的第九条自然法,其中强调接受平等是脱离自然国家的道路(《利维坦》,第十五章)。当然,我们必须记住,苏格拉底与他在讨论中所引导的那些人之间并不平等,在这一层面上,卡利克勒斯的恐惧是有理由的。然而,跟卡利克勒斯不同的是,苏格拉底的不平等并非为了统治他者来满足私人的欲望。在这个层面上,卡利克勒斯的恐惧是没道理的。

活。卡利克勒斯因为没学好几何学而不会明白的是，城邦之间关系上的不和谐性质不能转化到城邦之内的关系上，一个专横的城邦在外头寻求更多，在内则必须确保平等，这是友爱和共同体（koinonia）赖以建立的东西（507c–508a）。卡利克勒斯身上的张力在于，他一面热衷于凌驾于他人之上的权力，一面渴望朋友；这促使他优雅地行动以储备一班朋友，以便在他受到别人威胁而需要帮助的时候可以保护他（参487cd）。① 但因为他对友谊的信念不真挚，因为他并不真正平等地对待他人，所以他的朋友不会保护他。当他假称苏格拉底是他的朋友而关心苏格拉底时，他不过是想控制苏格拉底，而一旦无法遂愿，他就变得恼怒并撤退。卡利克勒斯最终只有依赖苏格拉底的学生和朋友才流传于后世，这确实是历史的一个反讽。

在对话的后面，苏格拉底把雅典最有权力和名望的政治领袖描述成把城邦塞饱的人，此人用港口和船厂、城墙和外来货以及所有这样的污秽（phuarion）来填满城邦（empelekasi，518e–519a）。像忒米斯托克勒斯、喀蒙、伯利克勒斯这些政治家，都竭力使雅典成为邻邦的统治者，以便让城邦填满这样的废物，这样公民们才不会感到匮乏——或者说才不会需要去追求真实的美。这些就是政治家们所夸耀的提供给城邦的东西，像卡利克勒斯和阿尔喀比亚德那些人被抓起来并承担责任的时候，凌驾希腊其他城邦的霸权或者这些废物将会被丢弃，雅典的民众将被剥夺这些填充并满足它的东西。苏格拉底试图推进的对话形式并不宣称用任何东西填满参与者和沉默的听众。它不是使他们满足。它不会达到任何结论或者胜利

---

① Dodds，p. 282总结了关于这些人的背景和性格的证据。他推断：“证据显示的总体图景，是一群野心勃勃的青年人，它是照雅典的黄金一代（jeunesse dorée）描绘出来的……它显然不支持Lamb对卡利克勒斯‘典型的雅典民主人士’的描述。”

(457a)。因而在对话者之间没有统治和不平等。在这篇对话中,苏格拉底所提出的权力概念,不是填满另一方或满足其欲求的权力,也不是使另一方为自己的利益服务的权力。此权力概念只能从使人更好这一方面来理解,而使一个人变得更好就在于使一个人意识到他缺乏什么——不是造船厂、进口货或者其他类似的废物,而是德行。

《高尔吉亚》不仅仅关乎作为生活方式的修辞术与哲学之争,它也关乎不同类型的权力。修辞术导致对他人意见的统治,战争则导致对他人肉体和财富的统治。统治的欲望源于对自己既有之物的不满足,并设想统治能够导向那些欲望的某种程度的满足。珀洛斯和卡利克勒斯表达出了成为20世纪经典政治公式的东西:谁得到什么,在哪里,什么时候,以何种方式。苏格拉底要审问政治公式及其里头隐含的权力概念。

因为政治家用港口和城墙填满城邦,所以他们没有使公民变得更好。他们提供给居民港口、城墙和进口货的满足,但公民并未因此感到缺乏使他们变得更好的东西——即缺乏真正美的东西。他们不是被苏格拉底的反讽刺激出匮乏感(比较阿尔喀比亚德的经验,《会饮》216a)。他们感到的匮乏源于渴求更多已经给他们带来快乐的东西,来自满足之后随即复燃的激情。苏格拉底批评政治家是因为他们不能使公民更好。[①] 但我们或许会问,为什么他们

① 对伯利克勒斯如何使公民们变得更坏——像苏格拉底所宣称的——而非更好,学者们理解起来往往有困难。他们转向这些因素,即伯利克勒斯给参与议会和军事服役的人支付薪酬。例如可比较Lodge, p. 237; W. H. Thompson, *The Gorgias of Plato*(London: George Bell,1995), p. 226;以及Dodds, pp. 335-356。这里的问题是,所有这些分析都是从政治视角、从城邦的视角来看问题,而不是从哲人的视角来看。

会被批评呢？使公民成为更好的人并不能帮助政治家，也不能帮助城邦追逐其统治权和支配权。使公民变得更好，反而会让公民警醒什么才是他们真正匮乏的，这种匮乏城邦永远满足不了，为他们建造城墙、建造港口以使世界商品不断流入的政治家也永远满足不了。

所以，政治家永远无法给城邦一个完成的状态。填满城邦就像填满一只漏罐(493ab)。城墙永远不够，港口和船舰也永远不够，因而需要对外征服，需要统治其他城邦，因为就像人的身体一样，雅典自身永远不会彻底满足。然而，正是这种对更多的持续渴望带来了雅典的声望，也造成了公元前5世纪末雅典在希腊的矛盾地位。修昔底德出色地捕捉到了这一矛盾状况，这尤其体现在科林多人对斯巴达的演讲中。雅典既是奴役者，因为她获取了更多，又是遭嫉妒的典范；她既令人痛恨又让人钦佩，既可耻又光荣。所有这些都是她拒绝安于贫乏、拒绝压制欲望的结果。当然，只可惜她输了这场战争；她被阿尔喀比亚德这样的政治家鼓动着去欲求太多，试图去获取太多权力。雅典人没有限制和追问他们那欲求更多的本性。他们拒绝追问，而这正是《高尔吉亚》下半部分苏格拉底力促卡利克勒斯去做的(参《美诺》中的阿尼图斯[Anytus]和苏格拉底在《申辩》中对其追问的一生所做的描述)。

渴望取悦两个德谟斯的卡利克勒斯拒绝接受任何克制欲望的观念，即他与苏格拉底的这场对话必然导向的观念。他是一个行动的人，看到苏格拉底错过一场炫示演说，他首先想到的就是战争和战斗。他是一个自由的人，行动不受约束，像他对自己的理解一样。他不是一个奴隶，屈服于另一个主人。他不是一个接受完成、终止、寂静等等想法的人。苏格拉底也是如此。但两者之间的不同在于，苏格拉底乐意区分好的欲望与坏的欲望，即那些有一个最终目的或目标的——即使是人类无法接受的——和那些只会导致欲求更多的。这一不同也必然源于不同的权力观：卡利克勒斯想象的主奴关系中统治他人的权力，和统治自我的权力——一种区分好的与坏的激情并选择前者的权力。

卡利克勒斯拒绝认真参与后面的对话。他只会继续顺从和取悦他的尊贵客人高尔吉亚(497c,501c)。他拒绝参与苏格拉底关于更坏与更好的欲望，关于欲望的愉快、痛苦与终止之间关系的讨论。苏格拉底以一种特有的谐剧形式继续之后的讨论，使这些问题永远不能解决。是否痛苦和愉悦都在满足的那一刻终止呢？第俄提玛、阿尔喀比亚德和阿里斯托芬所言的爱者，都像任何富于激情的存在者那样感到痛苦。因为一种缺乏感，爱者要去追求美好、要去提高自身。没有这种缺乏，就没有改变、没有成长，没有趋向整全或完满之人的活动。苏格拉底不能也没有鼓励终止欲望或爱欲。他强烈主张爱欲的调和，无论是对个人而言，还是对城邦(507d)及其转变而言——从引导某些人或某些城邦成为主人和自由人，并引导某些人成为僭主而某些人成为臣服者和奴隶的东西，转变成一种平等。卡利克勒斯因为退出谈话并拒绝追求真正的快乐，从而不能完全理解也拒绝尝试去理解这种平等。

卡利克勒斯的演说充斥着矛盾，因为一方面他谈到自由人和奴隶，之后又谈到城邦——因友爱而绑在一起的城邦，由为人所关注的他者构成的城邦，以及人在其中因他者的尊重而得活的城邦。这两个视角起了冲突。前半部分的不平等与后半部分的平等相冲突。苏格拉底告诉卡利克勒斯，他并不理解平等，卡利克勒斯关注对他人的权力，因而不能理解对自己的权力；他不能区分好的与坏的快乐,他不能生存于这样一个苏格拉底想象的、基于友爱并因其追求真正的美而寻找整全的共同体之中。

在《高尔吉亚》中,战争的主题并没有经常浮出水面。差不多也可能这样阅读这篇对话,即好像在对话跨越的28年期间支配整个希腊的这场战争并没有发生一样,其实很多人都是这么读的。但战争确实发生了。战争的延续必定影响到我们对当时城邦和个体的存在状况的理解。若不意识到所面临的外在威胁,希腊诸邦国将不能生存下来,这种威胁既来自其他希腊人,也来自由北至东的蛮夷。公元前5世纪末期,伯罗奔半岛战争支配了雅典,欧里庇得斯、阿里斯托芬和修昔底德都对这场战争给出了回应。这场战争也触及了苏格拉底的生活,柏拉图不可能脱离这场战争来理解苏格拉底及其在城邦中的位置。

一般认为,《高尔吉亚》是一篇关于修辞术、关于一个人应该过何种生活的道德选择的对话。战争的背景,即对话没有明言的主题,给了这篇对话——正如给城邦一样——一个更伟大的深度,修辞术仅仅是城邦的一种表面活动,一个关心胜利和征服,却无视背后的正义(dike)和战争的模型。另一方面,道德抉择依赖于一个在有序的宇宙中力争自己的整全的城邦的存在(508a)。然而,战争引发了这样的问题:无论城邦的整全还是个体的整全,在死亡之前是否可能——西西里或意大利传说中的漏罐作为一个比喻,是不是在城邦和个体的有生之年一直适用于他/她/它。

虽然珀洛斯和卡利克勒斯所视为源自修辞术的权力是一种有限的权力,但他们可能称之为最大的善。这是仅限于城邦之内的权力。卡利克勒斯像雅典人及其领导者们一样,看到的是一种更大的权力,一种统治其他城邦和其他民族的权力。但这种权力依然受限于它永无止境的本性。生存就是欲望;扼杀激情就是去死。无论城邦还是个体,只要还活在人类的肉体中,就永远不能找到整全。通过统治自身的权力来寻求完满,是哲人生活的典型特征,它可能比城邦通过战争不断追求统治他者的权力更接近整全。战争成了城邦没有能力变得完善的标志——永远不可能;至少,只要城邦是由肉体构成,而非伯利克勒斯葬礼演说所谓的无形的勇士和纪念构成,城邦就不可能完善。

哲学通过苏格拉底这个人给予雅典人和卡利克勒斯的答案是,整全和完满从来就不可以通过战争达到,而是通过从一种统治性的政治活动向一种使公民变得更好的政治活动转变,即带领他们进入一种不再相互依赖的状态——不再或为主人或为奴隶,而是各人自成整体,不被周围的意见、价值和规范(nomoi)所控制。这不是为了个体能够支配他人,而是为了他能够支配自己,并非因此世界就分成了主人和奴隶,而是因此就没有了这样的概念,统治他人的主人也消失了。哲学坚决拒斥征服的概念(457d),拒斥主人和奴隶的概念。真正政治家的活动所造就的最好的人,会是一个完善的整体,而非统治他人的人,正如最好的城邦会是一个完善的整体而无需拥有驾驭其他城邦的霸权一样。

但是,最好的人和最好的城邦都是不可能的。无所需求的完善之人不存在,至少在人的有生之年如此,同样,与其他城邦隔绝的完善的城邦也不可能存在。苏格拉底在《申辩》和《克力同》中也生动地证明,哲人很大程度上是城邦的一部分。哲人不是自足的,哲人不可能脱离城邦而生存。同样,城邦也不是作为一个自足的整体而存在,它存在于与其他城邦的系列关系之中。整全性会阻止对其他城邦的了解。伯罗奔半岛战争的混乱向希腊人表明,他们共同分享着一个超越城邦围墙界限的世界。[①]

修昔底德对战争的呈现来自细致记述典型事件，通过详细了解那些标志着战争进程的特殊事件，来了解整个战争。《高尔吉亚》则避开战争细节，避开那些历史记载的有特定时限的事件，然而，这些事件对柏拉图而言存在于背景之中。雅典人的行动和动机反映在卡利克勒斯的讲辞中，也在对各种不同的政治领袖的混杂提及中，他们中有的使雅典成为一个帝国和对他者自由的威胁，有的使雅典成为一个比她自身更大的社会的一部分。但战争本身也让我们警醒政治和哲学的局限。对权力的政治爱欲，对统治他者的欲求，说明了城邦的限度和不足。伯利克勒斯想要立即把雅典当作一个整体，一个所有其他希腊人都要效仿的美好形式，想要立即把雅典提升到超拔于所有其他城邦活动之上。但他无能为力。像斯巴达示范的那样，静止的城邦不可能存活于一个运动着的世界上。

正如雅典是希腊诸邦系统中的一部分，同样，苏格拉底也是雅典行动当中的一部分。若不能认识到，正是种种缺陷使一个人成为一个更大单元的一部分，而这个由世人身体构成的更大单元同样有缺陷并缺乏完整性，那么，无论城邦或个人，包括哲人，就都不能继续存在。这一对话未道明的主题有助于揭示，人无法逃脱这一潜在的依赖性，无论是像卡利克勒斯这样的政治家还是哲人：卡利克勒斯没能认识到做主人的生活同样也是做奴隶的生活，哲人的生活

---

① 参《法义》626a，“绝大多数人所说的和平只是一个词；事实上，每个城邦与其他城邦之间天然就存在一种没有宣明的战争状态。”《法义》的城邦试图避免这一事实。《王制》的城邦没有这样。雅典人的城邦更不可能。政治哲学不可能脱离战争，脱离历史的主题。

则背负着对人之所缺的不断追寻,这篇讨论只是这种追寻的一个例子。①

① Leo Strauss, *The City and Man*(1964; rpt. Chicago and London: University of Chicago Press, Phoenix Ed., 1978), p. 239。施特劳斯在论修昔底德一章的结尾写道:

> 如柏拉图和亚里士多德所预设的城邦的自足,排除了城邦对这样一个诸城邦的社会的依赖,或者说排除了城邦本质上作为其一个成员的存在……修昔底德著作的教导使古典政治哲学的预设变得可疑;它排除了古典政治哲学所预设的这一类城邦自足。城邦既不是自足的,本质上也不是一个包括许多或所有城邦的好秩序或正义秩序的一部分。秩序的缺失(诸城邦的"社会"的必然特征),或换句话说,战争的普遍存在,为任何城邦追求正义和德性的最高抱负设置了一个比古典政治哲学可能承认的低得多的上限。

我要争辩说,从《高尔吉亚》的证据看,柏拉图完全知道"战争的普遍存在"给人类成就所加的限制。古典政治哲学没有忽视战争(polemos),"论修辞术"(Peri Rhetorikes)的对话正是从战争开始。

反驳的修辞术

刘易斯（Thomas J. Lewis） 撰
唐力波 译

柏拉图许多对话都考察了修辞术这个主题，但《高尔吉亚》和《斐德若》包含了对修辞术最集中的探究。然而，两篇对话之间存在差异，使人非常难以理解柏拉图的修辞观。据布莱克（Edwin Black）看，《高尔吉亚》用嘲讽、争辩和反驳的语言谴责修辞术，而《斐德若》则提出了一种关于修辞术的建设性和肯定性的判断。[①] 布莱克指出，对这些差异通常有两种回应：要么认为，柏拉图在写《高尔吉亚》和《斐德若》之间改变了自己对修辞术的观点；要么认为，"……柏拉图在《高尔吉亚》中所说的'修辞术'不同于他在《斐德若》中所说的'修辞术'"（同上，页361）。但布莱克拒绝了这两种回应。他提出，两篇对话表达了柏拉图修辞观的不同但互补的方面。他论证说，《高尔吉亚》是反驳性的，因为苏格拉底主要关注定义并谴责错误的修辞术；而《斐德若》是建设性的，因为苏格拉底意在界定真正的修辞术，并举例证明这种修辞术的实际应用之一——

① Edwin Black，"Plato's view of Rhetoric，" *Quarterly Journal of Speech*，44 (1958)，361－374.

说服像斐德若这样的年轻人立志从事哲学。[1]

我同意,修辞术的两种不同形式可以通过不同的戏剧情境予以解释。在《斐德若》中,苏格拉底是跟一个能干、爱问因而容易被哲学的迷人形象所吸引的年轻人单独在一起。相反,在《高尔吉亚》中,苏格拉底面对的是三个为高尔吉亚的技艺辩护的对话者,其中两个,即珀洛斯和卡利克勒斯,一旦看到苏格拉底挑战高尔吉亚技艺的合理性,就会采取攻势——指责苏格拉底的人格及其生活方式。因此,在《高尔吉亚》中,苏格拉底的任务是谴责并反驳错误修辞术的辩护者,这种错误的修辞术是哲学的竞争者。在两篇对话中,苏格拉底的修辞术是建设性或反驳性的,都是为了适应具体的情境。

然而,又有一个重要事实,不符合这两种形式的修辞术相互补充这一观点。在《斐德若》中,苏格拉底的修辞术成功了,斐德若被引向了哲学;而在《高尔吉亚》中,没有证据表明高尔吉亚、珀洛斯或卡利克勒斯被苏格拉底说服了,他们每个人最多是被驳得无法应对而保持沉默,但没有被说服。苏格拉底没能说服对话者,这似乎导出一个结论:柏拉图在《高尔吉亚》中描述的是反驳性修辞术的不成功运用,但很难看出这种不成功的反驳性修辞术如何能成为建构性修辞术的补充。的确,考夫曼(Charles Kauffman)关于《高尔吉亚》中苏格拉底修辞术的失败程度的评价,似乎削弱了布莱克关于苏格拉底互为补充地运用反驳性和建构性修辞术的

---

① 同上,页374。布莱克对《斐德若》和《高尔吉亚》中修辞术使用的解释成为Rollen Quimby 和 David Kaufer 进一步发展的基础。参Quimby,"The Growth of Plato's Perception of Rhetoric," *Philosophy and Rhetoric*,7 (1974), 71–79,以及Kaufer,"The Influence of Plato's Developing Psychology on his Views of Rhetoric," *Quarterly Journal of Speech*,64(1978),63–78。

观点。[1]

在《高尔吉亚》中,苏格拉底未能说服对话者,但我认为,这个事实本身并不证明他的反驳性修辞术失败了。之所以不能证明,是因为我相信柏拉图并无意将苏格拉底描绘成试图说服他们,而是想把苏格拉底刻画成巧妙利用高尔吉亚、珀洛斯和卡利克勒斯来说服一群非常不同的听众——即一群为了高尔吉亚的展示演说而聚集起来的年轻人。在《斐德若》中,通过对斐德若的影响就可以判断苏格拉底修辞术的成功,因为他既是对话者又是听众。但《高尔吉亚》的戏剧结构更复杂。如果苏格拉底反驳性修辞术的最初听众是一群年轻人,那么,苏格拉底为了说服这些听众,就只能先使对话者沉默下来。

我认为,通过使对话者沉默,苏格拉底在最初的听众面前质疑了高尔吉亚的修辞术,这是吸引听众走向哲学的第一步。因此,他的反驳性修辞术,并不能作为《斐德若》中建构形式的真正修辞术的补充。另外,他的反驳性修辞术展示了他在公共场合的高超本领;尽管苏格拉底弃权,但柏拉图在《高尔吉亚》中展示,苏格拉底完全有能力在公共辩论中保持力量。

为了欣赏苏格拉底反驳性修辞术的意图和力量,有必要确认他的最初听众;有必要说清苏格拉底用来在这群听众面前质疑高尔吉亚技艺的羞辱策略;也有必要解释苏格拉底如何把自己展现为一个只讲真理而不顾后果的人,从而掩盖自己的修辞术。

---

① Charles Kauffman, "Enactment as Argument in the *Gorgias*," *Philosophy and Rhetoric*, 12(1979), 114-129.

《高尔吉亚》中的最初听众

《高尔吉亚》包含三场谈话和一个规劝，其中苏格拉底鼓励卡利克勒斯放弃修辞术而从事哲学。珀洛斯和凯瑞丰之间也有一段简短的交流，它起过渡作用，把开场围绕苏格拉底和凯瑞丰的到来的寒暄，与苏格拉底和高尔吉亚的首场谈话连接起来。

整篇对话开始于苏格拉底和凯瑞丰的到来，此事发生在高尔吉亚的正式表演与他的下半场公开展示（他将回答听众提出的任何问题）之间。但高尔吉亚的下半场表演没有发生，而是被一些谈话取代，这些谈话构成了《高尔吉亚》，并发生在同一批听众面前。《高尔吉亚》第一部分有充分的证据表明，这些听众的在场并不是偶然，而是苏格拉底想要他们在场的；他想进行一场公开的谈话，为了实现这个目的，他使自己在适当的时机入场。[①]

卡利克勒斯以这样的评论确认苏格拉底的到来：就像“他们说的那样参加战斗”（447a）。[②] 苏格拉底承认自己来晚了，卡利克勒斯还告诉他，他错过了高尔吉亚刚刚展示的言辞盛宴。苏格拉底并未评论卡利克勒斯关于高尔吉亚的言辞像一场盛宴的描述，而是责怪凯瑞丰使他来晚，从而容忍了卡利克勒斯的评价。凯瑞丰接受责备并提出一个补救的办法。他说，因为他是高尔吉亚的朋友，他

---

① 关于谈话的地点，有不同的意见。一些评论家通过解释文本认为，谈话发生在卡利克勒的家里。现在一般认为，这种看法是错误的，谈话应该发生在某个公共场合。E. R. Dodds为这个争论作了总结并说明了目前主流观点的根据，参E. R. Dodds，*Plato's Gorgias*（Oxford，1959），p.188。

② 引自W. D. Woodhead英译本，见*Collected Dialogues of Plato*，eds. Edith Hamilton and Huntington Cairns（Princeton，1961）。

能安排另一场表演，要么现在，要么以后，只要苏格拉底觉得合适。卡利克勒斯表示惊奇："什么，凯瑞丰？苏格拉底急于想听高尔吉亚演讲吗？"(447b)凯瑞丰回答："这正是我们到这里来的原因。"(447b)很显然，关于苏格拉底是否对高尔吉亚的言辞盛宴感兴趣，卡利克勒斯和凯瑞丰有不同看法。卡利克勒斯惊奇于苏格拉底竟然感兴趣，凯瑞丰则认为苏格拉底感兴趣；而苏格拉底本人对两者都未置可否。

于是，卡利克勒斯邀请苏格拉底和凯瑞丰到自己家里，因为高尔吉亚这次访问雅典就住在他家，在那里高尔吉亚会专门为他们展示修辞术(447b)。苏格拉底感谢卡利克勒斯的邀请，但委婉地拒绝了。他问，高尔吉亚是否愿意不搞演示，而是跟他们谈论其技艺的性质和他所讲授的东西是什么(447c)。卡利克勒斯建议苏格拉底问高尔吉亚本人，因为高尔吉亚刚刚说过他将回答所有问题。苏格拉底很高兴能向高尔吉亚提出自己所关心的问题，但他却逼迫凯瑞丰上前代替自己："妙极了！凯瑞丰，问他。"(447c)凯瑞丰不知道该说什么，但依靠苏格拉底设计问题(447d)。当凯瑞丰最终按照苏格拉底指出的方式处理三个问题时，珀洛斯却粗鲁地插进谈话，要代替高尔吉亚回答(448a-c)。苏格拉底而非凯瑞丰说这些回答不能令人满意，高尔吉亚要求苏格拉底对这个结论作出解释。苏格拉底就阐明自己对珀洛斯的回答的批评，并请高尔吉亚直接告诉他们，他的技艺是什么，又应该怎么称呼。高尔吉亚说，这是一门修辞技艺(449a)。这样就开始了苏格拉底和高尔吉亚之间的谈话。

是什么造成了这个开场？首先，苏格拉底来见高尔吉亚似乎有他自己的理由，例如，他并未一味顺从同伴凯瑞丰的怂恿或坚持。其次，苏格拉底为自己晚来找的借口——说凯瑞丰坚持待在市场上而耽误了他——苍白无力。其实没有什么东西阻碍苏格拉底自己一个人来，或要求温顺的凯瑞丰停止闲逛。[①] 因此，我们可以推断，苏格拉底是故意选择来晚，这就与卡利克勒斯的表现完全相符了：后者听到凯瑞丰说苏格拉底急于想听高尔吉亚的演讲时，表现出惊奇。故意选择来晚暗示出，苏格拉底想要的是一场关于高尔吉亚技艺的谈话。苏格拉底明确说出了这一点(447c)，但他没有说出的是，他想要这场谈话进行时，那些刚刚享受完高尔吉亚言辞盛宴的听众都还在场。让我们注意，卡利克勒斯邀请苏格拉底和凯瑞丰去他自己家欣赏一场高尔吉亚相对私人化的表演，而苏格拉底却提出或许可以进行一场谈话，取代在卡利克勒斯家里的表演。正是想到这种可能，卡利克勒斯才请苏格拉底去问高尔吉亚。但苏格拉底让凯瑞丰问高尔吉亚的问题，并非高尔吉亚是否愿意跟他们讨论他的技艺，以代替他在卡利克勒斯家里的第二场表演，而是关于他的技艺本身的问题。这样就取消了在卡利克勒斯家里进行一场表演或讨论的可能性。

起初，苏格拉底以一种礼貌且不冒犯的方式向高尔吉亚提出关于修辞技艺的问题(449a-455a)。然后，他简短地概括了他们掩盖的东西，并说，因为他尚不清楚修辞技艺，所以他们将不得不更详细地进入这个问题(455a-c)。然后，苏格拉底提出了一种思考他与高尔吉亚和听众之间关系的方式。

> 因此，请设想，我关心的是你的利益，因为也许现场有些人急于做你的门徒——确实有一些，我知道，实际上还不少呢——他们也许羞于向你提问。因此，请设想，我提问的时候，

---

① 评注家们一般都没有注意，苏格拉底的迟到有可疑性质。但 Arlene W. Saxonhouse 最近的一篇文章注意到了，参 Arlene W. Saxonhouse，"An Unspoken Theme in Plato's *Gorgias*: War," *Interpretation*, 11(1983), p.140。

> 他们也在提问：高尔吉亚，如果跟你交往，我们能有什么收获呢？在什么主题上我们能够给城邦提建议，是仅仅关于正确和错误，还是关于苏格拉底刚才提到的那些主题呢？(455cd)

苏格拉底表示愿做一个经纪人，假若高尔吉亚愿意雇用他，他能使高尔吉亚更容易达到目的。高尔吉亚接受提问是为了显示自己的才能。他可能仅仅希望享受公众的喝彩，但苏格拉底暗示，他也希望招收一些门徒或学生。苏格拉底暗示高尔吉亚的表演如此令人印象深刻，以至于可能有适得其反的危险，这就奉承了高尔吉亚。据苏格拉底，高尔吉亚表现得太庄严，以至于这些年轻人都不好意思向他提问，从而可能放弃这个充分领会跟他结交的益处的机会。高尔吉亚采纳了这种自我展示的方法，代替听众直接向他提问的方式。①

高尔吉亚听众的特点是年轻和有雄心。这些年轻人热衷于显著的公共地位，高尔吉亚迎合了这一点，他以忒米斯托克勒斯和伯利克勒斯的成就为例说明，只要他们掌握他的技艺，就能成就他们的雄心(455c)。为了感受苏格拉底反驳性修辞术的潜在说服功能，我们必须意识到，追求公共地位的最初动机是爱荣誉(*Φιλοτυία*)，即渴望被人承认为在最重要问题上引领城邦的人。② 为了“给城邦建议”，一个人必须有能力在公共场合占优势，而高尔吉亚宣称，自己

---

① Steven Rendall注意到苏格拉底的角色，即作为采访者在沉默的戏剧听众与读者混合而成的听众面前采访高尔吉亚，参Steven Rendall，“Dialogue, Philosophy, and Rhetoric: The Example of Plato's *Gorgias*,” *Philosophy and Rhetoric*, 10(1977), 165－179。

② K. J. Dover, *Greek Popular Morality in the Time of Plato and Aristotle* (Oxford, 1974), 226－234.

的技艺正提供了演说和获胜的方法。

苏格拉底与高尔吉亚的谈话在修辞术的若干方面达成了同意：修辞术的范围是说服听者的灵魂(453)；说服的方式有两种，一种是产生基于知识的信念，另一种是产生没有知识的信念；后者在法庭和集会中起作用，因为在大多数人面前和短时间内不能有效使用前者(454e,455a)。苏格拉底表明，修辞术并不需要关于对象的真相的知识，在这个意义上，它低于其他技艺，甚至也许根本不是技艺(459bcd)。他也表明，既然高尔吉亚教授学生怎么说服别人相信什么是正义和不义、高尚和卑劣，那么，一个学生必须要么在他教授修辞术之前就已经知道正义和不义、高尚和卑劣，要么高尔吉亚必须首先传授学生这些知识。否则，一个人从高尔吉亚那里学了修辞术之后会显得有知识而实际没有，或看似好人实则不是(459de)。

高尔吉亚承认他就是以这种方式来教授学生的，他也同意苏格拉底所说，即一个真正的修辞学家必定也正义(460c)。但随后，苏格拉底提醒高尔吉亚注意他自己先前承认的：如果一个学修辞术的学生误用修辞术，那么，修辞术教师不该受到责备，因为他教授这门技能仅仅为了善用(457bc)。苏格拉底推论说，高尔吉亚似乎既说修辞学家依据本性必定是正义者且行正义，但又说修辞学家可能误用其技艺。既然这里似乎出现了不一致，苏格拉底就建议，他们可能需要一次漫长的谈论来确定问题的真相(451ab)。珀洛斯看到，这种不一致源于高尔吉亚承认知识是学习修辞术的必要前提。他认为，高尔吉亚只是耻于否认，而苏格拉底毫不光彩地利用了高尔吉亚的耻感(461cd)。

苏格拉底在跟高尔吉亚谈话的时候显示了某种怀疑的调子，但他的反讽很温和，并采取了一种糊涂的论调甚至哥们义气。苏格拉底言辞间带着含蓄的嘲笑，但总的来说，他对高尔吉亚讲话很有礼貌，而高尔吉亚也保持着符合他这种年龄、阅历和名望的人的优雅而庄重的姿态——他仍然给出了另一种令人印象深刻的表演。

戏剧的场景为苏格拉底的礼貌提供了理由。苏格拉底在谈话中的角色有赖于高尔吉亚的宽容。由于先前的安排和高尔吉亚令人印象深刻的表演，听众仍然属于高尔吉亚。高尔吉亚有权拒绝进一步的提问，或干脆邀请另一个人提问。因此，假若苏格拉底不想失去接近听众的机会，他就需要高尔吉亚的支持。如果他对高尔吉亚过于粗暴，高尔吉亚就可能干脆宣布今天到此为止，何况珀洛斯已经提供了一个充分的理由，说高尔吉亚忙了一天并很累了(448a)。尽管跟高尔吉亚进行了相当长的谈话，所需的答案仍然遥遥无期，于是苏格拉底建议结束讨论。高尔吉亚的答复很明确，他说他愿意继续讨论，只是担心听众可能不想再听了：他们已经听了一场很长的讲演，可能有其他事要做(458b)。高尔吉亚似乎有点为听众过虑了；他看起来是想找一个合适的方式来结束讨论，但没有成功。凯瑞丰指出，听众渴望听到更多(458c)。高尔吉亚虽然同意继续，但热情不足：

> 我若拒绝就太可耻了，既然我本人自愿遇到可能提出的任何问题。(458d)

高尔吉亚对自己公开名声的顾虑，使苏格拉底可以迫使他继续下去。[①]苏格拉底首先在高尔吉亚的听众面前用花言巧语达到自己

---

① 关于就高尔吉亚性格得出的相似结论，参 Adele Spitzer，“The Self-reference of the *Gorgias*，” *Philosophy and Rhetoric*，8（1975），1－22。Adele Spitzer认为，高尔吉亚非常看重他在别人面前的形象，这是高尔吉亚性格的核心，他的温和只是他害怕冒犯听众的结果（7－9）。Kauffman承认高尔吉亚性格的这个

的目的，然后诉诸那些听众，使高尔吉亚更难打发他走开。

苏格拉底赢得高尔吉亚听众的努力与《斐德若》第一部分(227–230c)类似。斐德若深受吕西亚斯讲辞的影响，就像《高尔吉亚》中听众深受高尔吉亚讲演的影响一样。作为苏格拉底的朋友，斐德若当然欢迎他陪伴，但因为斐德若希望练习讲辞，以便用来展示自己的修辞能力，所以他并不完全欢迎苏格拉底在场。直到苏格拉底发现斐德若藏在衣襟下的讲辞副本并猜出他要做什么之后，斐德若才放弃他本来欺骗苏格拉底的打算。苏格拉底缠着斐德若，坚持要听吕西亚斯的讲辞；为了确保他们的谈话不受到打扰，苏格拉底建议他们离开城邦，沿河走到一个安静的地方。

苏格拉底重视如何影响斐德若，这一点不久就因为苏格拉底不熟悉地形而变得明显了。苏格拉底形容自己是这片地方上的陌生人，要斐德若作向导(230d)。斐德若说苏格拉底是最古怪的人，因为他极少走到城墙之外；苏格拉底开玩笑说，用诸如吕西亚斯的讲辞作诱饵，斐德若可以带着他跑遍整个阿提卡或任何其他地方(230e)。我们若知道苏格拉底对吕西亚斯讲辞的实际想法，就可以推断，为了这种讲辞对自己朋友的影响，苏格拉底的确可能愿意陪

方面，但他认为，这不包含高尔吉亚后来在497和506所做的评论，在那里，高尔吉亚竭力敦促谈话得出一个结论。据Kauffman，这些段落可以证明高尔吉亚确实关心真理，像他开始自称的那样(458)，即使这种追求真理的行为损害了高尔吉亚的声望。高尔吉亚确实像Kauffman主张的那样讲话，他所说的东西似乎显示了其性格的另一面。然而，追求真理的高尔吉亚可以跟Spitzer的定位协调起来，如果像我论证的那样，即高尔吉亚不仅清楚地知道什么能取悦听众，而且有充分的自制能力来运用这种知识，使之总是显得尽可能令人愉快。不像珀洛斯和卡利克勒斯，高尔吉亚有良好的感觉能力，不致因为表现得像个可怜的失败者而把事情弄得更糟。另外，他能察觉听众想听什么，从而给他们想要的东西，尤其是他摆脱苏格拉底的直接盘查之后。

他跑遍阿提卡。尽管如此，鉴于斐德若对修辞术的兴趣、他对苏格拉底的友情，再加上此时不存在任何复杂的第三方，苏格拉底相对容易抓住斐德若的注意力；然而，在《高尔吉亚》中，苏格拉底却不能从身体方面带走听众。他若想反击高尔吉亚对听众的影响，就必须在修辞术的捍卫者们在场（其实是参与）的情况下这样做。

描述修辞术的卑劣

为了反击高尔吉亚讲演的影响，苏格拉底操纵谈话，把高尔吉亚的修辞术与无耻或卑劣联系起来。这种操纵分两个阶段。第一阶段，苏格拉底先后诱使珀洛斯和卡利克勒斯为了高尔吉亚的修辞术而进入谈话。第二阶段，他刺激卡利克勒斯说出一些看起来冒犯城邦体面的东西。

伴随这种操纵过程的展开，一个关于听众的更复杂问题出现了。我认为，苏格拉底跟每个对话者所说的东西也有意要影响现场聚集的听众，即主要的听众。但苏格拉底与高尔吉亚谈话的时候，又有次要的听众，即珀洛斯和卡利克勒斯；而苏格拉底所说的东西部分上是有计划把珀洛斯拉进谈话。同样，苏格拉底与珀洛斯谈话的时候，高尔吉亚和卡利克勒斯则是次要的听众。但很显然，苏格拉底主要是演给卡利克勒斯而非高尔吉亚的，因为正是卡利克勒斯听到苏格拉底所说的东西之后变得如此震惊和沮丧，以至于他插进谈话，把珀洛斯撇到一边。

把珀洛斯拉入谈话的过程，与苏格拉底在主要听众面前树立自己地位的努力有点重叠。早先，珀洛斯就显得热切地要进入谈话，但他的回答并不能使人满意，这就推动高尔吉亚介入谈话。但现在，高尔吉亚在寻找出路，似乎希望有机会把谈话丢给珀洛斯。事件的先后顺序很重要。在475e,高尔吉亚声称他教授修辞术只是为了学生善用,所以倘若修辞术被误用,他自己不应受到谴责。苏格拉底指出,这里可能有某种不一致,至少需要一个很漫长的检验过程来澄清高尔吉亚所说的话。但苏格拉底并未进入这项检验,而是暗示说高尔吉亚可能不想继续谈话了,以此提醒主要听众及凯瑞丰和卡利克勒斯催促他们继续,并诱使高尔吉亚同意继续——因为否则高尔吉亚就是可耻的(458e)。只有在高尔吉亚同意继续之后,苏格拉底才能严厉批评这种不一致,使高尔吉亚有了收回自己意见的很好理由,却又没有结束谈话的自由。

尽管珀洛斯代替高尔吉亚成了苏格拉底的主要对话者,苏格拉底仍然继续照顾到高尔吉亚的在场而不把话说得过分。他请珀洛斯问自己有关修辞术的问题,但表示自己不情愿给出坦率的答案,因为害怕冒犯高尔吉亚,直到征得高尔吉亚的允许,他才进行下去(463)。直到这时,苏格拉底才发表自己对修辞术的分析,即修辞术是一系列谄媚的一部分。他说,修辞术是正义的假冒形式,正如烹调对医学、美容对体育、智术对立法的模仿(463-466)。最终,苏格拉底使珀洛斯勉强承认,修辞术这种机巧或技能对任何人都毫无用途,除非他用来指控自己及其亲属和朋友的恶行,以便揭露罪恶并确保得到惩罚。再者,如果伤害敌人是正确的,修辞术就应该用来保护自己的敌人,使之免于因为罪恶而遭受惩罚(480-481b)。

这些断言激起卡利克勒斯的反应,他问凯瑞丰:苏格拉底是认真的,还是仅仅开玩笑(481b)。卡利克勒斯的问题表达了一种惊讶与怀疑的混合,跟他一开始问苏格拉底是否真想听高尔吉亚的演讲时一样(447b)。像前次一样,凯瑞丰回答,苏格拉底非常认真,并请卡利克勒斯向苏格拉底求证(481b)。苏格拉底用一段长篇大论(481c-482c)回答卡利克勒斯的问题,进一步肯定自己关于修辞术的极端说法。这对卡利克勒斯来说太冗长了;苏格拉底、高尔吉亚和珀洛斯的谈话都已经耗尽了他的耐心。玩笑和胡话是一回事,但如果苏格拉底坚持讲空话,而高尔吉亚和珀洛斯都不能予以揭露,他卡利克勒斯就会揭露。这里像对话的开头一样,凯瑞丰完全相信苏格拉底的说法。苏格拉底起初曾利用凯瑞丰明显的诚实特征为自己来晚找借口,但现在,凯瑞丰相信并完全接受苏格拉底关于修辞术的说法,这进一步惹恼了卡利克勒斯,促使他要把事情搞清楚。

卡利克勒斯同意珀洛斯的看法,即高尔吉亚之所以显得不一致是因为他耻于承认他实际相信的东西。但卡利克勒斯认为,珀洛斯掉进了同样的陷阱。他之所以被迫同意苏格拉底关于修辞术的荒唐说法,仅仅是因为他同意了受不义比行不义更好这个前提;而他同意这个前提不是因为他相信它,而只是因为他耻于否认它(348de)。卡利克勒斯夸口自己不会被苏格拉底以这种方式诱入陷阱,因为他有勇气承认苏格拉底论证的结果。卡利克勒斯最终上钩了:他受到刺激而进入谈话,被引诱说出自己的所想而不顾公共体面。这个桥段就是为了说明修辞术与卑劣无耻的联系。

卡利克勒斯正确地意识到,苏格拉底关于修辞术的论断极端或者说激进。如果该论断真实,"那么,我们凡人的生活必须颠倒过来,我们显得到处都在做我们不该做的事"(481c)。苏格拉底的修辞观基于受不义比行不义更好这个激进观念。卡利克勒斯觉得必须用另一个同样极端的论断来跟苏格拉底的极端论断相较量:

> 每个正直生活的人都应该容忍自己的欲望长到最大限度,而不应限制它们;并应该凭勇敢和理智能够在最大程度上为它

们服务,并用它所渴求的东西满足每一个欲望。(492)[①]

据卡利克勒斯,任何以正义和羞耻为基础来反对这种生活方式的人,都不过是企图以弱者来限制强者,并借此掩饰他们自己的无能(492bc)。他并没指责苏格拉底求助羞耻来掩饰自己的无能。相反,他说苏格拉底是潜在的强者,但因为深陷于哲学而看不到人类生活的正确或自然形式(484cd)。如果苏格拉底放弃哲学,他就能看到卡利克勒斯所说的是真理,他就会使自己的优越天性得到充分发展。的确,如果苏格拉底专心学习和使用修辞术,他就能成为一个有用且值得尊敬的共同体成员。但是,若没有修辞术知识,卡利克勒斯认为,苏格拉底就对任何人毫无用途,甚至在遭受错误指控而被拖上法庭的时候都不能保护自己(486bc)。

在卡利克勒斯发言的核心中有一个前提:快乐即欲望的满足,且好的快乐与坏的快乐之间毫无差别。为了肯定这个前提,卡利克勒斯承认自己想到的是诸如饿和渴等欲望,以及吃喝带来的快乐,他又通过类比推广到所有其他欲望上(494bc)。苏格拉底鼓励卡利克勒斯坚持这种立场,不要因为害羞而改变。他补充说,他也会抛

---

① 卡利克勒斯这里表达的观点与《王制》中忒拉绪马科斯的看法(336b-354a)密切相关。卡利克勒斯和忒拉绪马科斯都是被苏格拉底迫使先前的对话者同意的观点所激怒,两者都是自己闯入谈话要把问题搞清楚。两者都被苏格拉底有意挑衅,从而坚持极端享乐主义和僭政的好处。在《高尔吉亚》中,这些观点用来把修辞术与政治不正派联系起来,以警示听众;而在《王制》中,忒拉绪马科斯的发言则用来引出格劳孔,他重述了忒拉绪马科斯赞扬不义生活的立场,并坚持要苏格拉底回应。苏格拉底激发了忒拉绪马科斯不顾后果的雄辩,这又转而激起格劳孔着手要求苏格拉底通宵检查这个基本立场。但因为格劳孔没有出现在《高尔吉亚》中,也就没有机会对修辞术进行一场持续的检查。

开羞耻(494c)。然后,苏格拉底问,一个享受永不停止的瘙痒欲望并永远能够抓挠下去的人,是否能说得上幸福。但卡利克勒斯贬斥说这太荒谬了,不可能以这种欲望作为幸福的基础。然而,既然已经平等看待所有欲望,卡利克勒斯就不得不承认这种人的确幸福(494d)。接着,苏格拉底进一步向卡利克勒斯施加压力:

苏格拉底:如果他想要抓挠的只是他的头部——或者,我能进一步提问吗?卡利克勒斯,请想一想你会作何回答,如果任何人都可以追问所有自然紧随其后的问题。作为这类例子的顶点,娈童的生活——岂不是令人震惊的、可耻的、可悲的吗?你敢说这些人幸福吗,如果他们能够极大地满足他们的欲望?

卡利克勒斯:你不感到可耻吗,苏格拉底,你竟然把我们的讨论引到这样的问题上?

苏格拉底:是我在这么做,高贵的朋友哟,还是那个人呢——他毫不含糊地说,无论什么性质的快乐都是幸福的关键,却不区分快乐的好坏?请你进一步告诉我,你是说快乐与善是同一的,还是说有些快乐不是善的。

卡利克勒斯:为了避免不一致——如果我说它们不同——我断定它们相同。

苏格拉底:那么,你会毁掉你前面的说法,卡利克勒斯,而且不能再跟我一起恰当地探查真理,如果你讲跟你的意见相反的东西。(494e,495a)

尽管卡利克勒斯被迫肯定自己的立场,即所有快乐都相同,但他这么做时并没有信心,他只是为了避免不一致。出于羞耻感,卡利克勒斯拒绝接受从自己的主张推出的结论,并像任何体面的人一样,他指责苏格拉底把一场文雅的谈话拖入粗俗境地。卡利克勒斯知道,自己已经陷入苏格拉底的圈套。高尔吉亚和珀洛斯都设法避免掉入陷阱,他们选择了对公众而言体面的东西,而付出了逻辑不一致这个较小的代价。卡利克勒斯则使自己与高尔吉亚和珀洛斯保持距离,因为他声明自己出于羞耻而不一致。此外他还声称,不被羞耻所束缚是强者的标志——这种人认为引发羞耻感的道德本身仅仅是弱者的工具。据卡利克勒斯,所有的传统道德都是错误的道德,是无能的大多数用来限制强者能力的防御策略。

作为卡利克勒斯这样的公共人物——苏格拉底描述为“爱民众”,因为他需要迎合大众——竟然说民众是绵羊道德的温床,这个说法非常不谨慎。有抱负的政治家极少冒险公开发表这种观点,无论他私下看法如何。但卡利克勒斯的恼怒和挫败促使他公开发表了这些观点。再者,卡利克勒斯起初通过批评苏格拉底而站在了高尔吉亚一边,但现在他发现,他把高尔吉亚文雅而体面的行为与绵羊道德联系在一起,这却又间接地攻击了高尔吉亚。尽管坚持这个立场是为了战胜苏格拉底,但卡利克勒斯现在发现,他关于强者生活的轻率说法导致他肯定娈童生活是幸福的。他感到双重的羞耻:首先,是像任何体面而传统的雅典人会感到的那种羞耻,因为看起来他要赞同这种生活方式;其次,因为宣称要超越传统道德,所以他也为自己的羞耻而感到羞耻。他被羞辱了。

在这一点上,跟三个修辞术辩护者的谈话显示出一个共同因素。每一场谈话都表明,为修辞术辩护需要一个可耻或不体面的前提,一个冒犯共同体道德的前提,每一次辩护都面临修辞术与体面之间的选择。高尔吉亚和珀洛斯都本能地选择了体面,似乎很大程度上没有意识到这种选择已经削弱了他们本来要为之辩护的修辞术的类型。懊恼之下,卡利克勒斯决心不让自己被苏格拉底打败,因此他毅然选择了不体面。[1]

迫使三人作出如此选择，是苏格拉底阻止高尔吉亚的听众离开高尔吉亚这一努力的中心部分。他们看到，修辞术只是那些有能力、有野心的人为了获得公共地位和公众喝彩所采用的一种途径(455d)。但政治生活的成功需要公众的尊敬，一个人不论实际如何，都必须公开拥护共同体的规则。只有这样，共同体才能把共同体的决策权托付给他，并为他的服务而荣耀他。如果修辞术是有野心的年轻人及其家族选择的途径，那么，它必须表面上看来值得尊敬，否则就不能服务于他们的目的。无论在逻辑上或剧情上，苏格拉底都已经撕下修辞术看似可敬的面纱。[2]

苏格拉底已经分析了修辞术的卑劣谄媚，并且，他已经通过追问高尔吉亚、珀洛斯和卡利克勒斯，把修辞术与一些违背政治体面规则的观念联系起来。但在这样做的时候，他已经激起这样的指

---

① George Klosko, "The Refutation of Callicles in Plato's *Gorgias*," *Greece and Rome*, XXXI(1984), 126－139。文章论证说，卡利克勒斯的享乐主义要远比为了支持自然正义观所必要的程度更极端。因此，相比于Klosko建议的更温和的论证，卡利克勒斯的论证更容易被反驳。我同意Klosko所说的，柏拉图让卡利克勒说出这些极端的论证，是为了让苏格拉底更有效地对付享乐主义。然而，Klosko止于卡利克勒斯在逻辑上的失败。他没有揭示，用在高尔吉亚和珀洛斯身上的羞耻策略，如何导向这种策略在卡利克勒斯身上的更无情运用，从而导致了卡利克勒斯的戏剧性失败。

② 一个外邦教师需要注意在他所访问的共同体面前显得值得尊敬，相关解释见《普罗塔戈拉》(316c－317c)。普罗塔戈拉也自诩多年来一直成功地处理了这个问题。柏拉图在《欧蒂德谟》中讽刺欧蒂德谟及其兄弟狄奥尼索多洛斯的"言辞战争"，非常类似于阿里斯多芬在《云》中把苏格拉底刻画成一个智者的做法。《欧蒂德谟》也显示了可敬的雅典人对智术的鄙视和厌恶——倘若从业者缺乏普罗塔戈拉的审慎(《欧蒂德谟》304d－305b，306d－307e)。

责，说他无耻(461c，483e，489b，494c，494e)、他讲得不公正或有欺骗性，以及他像大众演说家一样长篇大论(482c，483e，489c，489e，494d，519d)。刚开始，苏格拉底并不理会这些指责，然而，当他最终承认可能有些东西使他们不舒服的时候，他声称那不是自己的责任；他是被迫代表其他人的观念或行为才这样讲(494c，494e，519d)。跟卡利克勒斯谈话的最后部分(521－522)和结尾的规劝(523－527)把苏格拉底展现为可敬且虔敬之人，并把哲学展现为修辞术之外的可敬选项，从而化解了那些指责。

谈话对卡利克勒斯来说漫长而艰难。他已经丧失了全部热情，也不再希望重述他起初鼓励苏格拉底放弃哲学而从事修辞术时给出的理由。但苏格拉底坚持继续，他重提卡利克勒斯早先的建议，并鼓励他具体说明苏格拉底在城邦的角色以及他对修辞术会有什么需要。

> 苏格拉底：那么请为我区分一下，你建议我为城邦提供何种关心，是像医生一样跟雅典人战斗，使他们尽可能变好，还是为他们的快乐提供服务或照顾？卡利克勒斯哦，对我说真话吧，因为这样很公正，就像你一开始说的，你对我很坦率，你就应该继续说出你的想法。勇敢地说真话吧。
>
> 卡利克勒斯：那我就说，提供服务和照顾。
>
> 苏格拉底：那么，高贵的朋友，你就是请我扮演谄媚者咯？
>
> 卡利克勒斯：是的，如果你愿意用这个最无礼的术语，因为如果你不…… (521)

迫使卡利克勒斯重回起初的立场之后，苏格拉底给卡利克勒斯的建议贴上“最无礼的术语”这个标签，粗暴地打断他，并继续概括卡利克勒斯先前所说的、将落到苏格拉底身上的可怕后果。然后，苏格拉底突然拒绝了修辞术，并声称自己很清楚这会使自己在法庭上没有能力自我辩护，若被带到法庭上，对他的审判就像一名面点厨师在孩子组成的陪审团面前指控一名医生(521e,522a)。他声称，他在法庭上所能做的一切就是讲出真相，而结果，任何事情都可能落到他身上。但他坚持，他宁愿面对死亡，也不愿通过使用谄媚的修辞术来保全性命(522d)。结尾，苏格拉底讲了一个关于死后生活的故事和一则劝导。他自称相信这个故事，并认为这个故事证明他拒绝修辞术的决定是正确的。这个故事也提供了一个基础，证明哲学与虔敬和正义可以等同起来，只有哲学才能为公共生活提供唯一真实的资格(527d)，并且哲学是生前和死后通向幸福的道路(526c,527c)。

在起初建议苏格拉底放弃哲学而追求修辞术的时候(484c–486e)，卡利克勒斯强调哲学与修辞术的巨大不同，是为了表明苏格拉底对哲学的专注已如何误入歧途。苏格拉底并没有试图弥补，而是利用了哲学与修辞术之间的这一鸿沟。苏格拉底把修辞术描述成不体面的，并容许卡利克勒斯声称哲学与修辞术毫无共同点，然后突出了如下这个轻易得出的尽管有点误导的推论：作为修辞术的对立面，哲学一定是可敬的、正派的，并符合共同体的正义观。因此，一个人选择了哲学，就选择了同胞邦民的福利，并得到诸神的恩宠。苏格拉底传递给高尔吉亚的追慕者的信息很清楚：高尔吉亚仅仅是经过包装、有着可敬外表的珀洛斯和卡利克勒斯。高尔吉亚及其技艺根本而言很不光彩，你们跟随他极其危险。

苏格拉底的讲真话之名声

卡利克勒斯指责苏格拉底，说他运用了自己所谴责的大众演说技能，苏格拉底的回应是把自己和哲学描述为虔敬且可敬的。他强调自己勇敢地忠实于哲学，因为他说自己不会为了谄媚的修辞术而放弃哲学，甚至不惜以自己的生命为代价。[①] 但卡利克勒斯指出的这种相悖现在加重了：通过在意见领域有效地运用操纵性的说服技巧，苏格拉底给自己披上了公众道德的外衣；但他又用这些技巧，把自己描绘成一个讲真话并因而废弃这类技巧的人。如果反驳性的修辞术被理解为真正修辞术的一部分，那么，苏格拉底用操纵性的技巧来建立作为一个讲真话者的名声，这种用法就需要进一步的分析。苏格拉底与高尔吉亚谈话的开头部分为研究这个问题提供了一条进路。

在谈话开始，高尔吉亚提出两个例证来说明修辞术的力量(456b－c)。首先，他回忆自己多次使用修辞术说服病人服从医生开出的药方。在第二个例证中，高尔吉亚设想了一个演说家在听众面前跟一名医生竞赛的情景。高尔吉亚认为，演说家在公共场合总是能够胜过医生以及其他任何技艺或手艺的专家。第二个例子是高尔吉亚的听众感兴趣的，正如苏格拉底刚刚指出的(455c－d)。他们对高尔吉亚的技艺感兴趣，因为它是获得成功的公共生涯的手段。苏格拉底则认为，修辞术的第二个用法的特点是无知战胜知

---

① 亚里士多德认为，修辞术的力量表现在选择荣誉而非利益，并引用阿喀琉斯决定杀死赫克托耳这个例子作为有力的例证，见《修辞学》I.3，1358b－1359a。苏格拉底在《高尔吉亚》中没有明确提及阿喀琉斯，但在《申辩》(28cd)中援用了阿喀琉斯的例子。

识(459b),而且在整个对话中,他都斥责说,高尔吉亚的技艺就是通过谄媚无知的听众使无知胜过知识。苏格拉底并没有提及一个事实,即在高尔吉亚的第一个例子中,修辞术的技术其实是服务于知识——关于身体的知识。但正是由于这个原因,这个例子值得检查。为了灌输对改善身体而言必要的信念而使用修辞技术,这种用法似乎是另一个例子,可以说明《斐德若》中的建构性修辞术:在那里,苏格拉底的修辞术灌输了对引导斐德若走向哲学和更健康的灵魂而言必要的信念。

在高尔吉亚用来说明修辞术的力量的第一个例子中,除非病人信服自己应该接受治疗,否则医生的知识就没法帮助到他。医生相信应该实施治疗,是基于他作为医生具有的知识,但病人没有这种知识,因而一定是信服以意见或信念为基础的说法而非知识。医生能够在自己的技艺范围内说出“真相”,但因为病人缺乏知识,医生没有能力灌输所需要的信念;因此,就需要修辞家。修辞家被假设不具备医生的知识,因而不能讲出医疗知识领域内的真相。像病人一样,修辞家局限于意见或无知的领域,修辞家一定不是基于“是什么”而是基于“看似什么”或即使“不是”却“显得是”来灌输信念。那么,修辞家会说什么呢?可以推测,他会强调说,若不治疗,病人的情况会恶化,前景黯淡;他还会极力淡化治疗和药后反应的痛苦,并坚持最理想的——因而不大可能的——康复预期。另外,修辞家可以越过诊断、治疗和药后反应的领域,去迎合病人的特殊胃口或欲望。例如,他可能诉诸病人的虚荣心,强调病人的外表有望得到巨大改善;或诉诸病人对荣誉和财富的欲望,表明成功的治疗会如何提高他获取荣誉和财富的能力。简言之,修辞家的说服力是基于这种设计:把规定的治疗放在病人想避免什么或/和获得什么这个语境下,然后向病人说明治疗会如何满足他的欲望。

除了要知道病人的希望、野心和欲望，并知道如何使治疗听上去能够满足那些欲望，修辞家也必须知道如何保护并维持这样一种名声，即他是可信任的人，能为别人提出中肯、有用、可信赖的建议。修辞家需要享有可信赖之名，需要人认为他不会通过歪曲事实和欺骗来操纵别人。因此，高尔吉亚这个关于修辞术为知识服务的例子，显示了修辞术的两个有些不同的任务：第一，说服病人；第二，维护修辞家的公众名声。要有效地说服病人，至少部分取决于他作为不会采用说服技巧之人的名声，所以，修辞家必须试图使别人相信，他不会试图做他实际所做的事情。他必须向别人显得不是他实际所是的人，以便成为知识的有效仆人。

为了把高尔吉亚关于修辞术用法的例子应用于苏格拉底的讲话方式，我们必须在不改变例子本质特点的情况下修改一个细节。在高尔吉亚的例子中，修辞家和医生被假定为两个不同的人。让我们设想一下，假定这两个角色是一个人，他既掌握医学技艺，又掌握在意见领域灌输信念的"技艺"。因此，这个医生既能作为基于知识的技艺从业者发挥作用，又能作为给病人灌输必要信念，以确保他们从自己的知识中获益的技术从业者发挥作用，他始终注意打磨他作为不会欺骗人、诚实而值得信赖的人的名声。

尽管苏格拉底在《高尔吉亚》中谴责了修辞术，现在他还是承认，有一种类似于医学技艺的真正的修辞技艺。这种技艺的目的是改善人的灵魂或品性，正如医学技艺的目的是改善人的身体。真正的修辞技艺使用言辞来改善人，而不是满足他们（502e，503a）。真正的修辞技艺是政治技艺的基础，但据苏格拉底，这种技艺很少被实践（517a）；他表示，他本人可能是唯一的实践者（521de）。另外，他声称，实践这种真正的修辞术就堪比"跟雅典人战斗，像一个医生那样，使他们尽可能变得更好”(521a)。但他也说，这种致力于真正修辞术的行为，会妨碍人应用那种谄媚性的虚假修辞技能或知识，因此，苏格拉底的命运就像一个医生在孩子组成的陪审团前被一个面点师指控。

如果苏格拉底致力于真正的修辞术类似于从事医学，那么，他也就像医生一样，面临说服病人(同胞邦民)服从必要的治疗这个问题。高尔吉亚的在场以及他对听众的吸引力，增加了苏格拉底说服这些年轻人接受必要治疗的困难，因此就需要反驳的修辞术——能够操纵并使三个对话者闭嘴的修辞术。然而，苏格拉底操纵卡利克勒斯，并不仅仅是为了达到使听众远离高尔吉亚这个直接目的。卡利克勒斯看到苏格拉底大量的说服技巧，并不断指控苏格拉底从事大众演说，这迫使苏格拉底为自己的名声辩护。相应地，他也要为自己不顾后果、诚实而坦率地讲话的名声承担辩护的任务。卡利克勒斯的精明和攻击性使这种辩护性的修辞术成为必要，因为要不然，卡利克勒斯揭露了苏格拉底的说服技巧，苏格拉底的说服努力就被破坏了。然而，卡利克勒斯也为苏格拉底捍卫自己名声的行动提供了素材。苏格拉底设法把高尔吉亚的修辞术与卡利克勒斯的无耻言论联系起来，然后虔敬地拒绝了这种谄媚的修辞术。

苏格拉底使用反驳的修辞术来劝阻听众跟随高尔吉亚，并操纵自己的对话者来擦亮自己的名声，好像自己根本没用修辞术一样。通过拒绝修辞术，苏格拉底自称占据公共道德的高地——献身于公共福祉而不顾个人代价。他给自己包上一层公民美德的温暖外衣；就像阿喀琉斯一样，他无论如何都会做高尚之事。

结 论

反驳性的修辞术和建构性的修辞术都是真正修辞术的补充部分。《高尔吉亚》的反驳性修辞术是为了使听众远离高尔吉亚的虚假修辞术,《斐德若》的建构性修辞术则创造了一个吸引斐德若走向哲学的迷人影像。在《高尔吉亚》中,之所以有必要倚重反驳性修辞术,是因为高尔吉亚、珀洛斯和卡利克勒斯连续发起了对虚假修辞术的辩护。苏格拉底在高尔吉亚表演的中途到来,并找到一条途径介入高尔吉亚与他的听众之间。然后,苏格拉底利用高尔吉亚的在场施加压力,把自己的谴责推向结论。卡利克勒斯为修辞术发起坚决的辩护,但苏格拉底使这种决心显为鲁莽,然后把卡利克勒斯无耻的享乐主义与高尔吉亚的技艺联系起来,从而使高尔吉亚的技艺遭到质疑。卡利克勒斯最终蒙羞并沉默了,但他注意到,苏格拉底使用的正是他自己宣称要回避的那种劝说技艺,苏格拉底最终会遭遇卡利克勒斯的指控——指控他是个大众演说家。为了打磨自己作为一个无论如何都只讲真话的人的名声,苏格拉底夸大了卡利克勒斯对修辞术和哲学所作的区分,并把哲人描绘成一个乐于面对死亡,而不愿屈尊从事虚假修辞术这种欺骗性技艺的人。

没有直接证据表明苏格拉底的反驳性修辞术对听众产生了影响,但有一个可供推论的基础。对公共荣誉的欲望引导听众走向高尔吉亚,他们希望从他那里学到在公共辩论中获胜的技艺。但由于苏格拉底的介入,他们得以看到这样的场面:这种技艺的辩护者们因为自己被迫说出的东西而感到羞耻,陷入沉默。这种场面对听众会有怎样的影响呢?柏拉图任凭我们自行得出结论。

哲学与修辞的兄弟之谊

维　茨(Rolyn Weiss)　撰
田　明　译

《高尔吉亚》中到处谈到兄弟,仿佛在展示各种类型的兄弟关系。如果我们设想,第一,《高尔吉亚》到处谈到兄弟并非巧合,第二,《高尔吉亚》是要确定哲学与修辞术这两种生活方式哪种最好,那么,我们就并非没有理由说,柏拉图试图用某种兄弟形式,作为哲学与修辞术之间理想关系的模型或范式。换言之,《高尔吉亚》中大量的兄弟关系表明,与这篇对话试图留给读者的印象相反,《高尔吉亚》希望哲学与修辞术不要成为永远的对手或敌人,而要成为兄弟。尽管兄弟之间也经常是对手或敌人,但血缘纽带也能让他们相互支持。笔者将借此文证明,透过《高尔吉亚》展现的各种兄弟关系模式,有可能确定一种使兄弟走到一起相互取长补短,并共赴一个值得向往的目标的模式。我将表明,柏拉图正是把这种模式作为哲学与修辞术为之奋斗的理想。既然《高尔吉亚》不仅认识到修辞术的缺陷,也认识到哲学的不足,不仅承认了哲学的优点,也承认了修辞术的长处,我们就可以看到,它们之间有可能相互补充,也只有这样,它们才真正有益于邦民。

这篇对话提到了八组兄弟。第一组是高尔吉亚与其兄弟赫罗狄科斯(Herodicu,一位医生),提过两次:第一次在448b,凯瑞丰盘问珀洛斯时提及;第二次在456a,高尔吉亚本人提及。第二组也是凯瑞丰提及的,即阿里斯托丰(Aristophon)与其兄弟波林诺图斯(Polygnotu,对话没有明提其名字,488b-c),二人均为画家。第三组是珀洛斯在471提到的,即阿尔克塔斯(Alcetas)和佩尔迪卡斯(Perdiccas),前者是阿克劳斯(Archelaus)的母亲的主人,后者是阿克劳斯的父亲。珀洛斯还提到阿克劳斯本人及其同父异母兄弟,后者是佩尔迪卡斯的合法子嗣和继承人,被阿克劳斯扔到井里溺死了(471b-c)。苏格拉底提到尼西阿斯(Nikias)及其兄弟,并说,他们全都能证明珀洛斯观点的真实性,即行不义而没受惩罚才是幸福的(472a)。卡利克勒斯斯在485e提到的泽托斯与安菲翁(Amphion)——这是第六组——均为欧里庇得斯佚剧《安提俄珀》里的角色,泽托斯是牧羊人,安菲翁是音乐家。第七组和第八组都出现在苏格拉底结尾讲述的神话里。第七组包括宙斯、波塞冬和普路托(Pluto),据荷马,他们弟兄三人瓜分了从父亲克洛诺斯(Cronos)那里继承的统治权(523a)。第八组包括宙斯的三个儿子,在三岔路口担任亡灵的审判者(524a),最年长的米诺斯(Minos)手握金杖,监督另两位兄弟即刺达曼堤斯(Rhadamanthus)和埃阿科斯(Aiacus)的审判(526c)。

我们能否冒险把以上任何一组兄弟关系作为修辞术与哲学之间共同采取的关系模式?当然,珀洛斯引用的兄弟关系最糟糕,不能担当此任。这些弟兄之间常行不义和暴力:佩尔迪卡斯从他兄弟阿尔克塔斯那里夺得权力;阿克劳斯溺死七岁的同父异母兄弟,即佩尔迪卡斯的儿子,并告诉这个小男孩的母亲说,孩子是在逮鹅的时候跌入井中的。

有三组兄弟关系是相互竞争的,尽管他们并未公开背信弃义:两个画家,即阿格劳丰托斯(Aglaophon)的儿子阿里斯托丰与更著名的珀吕格瑙托斯(Polygnotus);克洛诺斯的三个儿子;宙斯的三个儿子。同样拥有绘画专业的兄弟,不能作为哲学与修辞术之间的关系范式,因为哲学与修辞术分属不同专业。同理,宙斯的三个儿子都是法官,也不能为哲学与修辞术之间的关系提供合适的模型。不过,不同于两位画家兄弟,米诺斯作为正义的最终仲裁者,凌驾于他的兄弟之上,因此他们之间有等级之分——人们可能希望这样安排哲学与修辞术的关系——但哲学与修辞术之间有本质的区别,不能希望它们像三位法官那样,履行相同的使命。克洛诺斯的三个儿子统治着三个独立的王国,同样不能提供相应的范式,因为他们不能共同治理同一个王国,不能相互协作。此外,他们之间存在紧张:例如,我们知道,波塞冬明确指出克洛诺斯王国的三界划分,是为了证明,宙斯命他撤出特洛依战争时,他与宙斯地位平等(《伊利亚特》15.187.93)。也存在暴力:尽管克洛诺斯的儿子们相互之间没有使用暴力,但赫西俄德在《神谱》(453-506和617以下)、柏拉图在《游叙弗伦》(5e-6b)和《王制》(I.377e-378e)都提到,他们曾暴力反抗自己的父亲,只是苏格拉底在这里缄口不提。

还有几对兄弟彼此之间不仅容貌相仿,而且思维相似,谁都没有超越传统,也没有凌驾别人:比如尼西阿斯与他的兄弟,苏格拉底说他们可以支持珀洛斯的反苏格拉底观点。这两兄弟出身名门,而且富有,既不会相互争斗,也不会互相伤害。不过,他们至多是民主制的保守支持者(《吕西阿斯》18.4-12),不可能成为柏拉图心中的模范。

更有趣的一对兄弟是卡利克勒斯提到的,用来类比他本人与苏格拉底的关系。泽托斯就像卡利克勒斯,在自己兄弟面前为行动的生活辩护;安菲翁则像苏格拉底,提倡某种形式的沉思生活。他们两个尽管很难成为敌人,但最终仍然相互蔑视。在剧中,安菲翁屈服于自己的兄弟(见贺拉斯《书信集》i.18.43),却通过机械降神(deus ex machina)得到辩护。苏格拉底当然不会屈服于卡利克勒斯:他准备用安菲翁的理由反对泽托斯(506b),永不妥协——其实,卡利克勒斯和苏格拉底都在坚定不移地为各自的道路辩护。通过最终的分析,两人都认为对方“荒谬”(katagelasthai, kátagelastos, 484e1、e3,485a7,509b4-5)。卡利克勒斯承认哲学对青年来说有些价值,但他认为哲学会败坏老年人(484c)。在他看来,修辞术必须驱逐并取代哲学。尽管他明显把自己扮演成苏格拉底的兄弟,但他仍劝告苏格拉底成熟起来,做个男人。鉴于卡利克勒斯把苏格拉底当成有待指导的小孩子,所以他从未真正把苏格拉底当作成年男人去尊重。卡利克勒斯援引泽托斯的观点,把哲学描绘成一种引诱天性良好的男人并使之变坏的技艺(techne,486b);而苏格拉底在515d说,恰恰是演说家如此。

最后一对是高尔吉亚与他的兄弟赫罗狄科斯。这对兄弟可以为哲学与修辞术的关系提供一个范式吗?显然,其他兄弟关系都难当此任,他们要么相互行不义,从事相同的职业而相互竞争,且坚持相同的观点,要么相互蔑视。因此,我们的希望只能寄托在高尔吉亚与赫罗狄科斯这对兄弟身上。

高尔吉亚在宣扬修辞术的非凡力量时,引用了下述证据(456b):

> 许多次,我陪同自己的兄弟和其他医生,一起去看某个不愿喝药,或不让医生给自己动手术或烧灼的病人;医生没有能力说服他,我就只凭修辞术而非其他任何技艺说服了他。

让我们注意,相比于我们迄今所见的兄弟关系,这对兄弟关系不同寻常。高尔吉亚及其兄弟是唯一这样的例子:兄弟凭各自不同的能力(相应于各自的专业领域)相互协作,不仅有益于自己,而且有益于第三方。他们不是竞争,而是合作。高尔吉亚用自己的专长(即说服)帮助自己的兄弟赫罗狄科斯,因为赫罗狄科斯的医术专长不足以帮助病人,有些病人拒绝接受治疗。高尔吉亚也不是为了抢自己兄弟的风头,只是协助他。高尔吉亚承认赫罗狄科斯是专家,至于什么对病人最好,高尔吉亚听从自己的兄弟。高尔吉亚与赫罗狄科斯展现了一种合作模式,不过,这种模式仍有等级之分。医生是首要的专家,是他决定哪些行为对病人最好,演说家只是医生的助手。这种有等级的合作行为的受益者既非医生,亦非演说家,而是病人。

这种高尔吉亚-赫罗狄科斯模式,可以与苏格拉底在《游叙弗伦》结尾竭力推荐的虔敬模式相比较:虔敬表明某种服务(hupēretikē),即奴隶对主人所做的事;虔敬之人(奴隶)协助诸神(主人)成就某种高贵的事功(ergon)(《游叙弗伦》13d-14c)。毋庸惊奇,苏格拉底借以阐述自己思想的那些事例,就始于医生和健康:

> 你能否告诉我:为医生服务,是为了产生什么结果(ergon)? 你不认为,它是为了产生健康吗? (《游叙弗伦》13d)

类似地,人们不是也可以说,在《高尔吉亚》中,修辞家高尔吉亚运用说服的专长,服务于自己的兄弟、人类身体专家赫罗狄科斯,是为了给赫罗狄科斯的病人带来健康的结果(ergon)吗? 人们不是也可以说,演说家同样可以运用自己的说服技能,服务于作为人类灵魂专家的哲人,以便在邦民的灵魂里产生美德的高贵结果(ergon)吗? 正如在《游叙弗伦》和《高尔吉亚》中,助手服务于医生,受益者是作为第三方的病人——健康的结果为他而产生——所以,无论《游叙弗伦》中虔敬之人对神们的服务,还是《高尔吉亚》中演说家对哲人的服务,受益者都是作为第三方的邦民,因为他们有助于在邦民心里植入美德。

高尔吉亚本人似乎完全不知道，他夸耀的修辞术非但不能有益于演说家本人并使他支配他人，反而可能被某个专家所用去服务于他人的利益。高尔吉亚援引自己成功帮助自己兄弟和其他医生的例子，好像它只是展示了修辞术的惊人力量，却没有注意到，他这里描绘的修辞术在两个关键方面背离了他理解的“标准的”修辞术。首先，演说家（高尔吉亚自我期许的）是大众（multitudes）的说服者（452e），但高尔吉亚私下里却帮助自己的兄弟去治愈病人。其次，对高尔吉亚而言，修辞术本质上是一种竞争的、论争的艺术，就像拳击、肉搏、重装格斗，但在帮助兄弟的病人时，高尔吉亚却以合作代替了竞争。尽管高尔吉亚继续吹嘘演说家能在民众面前击败医生，也就是说，若在公民大会或其他大型集会上竞选医生，那么演说家会获胜，然而，眼下这个例子表明，高尔吉亚完全没有反对自己的兄弟和其他医生，反而大方地跟他们合作，甚至为他们工作。此外，高尔吉亚宣称自己的技艺（technē）能使掌握它的人变得自由并统治他人（452d）——他宣称，演说家可以使医生和教练成为自己的奴隶；确实，商人不是为自己而是为演说家赚钱（452e）——然而，高尔吉亚陪伴自己的兄弟到执拗的病人家里的时候，是他为兄弟工作，而不是兄弟为他工作。

我们会问，高尔吉亚为什么帮助他的兄弟？他为什么自豪于自己能帮助兄弟完成工作？我们能否想象，珀洛斯或卡利克勒斯会基于这些来兜售修辞术的种种妙用？我们能否设想珀洛斯或卡利克勒斯会充当高尔吉亚的角色？

高尔吉亚不同于珀洛斯或卡利克勒斯；在苏格拉底眼中，他比这两人更好。高尔吉亚似乎毫无私人的政治野心。在对话中，高尔吉亚从未自诩自己知道并教授美德（参《美诺》95c），当苏格拉底让高尔吉亚感到羞愧而不得不谈谈他自己的时候,高尔吉亚只是很不情愿并有点羞怯地承认,他认为自己能够给那些尚不知道正义的学生传授正义(459e-460a)。高尔吉亚显然关心正义,无论他理解的正义多么老套——高尔吉亚的正义观阻止人伤害朋友和家人(456d-e),并鼓励人仅用自己的战斗技能伤害敌人和行不义者(456e-457a)。(在456e3-4, kai把tous polemious和tous adikountas连接起来,仿佛表明,高尔吉亚可能没有区分行不义者与敌人。)高尔吉亚尊敬苏格拉底:当卡利克勒斯威胁要停止讨论时,高尔吉亚甚至为了苏格拉底而使谈论继续(497b)。反过来,苏格拉底也体谅高尔吉亚。高尔吉亚勉强承认,甚至或尤其在正义和不义问题上,演说家能说服群众,即在群众心里产生信念,而非教授,即并非告诉他们知识。这时,苏格拉底本来可以轻而易举地得出结论说,那是因为演说家既不知道也不关心正义,但苏格拉底没有这样说,只说演说家"大概没有能力在短时间内把如此重要的事情传授给如此杂多的群众"(455a)。

值得注意,高尔吉亚作为赫罗狄科斯的助手,没有出现在群众面前。作为一位专家的助手,他似乎只能在私下里发挥作用:在私下里他不必害怕丢面子,而在公开场合,他无疑会因为做别人的副手而感到丢脸。在台上,演说家必须总是显得高高在上,他无法接受自己是或显得居于人下。不过,在私下里,高尔吉亚愿意运用自己的技能提供帮助,助益自己之外的他人。尽管默雷(Murray)坚持,[①] 高尔吉亚私下的行为就是公开的行为,即试图战胜别人,但事

① James Stuart Murray, "Plato on Power, Moral Responsibility and the Alleged Neutrality of Gorgias' Art of Rhetoric (*Gorgias* 456c-457b)." *Philosophy and Rhetoric* 34(2001): 355-363, p. 362 n. 9.

实上，只是在病人拒绝服药，或拒绝接受医生的手术或烧灼，而医生又无法说服病人的情况下，高尔吉亚才出场。高尔吉亚所做的，只是用修辞术做医生做不到的事，即说服病人(456b)。从任何角度看，高尔吉亚都没有挑战自己兄弟的诊断、处方，即没有挑战其医术。他当然暴露了兄弟的缺陷——但只是在说服能力方面。有人怀疑，像珀洛斯和卡利克勒斯那样的人，就不会做任何不能直接提高自己的名声或增加自己的权力和财富的事。此外，为了不至于认为高尔吉亚帮助兄弟只是出于帮助家庭的目的(与帮助病人的目的相反)，我们要注意，高尔吉亚说得相当明白，他不仅帮助了自己的兄弟，还帮助了其他医生(456b)。

我们注意到，苏格拉底丝毫没有谈论修辞术的这种特殊用途。苏格拉底尽管找出修辞术的很多缺陷，却对高尔吉亚帮助其兄弟的讲述缄口不语。苏格拉底的沉默不是可能表明他赞同吗？正如尼科尔斯所言：

> 尽管这个例子[即高尔吉亚与赫罗狄科斯]在随后的对话中没有得到明确讨论，但它对理解修辞术的潜质和特征而言至关重要；修辞术……能协助专家达到他设定的但单凭自己的技艺无法达到的实践目的。①

诚然，高尔吉亚也没有详细说明他怎么利用修辞术协助自己的兄弟和其他医生。不过，高尔吉亚拓展了他之前介绍的主题，即修辞术在公众领域有巨大力量，能够在反对任何专业的任何竞争中取得胜利。这些都不让人感到惊讶。因为高尔吉亚兜售的正是这种

---

① James H. Nicholes Jr., *Plato*: *Gorgias* (Ithaca: Cornell University Press, 1998), p.133.

能够战胜一切竞争对手的修辞术:他若不强调一名演说家对真正的专家而言如何有用,就很难吸引顾客。

尽管高尔吉亚赞美修辞术的惊人力量,尤其是碾压任何专业领域的能力,但同时,他也预见到修辞术因此会成为一门不义的技艺,并试图规避这样的指控。尽管修辞术能够“反对所有人并谈论所有东西”,他说,“但这并不是说,人们必定会因此剥夺医生……或其他专家的名声,相反,人们必须正义地使用修辞术,像使用竞赛技能一样”(457a-b)。高尔吉亚认为,修辞术是中立的,是一种既能行善又能作恶的技能——像拳击和格斗一样。高尔吉亚相信,拳击和格斗不应该被用来反对亲戚和朋友,而只能被用来防备敌人和行不义者,因此,他坚持,修辞术不应该被用来剥夺其他专家的名声。

默雷认为,修辞术与拳击不能类比:拳击教练教学生如何击败其他拳击手,倘若学生用自己的技能对付非拳击手,他就确实违背了教练所教的东西;而修辞家没有教学生仅仅对付其他修辞家,而是鼓励他征服任何人和所有人,那么,教练就要对学生对付其他修辞家之外的非修辞家的行为负责。因此,默雷认为,高尔吉亚所谓的“责罚学生,而教师无罪”,如其所言,[①] 尽管适用于拳击,但肯定不适用于修辞术。他宣称,修辞术在本性上是不道德的:

> 要起作用,它就必须脱离真正的技艺。它不仅是一种可能被不义地运用的技能,恰恰它的本性就要求不义。(页361,强调为原文所有)。

不过,公平地讲,至少就高尔吉亚设想的拳击而言,它并不是一

---

① 借用Robert Wardy的表达,见Robert Wardy, *The Birth of Rhetoric: Gorgias, Plato, and Their Successors*(London: Routledge, 1996), p. 170 n. r20。

门仅仅用来对付其他拳击手的技能。尽管高尔吉亚认为拳击是一种用来防备敌人和不义之人的自卫技能，但他并没有把它限制在拳击手之间的竞赛中。相应地，我们看到，高尔吉亚也不提倡用修辞术去破坏其他专家的名声(457a-b)，尽管他自豪地认为，修辞术只要愿意就能这么做。在高尔吉亚看来，拳击和修辞术都不能不义地使用，但这并不意味着它们只能用来反对相同"职业"领域的其他人。从最终理想看，拳击教练训练学生是为了他们永远不在战斗中败给任何人；修辞家训练学生也是为了他们永远不在辩论中输给任何人。

尽管高尔吉亚确实不赞成修辞家用自己的技能破坏专家的名声，但他显然不反对他们冒充专家。修辞家在自己显然没有资格谈论的问题上大放厥词，对此高尔吉亚似乎无动于衷。在455e，高尔吉亚自豪地指出，建设船坞、城墙和港口的建议都出自忒米斯托克勒斯(Themistocles)和伯利克勒斯这样的人，出自演说家而非专家(all' ouk ek tōn dēmiourgōn，455e3)。

高尔吉亚所坚持的这种狡诈姿态是中立的吗？其中是否包含修辞技能的不义使用和滥用，一种可耻的因而很难中立的用法？

在苏格拉底看来，修辞术是一种伪技艺，一个假装行善的人既没有行善也不能行善，因为他既不认识善也不追求善，一种行为只要完全不认识善，就确实更可能造成伤害而非好处，因此，这种行为是可耻的。修辞家像骗子那样，跟仅仅中立的拳击手或摔跤手之间毫无类似之处。

在《高尔吉亚》中，修辞术确实被涂上非常黑暗的颜色。修辞术有很多缺陷。苏格拉底拒绝把修辞术纳入技艺(techne)之列(463a)；他说，修辞术只是一种天生的经验机巧(463b)：它缺乏合理的说明(465a)。它包含一切东西，却不知道任何东西(459b-c)。

它不是追求最好的东西,而是自觉羞耻地追求最快乐的东西(456a)。它奉迎,谄媚,满足于表面现象,因此相当随便地对待真理。修辞术就像美容,苏格拉底认为,它不仅"作恶、欺诈、卑劣、不自由",而且让人忽视通过体育锻炼而来的真正的美(465b)。苏格拉底还严厉批评那些既不关心也不知道健康知识的"专家",他们只求用大量面包、食品、美酒满足人们的食欲,直到人们发胖导致疾病(518b-d)。甚至修辞家在集会和法庭上谈论正义问题的时候,如高尔吉亚自己所言,也只能灌输信念(pistis),而不可能传播知识(454e-455a)。修辞术不能提升邦民的灵魂,因此最终甚至不能保护修辞家们免遭邪恶而放纵的暴民的伤害(519e-520a)。

修辞术最终毫无力量:演说家也许只能用修辞术做他们喜欢而不受惩罚的事情,但既然他们不知道什么真正重要,他们的收获也只是泡影,因为他们无法获得他们真正想要的东西即真正对他们有益的东西。此外,修辞术追求它自身的利益而非他人的利益(502e)。高尔吉亚自豪地宣称,修辞家在产生"对人而言最大的好处"之时,也产生了某种"为他们自己的自由"的原因(452d)。高尔吉亚所谓的"对人而言最大的好处",是给他的学生即未来的修辞家带来的好处,而不是他们会给听众提供的好处。

库珀持相反观点,他认为,[①] 高尔吉亚的意思是,修辞家"根据他们就正义和最好所做的深思判断,非常有助于让人们作为自由人统治他们自己,以免陷入相互之间无谓的争吵和暴力对抗"。库珀显然混淆了452d6-7的tois anthropois[人们]与"城邦全体人民",把他们看作演说家自由的受益人(页33注5)。在柏拉图那里,自由

---

① John M. Cooper, *Reason and Emotion: Essays on Ancient Moral Psychology and Ethical Theory*(Princeton: Princeton University Press, 1999), p. 41.

是统治他人并避免被他人统治的力量。举例来说,在《美诺》86d,美诺拒绝控制他自己的行为而试图控制苏格拉底的行为,苏格拉底把这作为"你珍视自己的自由"的标志。在《王制》卷一344c,忒拉绪马科斯认为不义"是一种比正义更强大、更自由、更专横(despotikoteron)的东西"。在《吕西斯》210b,正是那些自由人统治其他人:"我们自己应该自由,并统治其他人。"

实际上,《吕西斯》的这个说法类似《高尔吉亚》的表述。《吕西斯》的说法是: all' autoi te eleutheroi esmetha en autois kai allōn archontes[我们自己应该是自由人,并统治他人](210b4-5);《高尔吉亚》的表述是: aition hama men eleutherias autois tois anthrōpois, hama de tou allōn archein en tēi hautou polei hekastōi[既是世人本身自由的原因,同时又是每个人在自己城邦里统治他人的原因](452d6-7)。本句结尾变为单数,这仅仅意味着,那些自由且有说服力的人可以在自己城邦里统治其他每个人。如库珀指出的,这当然不表示主语变了。此外, autois tois anthrōpois[世人自身]中的autois[自身]与allōn archein[统治他人]中的allōn[他人]含义相反:那些掌握演说术的人既能使自己自由,又能统治他人。这当然是hama[同时]的功效。在修昔底德《伯罗奔半岛战争志》3. 45. 6,狄奥多图斯(Diodotus)称,最伟大的事情就是自由和统治他人。①

然而,哲学在某些方面也有缺陷。尽管哲学关心并力图知道什么最好,并试图有益于他人,但通过最终分析,哲学并无效果。尼科尔斯认为,②

① James H. Nicholes Jr., p. 33 n. 21.

② James H. Nicholes Jr., p. 45.

没有修辞能力，无论有智慧的人还是有知识的人，都不可能在政治或其他人类事务上产生重要作用。

维拉(Villa)也说：①

在《高尔吉亚》中，公共领域的戏剧特征遭到了大量谴责，但苏格拉底非常小心，没有暗示对话和辩证法在某种程度上可以取代演说家的公共演说。公共领域就是公共领域，认为哲学清谈的说服模式可以取代修辞术或演说的说服模式，将会产生误导。

智慧的人需要修辞术，就像赫罗狄科斯需要高尔吉亚。没有赫罗狄科斯的专业医术，高尔吉亚固然肯定无法成功治愈赫罗狄科斯的病人，但没有高尔吉亚的专业修辞术，赫罗狄科斯也肯定难以治愈自己的病人。苏格拉底不可能说服任何人接受他提出的严苛真理；甚至苏格拉底在辩论过程中赢得对手赞同，即他为自己的观点提供了"一项见证"的时候(474a)，其胜利也是短暂的、表面的、仅仅口头上的。尽管苏格拉底说，"我知道如何为我说的话提供一项见证，即我正在向他讲话的那个人"，但他没有说他知道如何说服每个人；他只能得到口头的赞同，而这种赞同也是暂时的。实际上，苏格拉底的对手从来没有真正同意苏格拉底：他们不知怎么会到头来说出他们未曾想到的东西，当然也没有改变他们的方式。伯纳德特(Seth Benardete)指出，②

---

① Dama Villa, *Socratic Citizenship* (Princeton: Princeton University Press, 2001), p. 37.

② Seth Benardete, *The Rhetoric of Morality and Philosophy: Plato's 'Gorgias' and 'Phaedrus'* (Chicago: University of Chicago Press, 1991), p. 5.

> 苏格拉底让三个人[高尔吉亚、珀洛斯和卡利克勒斯]都哑口无言,但似乎没有说服任何一个。苏格拉底向我们证明,他的修辞术没有足够力量走向公众,不足以弥补高尔吉亚的失败。

所以,苏格拉底必须承认,他不可能改善邦民,尽管他竭力这样做。此外,既然他不可能使人们变得更好,他就像修辞家一样,也不能使自己免遭人们迫害。苏格拉底出现在群氓即其陪审团面前的时候,他所说的东西(某种程度上因为他的说话方式)只能令他们反感,给自己造成灾难。

那么,如何解决?如果修辞术和哲学都不能单凭自己获得成功,这不就很清楚吗:即需要一种合作关系,即高尔吉亚-赫罗狄科斯的关系模式?但这种关系如何可能?我们已经看到,修辞术并不友善,甚至不像拳击和格斗那样中立。修辞术是虚假和骗人的,因而是不义的;它不追求好的或最好的东西;通过最终分析,修辞术很大程度上不同于真理。然而,既然有可能在某种程度上征召一种道德中立的行为来为哲学服务,那么,是不是同样有可能这样征召一种本身可耻且有害的行为来为哲学服务?

有趣的是,《高尔吉亚》本身回答了这个问题,尽管并不直接。在466-469,与珀洛斯讨论修辞家能否像僭主那样拥有权力的时候,苏格拉底指出,不仅做介于好坏之间的事情(如坐、走、跑、航海、投石、伐木等等[468a])是为了好东西,甚至做坏事(如吃苦[467e],冒险和找麻烦[467d],杀戮,放逐,剥夺财产[468b-c])也同样是为了好东西。苏格拉底说:

> 因为我们想要好东西,我们不想要既不好也不坏的东西,

也不想要坏东西(oude ta kaka)。(468c5-7)

正义地杀人的人,当然不会让人羡慕,但也不会令人厌恶;不义地杀人的人,既让人可怜又令人厌恶(469a-b)。换句话说,即使像杀人这样的坏事,人们也可能想要去做,而且为了好东西而做。因此,即使修辞术本身是坏的甚至可耻的东西,它仍然可能服务于好的东西,即哲学和共同福祉。如我们所知,很难说柏拉图不知道,有时需要为了更高的目的而撒谎;于是,就有了众所周知的“高贵的谎言”(《王制》III.414b,亦见III.389b以下和V.459以下)。

《高尔吉亚》为修辞术与哲学之间有益的“兄弟”关系打开了可能。但这种关系是否成功,取决于是否满足至少以下条件。首先,演说家(1)承认哲人有更高的智慧,(2)停止冒充其他专家,(3)放弃对权力的贪欲,(4)摆脱狭隘的自我利益,而致力于共同福祉。其次,哲人(5)承认演说家的说服技能——哲人自己缺乏并需要的一种技能。然而,当所有这些都说了且都做到的时候,人们还是不禁纳闷:哲人既然是不能有效说服别人的人,他又怎么能说服修辞家放弃他们的自由和平等——即使是为了兄弟之谊。

《高尔吉亚》中的羞耻与真理

麦克金(Richard McKim) 撰

田 明 译

本世纪以来,分析哲学占据主流,遮住了大部分英美学者的眼睛,使他们难以解释柏拉图缘何选取对话这一戏剧形式作为思想载体。饱受分析哲学训练的评注家们为他们自己搞的那套哲学而沾沾自喜,也往往假定柏拉图在尽力搞他们那一套,即以逻辑准则为依据,收集各种论点进行证明或证伪。于是,按照分析哲学家的解读,柏拉图是在借主角苏格拉底之口向其他角色宣讲一套套论证,仿佛戏剧作者成了论文作者,用自己的口吻向读者宣讲自己的论证。既然那些论证一经逻辑分析就往往显得漏洞百出,逻辑分析家就满以为自己比柏拉图更胜一筹,他们提供的说辞是:尽管柏拉图是伟大的哲人,也竭尽全力要成为逻辑学家,但他毕竟是在蒙昧的幼儿期费力摸索自己的学问。我们心安理得地断定,柏拉图要不是因为生得太早而没有福气尽享亚里士多德派和现代符号逻辑的光芒,就会干得更漂亮。

逻辑分析家把苏格拉底当作柏拉图的传声筒,从而摧毁了作者与角色话语之间必不可少的距离。大家都承认,在任何戏剧作家——无论伟大或平庸——那里,都理应存在这种距离。正是这种距离造成了戏剧与论文之间的差异:戏剧是作者与读者之间的隐性而非显性的交流方式。笔者打算把《高尔吉亚》当成一部戏剧来解读,从而表明,柏拉图并没有把苏格拉底的论证当作他自己的论证强加给我们,而是以戏剧的形式展现它们,以便就这些论证跟我们进行隐性交流,特别就苏格拉底的辩证法或反驳术(elenchus,柏拉图让自己的主角用这套方法建立了那些论证)跟我们展开交流。于是,我们就会发现,柏拉图笔下的苏格拉底压根儿就没打算满足逻辑证明的标准;从分析的视角看更令人沮丧的是,在柏拉图笔下,反驳术不满足逻辑标准,反而能更有力地捍卫苏格拉底式的道德,若满足了那些逻辑标准,其威力就差远了。对我们观众而言,剧作家柏拉图的目的是隐性的,即他要让我们反思苏格拉底式方法的原理;对剧中次要角色而言,主角苏格拉底的目的是显性的,即他要不断给他们灌输那套方法。我的解读就是通过确定上述两种目的的差异,为柏拉图恢复其戏剧艺术原本具有的至关重要的距离。

《高尔吉亚》为什么是对话,或一般而言,柏拉图为什么始终坚持对话形式?对此问题,笔者将通过自己的解读进路,试着给出言之成理且令人满意的答案。[①] 许多非分析学和反分析学的解释者也试图把柏拉图当作戏剧家来处理,不过,他们在解读时很少不倾向于透过自己的哲学假设的变形镜去观察柏拉图。此外,分析学家们那些霸道的逻辑期待常常与柏拉图的意图截然相反,不过,他

---

① E. R. Dodds, *Plato*: *Gorgias*(Oxford: Oxford University Press,1959, 后文仅注Dodds)仍然是迄今最伟大的柏拉图对话注疏,对哲学地或文学地研究这篇作品而言都极有价值。T. Irwin's 的注疏作品,*Plato's Gorgias*(Oxford: Clarendon Press,1980)(后文仅注Irwin, *PG*)尽管思想敏锐,却是固守逻辑分析学派的极端代表,窒息了我们对作为戏剧的对话的欣赏。Dodds之后,把《高尔吉亚》作为戏剧来解读,最富洞见的是C. Kahn,"Drama and Dialectic in Plato's *Gorgias*," *Oxford Studies in Ancient Philosophy* 1(1983): 75-121(后文仅注Kahn),尽管我的解读在不少地方与之根本不同。

们进入文本时的那套训练有素的严格方法，则有助于我们检查过度诠释，诸如戏剧反讽和柏拉图宣称的“未成文哲学”（unwritten philosophy）诱使我们任意推断和过度解释。读者诸君将发现，我力图超越对《高尔吉亚》的分析式解读，但很大程度上又基于分析家们的方法和成果。

柏拉图通过智术师的两个门生即珀洛斯和卡利克勒斯，向苏格拉底的基本主张（道德的生活比邪恶的生活更好、更幸福）发起挑战，从而营造了《高尔吉亚》的主要戏剧冲突。就苏格拉底而言，美德不仅有益于道德行为的对象，也总是极其有益于道德行为者本人；相反，邪恶除了给他人造成物质损害，也总是极端有害于行为者本人，伤害他的灵魂健康。我们可以把“美德总是有益而邪恶总是有害”这个信条称为“苏格拉底原理”。珀洛斯通过声称不义比正义更有益来否定这个原理，卡利克勒斯则通过坚持放纵比节制更有益来否定这个原理。

在一组没有定论或者说陷无解的（aporetic）早期对话中，苏格拉底尽量不去反驳次要角色或回答者的信念，[①] 只是在宣布自己无知的时候，才暴露出他们的无知。反过来看，在《高尔吉亚》中，苏格拉底则坚持自己的原理是正面的选择，可以替代他们的信念，仿佛他拥有别人缺乏的知识。正因如此，人们通常认为，《高尔吉亚》的苏格拉底比以往更“柏拉图化”，少了一些“苏格拉底色彩”；仿佛柏拉图开始把苏格拉底从不可知论者变成中期对话的教条主义者，

---

① 我更喜欢用“回答者”（answerer）这个词而非标准的“对话者”（interlocutor），因为后者更粗陋、更说不准，而“回答者”这个词强调，提问者－回答者之间的角色表演对苏格拉底式的辩证法而言至关重要（对亚里士多德式的辩证法同样如此，尽管在这两种辩证法中，回答者都只有有限的自由去提问和质疑等等）。这里不便讨论这个问题，暂不赘述。

并开始运用反驳法达到一些建设性的目的，而非仅仅用“苏格拉底的”角色作为反驳方法来非难人。

不过，《高尔吉亚》的苏格拉底仍然自称无知，尽管他充满激情地为自己的信念辩护（509a4－7）。更重要的是，如欧文（Irwin）及其他学者指出的，在柏拉图的早期对话中，苏格拉底的诸多表白尽管总是反讽（ironical），但也从未排除正面的道德信念。[①] 苏格拉底一开始就决定把自己的许多信念（首先包括“苏格拉底原理”）当作真理的标准。苏格拉底更重要的无解反驳常常依靠回答者承认：他们自己已经深深陷入苏格拉底的原理之中，以致他们会拒绝任何与之冲突的信念，而且无需任何证据就能判断两者哪个为假。于是，苏格拉底的回答者们就会像苏格拉底那样认识到自己无知，但这丝毫不会导致对苏格拉底原理的任何怀疑。恰恰相反，他们会达到更高的认识，即承认苏格拉底的原理必然是真理。按柏拉图的描绘，苏格拉底的智慧就在于发现美德必然是知识，即关于善恶的知识，只是我们尚未拥有这种知识。我们只有认识到“关于善恶的知识”是美德的唯一定义（这个定义把美德界定为某种总是有益于行为者的东西，从而满足了苏格拉底原理的要求），才能发现美德必然是知识。[②]

从早期对话到《高尔吉亚》，无论柏拉图还是苏格拉底，都没有增加或减少教条主义色彩。不管显性的还是隐性的，柏拉图早期对话的教条（如《申辩》和《克力同》），与《高尔吉亚》的苏格拉底原理及其道德生活的结果之间并无差别。差别只在于，早期对话中的回

---

① 见T. Irwin, *Plato's Moral Theory*（Oxford: Clarendon Press, 1977), pp. 39f（后文仅注Irwin, *PMT*）。

② 我如此解释苏格拉底的无知，见“Socratic Self-Knowledge and ‘Knowledge of Knowledge’ in the *Charmides*,” *Transactions of the American Philosophical Association* 115(1985): 59－77。

答者们总是把苏格拉底原理当作标准来接受,所以,苏格拉底不必为之辩护;《高尔吉亚》中的回答者们却拒绝如此行事,因此,苏格拉底必须为之辩护。只要苏格拉底原理得到承认,柏拉图就用一些无解的作品戏剧化地显示,苏格拉底的辩证法如何能揭示我们在道德上的无知。如果这个原理不被承认,柏拉图就给《高尔吉亚》赋予补充功能,即戏剧化地显示,同样的方法如何为苏格拉底原理辩护。这种辩护不仅关系到苏格拉底的方法,也关系到苏格拉底的生活。苏格拉底的生活遵循着"美德比邪恶更有益"这个原理,同样,珀洛斯和卡利克勒斯拥护的反苏格拉底式生活,则遵循着他们自己的原理,即"邪恶比美德更有益"。苏格拉底如果不能为自己的原理辩护,也就无力为自己的生活方式辩护。故此,苏格拉底在《高尔吉亚》中两次强调,至关重要的问题是如何过上最好的生活(472c-d,500c)。

分析派解释者可能会设想,苏格拉底要辩护,必然试图凭逻辑证明自己的原理为真。恰恰相反,笔者的中心论点是:苏格拉底试图证明,每个人都已经相信这个原理为真。苏格拉底相信,我们每个人从本性上都会把这个原理当成最深的道德信念。如果苏格拉底是对的(或柏拉图让他显得对),那么也就是说,即使像珀洛斯和卡利克勒斯那样自以为不相信这个原理的人,实际上也已经相信了,甚至比通过论证"证明"所获得的确信程度更深。因此,苏格拉底只要能够证明,就连他们也已经像他一样深深相信了这个原理,他就觉得自己已经为这个原理提供了最强的辩护。[①] 所以,苏格拉底的方法是心理学的,而非逻辑学的——不是通过分析论证来让他

① 所有早期作品的读者都会感到《高尔吉亚》中的苏格拉底超级自信:相信自己的论辩会证明真理,即便是在与珀洛斯这样不讨人喜欢的人论辩(例如467a,472bc,473b,473e-474b,475e-476a)。此外,要认识到,这种自信只是特别地适用于这个原理,而非普遍地适用于其他真实信念。

们相信,而是策动他们承认,他们在心底早已一直相信这个原理。苏格拉底是否使用逻辑规则,取决于这些逻辑规则是否可以作为最有效的心理学方法,以便从某个既定的答案中找出回答者潜在的信念。在这种心理战中,苏格拉底的主要武器不是逻辑,而是羞耻。我们会发现,在反驳卡利克勒斯的过程中,逻辑只扮演了一个从属于羞耻的角色;在反驳珀洛斯的过程中,苏格拉底论证的显著特征是,逻辑上的反驳依从心理学上的讲述。①

珀洛斯的论点是,行不义比受不义更可取。换言之,珀洛斯否认苏格拉底的原理,断言不义比正义更有益于行为者,尤其当正义要求我们允许他人以不义方式对待我们的时候。苏格拉底承认,若有可能,他自己宁愿既不行不义,也不受不义;但他同时宣称,如果只有行不义才能避免受不义,那他就宁愿选择受不义——换句话说,正义取向永远比不义取向更有益于我们自己(469b8-c2)。然而,随后的论证关注的并不是正义生活实际上是否更可取,而是是否每个人已经相信正义生活更可取。于是,苏格拉底说出自己为之辩护的立场:

> 我相信,你、我,所有人都认为,行不义比受不义更坏。(474b2-5)

珀洛斯则回应以相反的观点:

---

① 比较G. Vlastos富于洞见但属于分析学派的观点,"The Socratic Elenchus," *Oxford Studies in Ancient Philosophy* 1(1983):49:"任何拥有虚假道德信念的人,总是会同时拥有可以否定那种虚假信念的真实道德信念。"(比较Irwin, *PG*, p. 151)。Vlastos的措辞表明,他假定苏格拉底总会争取使用逻辑论证,并假定回答者们总会相信他们口说或心想他们自己相信的东西。

但我认为，你、我，所有人都不会相信。(b6-7)

为了不让我们忽视这一点，柏拉图让这两个角色立刻重复各自的立场。珀洛斯问："你自己宁愿受不义，也不愿行不义？"苏格拉底回答，不仅他自己宁愿如此，"你、所有人，都宁愿如此"。珀洛斯反驳："远非如此：你、我，所有人都不会宁愿如此。"(b8-10)。苏格拉底说，请回答我的问题(c1)，于是就开始了一连串的反驳。

在这段对话中，柏拉图反复提醒我们注意，角色们讨论的问题是，所有人究竟相信苏格拉底说的话，还是相信珀洛斯说的话。许多人分析苏格拉底的论证时，似乎认为这些论证从逻辑上证明了"受不义更可取"，而没有看到，这些论证只是证明了珀洛斯和其他所有人"都相信受不义更可取"。这种分析表明，他们完全不可理喻地忽视了柏拉图的戏剧信息。苏格拉底没有否认，人们实际上常常选择不义而非选择正义，因此，他的论证是为了鼓励珀洛斯选择正义。但这种鼓励包含某种心理学证明，即：无论珀洛斯还是其他任何人，都已经作出了这样的选择，即使会以受不义为代价，只要他们坚持自己更好的判断，还是能获得最好的利益。详细证明这种说法之前，最好预先看看苏格拉底与卡利克勒斯的相遇。在那里，柏拉图用明显的戏剧手法表明，在苏格拉底揭示人们真正相信的东西时，羞耻扮演了重要角色。我们稍后可以再次回到珀洛斯的论证，看看同样的方法如何隐秘地发生作用。

卡利克勒斯详细阐述了下述观点：正义和节制不是"基于自然的(phusis)"美德，而是"基于习俗的(nomos)"美德。[①] 卡利克勒斯

① 随后概括了卡利克勒斯长篇演说的开头部分(尤其482e-484e)及其对节制的激烈批评(491e-492c)。

把善等同于快乐,首先是身体的快乐;他还坚信,最好的生活就是随心所欲的享乐生活,即直接而贪婪地满足一切欲望。卡利克勒斯追求“强者”(superior)理想:这种人比弱者更渴望快乐,更有能力满足快乐。他还宣称,基于自然的而非习俗的正义,强者有权极度放纵自己。因此,放纵是天然的美德,是强者的特权,而节制是天然的邪恶,因为它压抑强者的快乐欲望,通过剥夺强者的“善”而使之“变坏”。弱者把节制称赞为正义,把放纵贬斥为不义,这并不是因为弱者真相信这些习俗的价值,而是因为他们想要羞辱强者,使之约束自己的欲望。因为弱者知道,在自然状态下,强者会牺牲弱者的利益,取得特权,独占一切快乐。

苏格拉底站在习俗道德的立场上反对卡利克勒斯,维护节制而攻击放纵,认为节制是一种美德,放纵是一种邪恶。在辩论中,苏格拉底指责卡利克勒斯所谓的“自然正义”就是不义,尽管在柏拉图笔下,卡利克勒斯的道德比社会道德深刻得多。[①] 因此,不管根据苏格拉底的用语,还是根据习俗的看法,卡利克勒斯鼓吹的论点都是:对强者而言,邪恶比美德更有益。相反,苏格拉底的原理则是:对所有人而言,美德总是比邪恶更有益。

根据卡利克勒斯的说法,羞耻是一种出自习俗道德的非自然情感,目的是为了抑制人们的自然信念(邪恶会有益),口头上说是为了美德。卡利克勒斯用羞耻理论来批判(482ce)苏格拉底此前对珀洛斯和高尔吉亚的反驳。卡利克勒斯认为,珀洛斯宣称行不义比受不义更可取的时候,已经表露了自己的真实想法。然而如我们所见,苏格拉底却诱使珀洛斯承认行不义更可耻,并证明珀洛斯宣称的论点与他这里的承认不兼容,从而否定了他的论点。但

---

① 比较Irwin, *PMT*, pp. 19–24。

卡利克勒斯反对说，珀洛斯承认不义行为更可耻，只是屈服于习俗道德，害怕说出自己“真正”相信的“自然的”真理——即正义既是更可耻的又是更不值得欲求的生活方式——会招致其他人的微词(483a7－b4)。同样，卡利克勒斯还认为，高尔吉亚过于轻易地向羞耻投了降。高尔吉亚首先声称，作为修辞术教师，他没有义务确保学生以正义的方式使用修辞术。但苏格拉底很快让高尔吉亚感到羞耻并承认，学生若对正义毫无所知，他毕竟会感到有责任在传授修辞术之前让学生成为正义之人(459c－460a)。卡利克勒斯说，像此前的珀洛斯一样(461b4－c1)，高尔吉亚的妥协“仅仅”是为了摆脱羞耻——因为他害怕触犯习俗道德(482d2－3)。

卡利克勒斯指责苏格拉底在上述两种情形中使用了某种独特的伎俩：要是回答者的论点表现为“自然的”信念，苏格拉底就让他感到羞耻并一口承认某些习俗的前提，从而反驳它；反过来，要是回答者坚持习俗的论点，苏格拉底就利用回答者承认的某些前提来反驳习俗的论点，因为那些前提体现了他凭自然真正相信的东西(482e–483b)。对卡利克勒斯来说，自然的价值和习俗的价值总是相互矛盾。他认识到，苏格拉底总是这样通过挑拨二者之间的关系来反驳任何论点。不过在他眼中，这些反驳都是虚假的，因为它们并没有揭露出自然信念体系内部的任何矛盾之处。

多兹代表所有评注家假设，柏拉图赞同卡利克勒斯的批判，认同卡利克勒斯关于人们真实信念的理论。[1] 但这是一种极端的误解，会使我们完全歪曲地去理解《高尔吉亚》的内容。我会证明，事实上，关于羞耻与信念之间的关系，苏格拉底的隐性观点与卡利克

① Dodds, p. 263; Irwin, *PG*, pp. 170－172; Kahn, p. 94; R. Schaerer, *La question platonicienne*, 2nd ed.(Paris: Vrin, 1969), p. 52.

勒斯的观点完全相反。对卡利克勒斯而言,羞耻是一种非自然的情感,抑制我们作恶的真实意愿;苏格拉底则相反,在笔者看来,他相信,耻于作恶是一种自然印记,表明我们心底其实更愿意行善。对苏格拉底而言,卡利克勒斯所谓的“自然的”信念恰恰代表了人为的价值,是通过高尔吉亚式修辞教育的败坏,从外面强加在我们身上的。

另一方面,在苏格拉底看来,卡利克勒斯当作习俗价值予以排斥的东西,恰恰代表了人们天然相信的东西——尽管社会实际上诱导我们作恶,但我们还是继续从心底坚持这些价值。尽管社会常常以官方口吻敦促我们以作恶为耻,但又仍然从非官方角度把财富和权力作为至善加以重视。因此,柏拉图认为,社会会诱使我们对高尔吉亚的教诲产生好感,继而堕落。高尔吉亚教导我们如何在没有道德约束的情况下攫取那些好处,并怂恿我们羡慕有些人,他们通过作恶获取了那些好处却未受惩罚。故而,珀洛斯为了说明不义更可取,提到邪恶暴君阿克劳斯(Archelaus)的财富和权力(471ad)。然而,在苏格拉底看来,通过加强我们耻于作恶的自然感觉,社会会帮助我们终生坚持我们心底的信念:邪恶尽管带来物质回报,但终究比美德对我们更坏,无论美德会给我们带来多少物质上的困苦。

尽管卡利克勒斯可能正确地认为反习俗的道德是内在一致的,但在柏拉图笔下,他错误地认为,苏格拉底不应该用那些受羞耻支配的“习俗的”信念来反驳自己的看法。苏格拉底没想去揭露反习俗道德的内在矛盾,而是利用我们的羞耻感揭示出,我们实际上并不真正相信反习俗道德,尽管口头上说相信,甚至也认为自己相信。简言之,尽管苏格拉底同意卡利克勒斯的看法,即所有人凭自然相信的东西必定是正确的,但至于人们凭自然相信的东西是什么,他们二人所持的看法截然相反。卡利克勒斯认为,人们只是出于羞耻才声称自己真正相信的东西为假;苏格拉底则认为,人们正是出于羞耻才断言自己真正相信的东西为真。卡利克勒斯认为,人们耻于声称自己真正相信的东西为真;苏格拉底则认为,人们耻于声称自己真正相信的东西为假。[①]

苏格拉底在详细阐述反习俗观点的过程中,几次夸奖卡利克勒斯"坦率"(parresia,487a3, d5-7,492d1-3);卡利克勒斯抓住苏格拉底的夸奖(491e7-8),装作不为羞耻所动,不向他人表露自己的真实信念。用多兹的说法,卡利克勒斯自诩具有"坚持自己的信念的勇气"而不同于他人(Dodds, p. 263)。多兹再次说出一个普遍的看法:即认为柏拉图同意卡利克勒斯的自我评价,并把苏格拉底的假意认同当真。其实,柏拉图的戏剧手法表现得非常明显:苏格拉底称赞卡利克勒斯坦诚不过是极端的反讽罢了。

的确,在回应卡利克勒斯滔滔不绝的公开演讲时,苏格拉底称赞他有三种品质:除了坦率,还有就是知识和对苏格拉底本人展现的善意(478a2-3)。笔者不用证明也能看出,苏格拉底称赞卡利克勒斯的"知识",不过是反讽。至于"善意",苏格拉底之所以接受卡利克勒斯所谓的对他"相当友善"(485e3),[②] 乃因为卡利克勒斯

---

① 就连 Kahn(pp. 83-83 and 94-95)也没看到(尽管他有很好的戏剧感),卡利克勒斯的羞耻观显得是反苏格拉底的和错误的,因此,他追随传统的卡利克勒斯-多兹路线,认为高尔吉亚和珀洛斯并不真正相信他们出于羞耻而说出的话。就柏拉图的羞耻观而言,我发现,现代唯一近似我的观点的,只有 Schaerer, *Question*, p. 102 的简要阐述(参照《王制》中苏格拉底用羞耻反对忒拉绪马科斯)。说来奇怪, Dodds 在其导言结尾倒是顺带提到这一点(p. 30, n. 2)。W. H. Race, "Shame in Plato's *Gorgias*," *Classical Journal* 74(1979): 197-202 归根结底没有多大帮助。

② 对 epieikōs philōs 的这个不冷不热的译法,见 Dodds, p. 276。

刚才在苏格拉底面前和在最亲密的朋友面前表露的哲学观并无二致(487b7-d4)。无疑,这种观点认为哲学是幼稚而盲目的,不过是浪费时间。[①] 带着这种“友善的”精神,卡利克勒斯宣布,任何人成年之后还搞哲学,就“该打”(485c2)。卡利克勒斯戴着善意的帽子警告苏格拉底,除非苏格拉底放弃哲学而从事修辞术,不然,就只能让别人随意打自己耳光,在法庭上连为自己辩护的能力都没有(486b4-c3)。柏拉图显然在请我们思考,卡利克勒斯及其朋友们是一丘之貉,都倾向于攻击哲人;对此,无论我们自己还是苏格拉底,都一目了然。因此,我们自然可以怀疑,苏格拉底称赞卡利克勒斯的坦率、知识和善意,都不过是反讽。[②]

苏格拉底总是坚持一个反驳原则:回答者要坦率说出自己相信的东西。柏拉图不断让苏格拉底遭遇这样的回答者:他们预先把反驳法当作一种智术师式的辩论,其目标是捍卫自己的论点(无论正确还是错误),保证自己不被驳倒,以免成为“输家”。因此,他们在回答苏格拉底的问题时,如果觉得诚实的回答会让苏格拉底驳倒他们的论点并“获胜”,他们就会隐瞒或反对自己的真实信念。苏格拉底则希望他们把辩证法当作一种合作式探究,每个参与者都欢迎另一个人来纠正自己的错误信念。因此,苏格拉底坚持,回答者必须总是说出自己真正相信的东西,即使当(尤其当)它会遭到反驳时,因为他若为了避免“输掉”而说谎,就会阻碍他们从虚假的信念

---

① 尤见484c-486d,489b,490cd,490e,491e; Dodds, pp. 282f完全没有注意到,苏格拉底假装被人恭维带有反讽效果。

② Schaerer, *Question*, p. 103;据我所知,只有他说到这些补充是反讽,尽管如此,他认为只是部分如此,他并不在意他所察觉的反讽。

通向真理。[①] 在苏格拉底为自己的原理辩护的过程中,这个原则尤其举足轻重。苏格拉底的目的在于表明一个否认苏格拉底原理的人其实恰恰相信它,因此,他必须表明,回答者不可能坚持自己目前坚持的信念,除非已经相信苏格拉底原理;苏格拉底的成功有赖于回答者忠实坦率地说出其他信念。

然而,在柏拉图笔下,卡利克勒斯在违反上述原则方面是最反苏格拉底的回答者,正如他在公开表达何为好生活的问题上最反苏格拉底。尽管卡利克勒斯夸耀自己摆脱了羞耻感,他最终还是像高尔吉亚和珀洛斯一样,为自己的论点感到羞耻,并在心底确信自己的论点错了。卡利克勒斯非但没有"勇于坚持自己的信念",甚至比高尔吉亚和珀洛斯更不坦率,因为他害怕"输掉"辩论,这种恐惧使他没有勇气承认自己的羞耻感,甚至在其自我宣称(自称相信自己的论点)已经公然变得不诚实的时候,他仍不承认。为了跟这种拒绝坦率的做法斗争,苏格拉底的策略是,从不加选择的快乐主义中引出一系列令人羞耻的结论,一个比一个令人羞耻;就这样戏弄卡利克勒斯自夸的坦诚,直到卡利克勒斯全面崩溃,承认自己的论点太可耻且因而不对。

这一系列结论的第一个是:如果快乐是善,那么,搔痒的生活就是幸福的。苏格拉底以反讽的语气告诫卡利克勒斯,"不要害羞,不要耻于"接受这个结论(494c)。卡利克勒斯怒斥苏格拉底这个论证纯粹是大众演说(d1),尽管他若要坚持自己的论点,就必须赞同该结论。苏格拉底坚持:

---

① 尤参457d-495b,470c;亦见,如《卡尔米德》165c,166cd;《拉克斯》190b,196c,198b,199a,200e;《普罗塔戈拉》331be。

> 我已经打倒并羞辱了高尔吉亚和珀洛斯，当然，你肯定不会像他们那样被羞耻打倒——因为你本人勇敢呀！

读者当然想看到，卡利克勒斯若真是“勇于坚持自己的信念”，他就会承认自己的感觉：搔痒的生活令人羞耻，鼓励这种生活的享乐主义肯定是错误的。但恰恰相反，为了维护自己的论点，卡利克勒斯竟假装相信搔痒者会过上永远幸福的生活（d6－8）。[①]

于是，苏格拉底引出一个更令人羞耻的结论：娈童的生活是幸福的（494e）。在此，柏拉图用微妙的戏剧反讽手法，让卡利克勒斯惊呼，“你不觉得可耻吗，竟把这些话题拉进来讨论？”（e7）。显然，正是卡利克勒斯自己的论点把这个结论“拉进来”的，他骂苏格拉底无耻，无非是为了避免坦率承认，他不能真正相信自己这个可耻的论点。[②] 然而，卡利克勒斯这次承认，他说娈童幸福只是“为了让我的立场（logos）前后一致”（495a5－6）——这等于承认，他不再真正自称相信自己的论点。于是，苏格拉底责备他的回答违反他的信

---

① 苏格拉底此前告诫卡利克勒斯不要“像别人那样屈服于羞耻”（489a），但他指的是卡利克勒斯作为辩论者具有争强好胜的羞耻心，因为卡利克勒斯不太情愿承认一个明显从他已经承认的前提推出的结论，尽管不会造成道德上的羞耻，但会导致他“输掉”一轮（比较Dodds, *ad* 489a2）。这里的反讽是，“别人”不会屈服于争强好胜的羞耻心，但卡利克勒斯会，正如别人会“屈服于”道德羞耻心而卡利克勒斯自夸自己不会。

② 柏拉图为什么没有让卡利克勒斯拥护苏格拉底在《普罗塔戈拉》中阐述的那种更有鉴别力的快乐主义？他岂不是让卡利克勒斯的立场更容易被苏格拉底驳倒吗？答案是，柏拉图在这里关心的不是有没有一种站得住脚的快乐主义，而在于戏剧化地阐明：如果我们否认节制是有益的，就会导致一种多么荒谬的关于美好生活的概念。因此，柏拉图不仅要让我们理解，苏格拉底原理必定符合节制观念，而且要让我们明白，我们承认某些荒谬之理恰恰表明，我们已经相信苏格拉底原理。至于其他补充性的答案，见Kahn, pp. 104－105。

念(495a7－9)。卡利克勒斯为了挽回颜面,就断言,这些结论只是"在你看来"可耻(495b7)。不过,卡利克勒斯此前的劝诫——"你不觉得可耻吗?"——作为柏拉图戏剧的正面论据,表明卡利克勒斯同样觉得那些结论可耻。

羞耻最终使卡利克勒斯摇摆在坦率的边缘。但苏格拉底现在试图用一个论证把他彻底推下去,这个论证的结论不是"快乐主义是可耻的",而只是"快乐主义在逻辑上是不可能的"。快乐不可能是善,因为快乐和痛苦这个对子不可能等同于善和恶这个对子(495e－497d)。卡利克勒斯用沉默来回应这个结论(497d8)。沉默的戏剧意义有两方面。首先,沉默表明,卡利克勒斯找不到苏格拉底论证的任何逻辑漏洞(无论是否有漏洞),就像他之前无助地叫嚷一样,称这只是大量诡辩的废话(497a6–c2)。[①] 其次,沉默表明,仅凭逻辑不足以让卡利克勒斯承认自己的论点错了。卡利克勒斯这里的沉默与他压抑不住的愤怒(用"你不觉得可耻吗?"回应最后那个可耻的结论)之间的对照,就是柏拉图的戏剧方式:要想给卡利克勒斯致命一击,最终迫使他变得坦诚,苏格拉底需要的武器不仅仅是逻辑,还有羞耻。

相应地,苏格拉底立即回到一系列令人羞耻的论点,他从卡利克勒斯的享乐主义引出如下结论:懦夫像勇者同样多地享有善,甚至享有更多,因为懦夫逃避危险所得的快乐(善)至少不亚于勇者面对危险所得的快乐(497d－499b)。此时,卡利克勒斯可能在其他方面反苏格拉底,但在这一点上他像苏格拉底一样肯定:勇者比懦夫更好,即拥有更多善。的确,勇敢是"自然的"美德,是卡利克勒斯

---

① 我不敢苟同 Dodds, p. 309,他认为,这表明卡利克勒斯已经看出某种荒谬之处。

大加赞赏并最渴望得到的美德(比较Dodds, p. 314);形成反讽对照的是,他在对话中却害怕坦诚。卡利克勒斯的论点迫使他承认,勇敢与懦弱在道德上等同——但就连他自己也会感到道德上的羞耻,从而难以忍受这个结论。最终,他公开拒绝自己的享乐主义,而承认自己始终像"所有其他人那样"相信,某些快乐是坏的(499b4-8)。[①]

请注意,在这个高潮时刻,柏拉图没有直接聚焦于苏格拉底的价值观是否正确,而是聚焦于所有人真正相信的东西。任何人只要像卡利克勒斯承认的那样(他自己和所有其他人都)相信某些快乐对我们来说是坏的,就也会同时像苏格拉底那样相信节制(自我克制能使我们抵制有害的快乐)比放纵(冲动会怂恿我们沉迷于有害的快乐)更有益。卡利克勒斯之前宣称不相信苏格拉底的原理,现在却承认自己始终相信节制比放纵更可取;之前认为人们凭自然相信放纵,现在却承认所有其他人也宁愿选择节制。这些都是自相矛盾。此刻,卡利克勒斯的羞耻感如决堤之水,于是他很快妥协并承认:要过美好的生活,关键要有从好的快乐中清除坏的快乐的技艺(499c-500a)。[②]

通过迫使卡利克勒斯当着他自己和其他人的面承认自己的真

---

① 苏格拉底使人羞耻的方法在传统上得到极大误解,例如,W. K. C. Guthrie就认为卡利克勒斯的投降是一种"无耻的变卦"(volte face)(*A History of Greek Philosophy* [Cambridge: Cambridge University Press, 1975], 4: 291)。之所以说"无耻",因为卡利克勒斯之前很长时间一直都不愿通过承认自己的羞耻而做出转变。

② Irwin, *PG*, p. 167说,快乐主义并非来自卡利克勒斯的自然正义学说,所以自然正义学说仍然没有被驳倒。但他没有认识到,把节制从美好生活清除出去,正是卡利克勒斯自然正义观的本质——对强者而言,正义就是想要多少快乐就要多少快乐。因此,把节制加入美好生活,其实破坏了自然正义学说。

实信念，苏格拉底达到了之前的目标：让“卡利克勒斯同意卡利克勒斯”并“正确地看清他自己”(482bc,495e)；也就是说，让卡利克勒斯嘴上声称相信的东西符合他心底实际相信的东西。卡利克勒斯起初可能无法充分认识自己的真实信念，但我们已经看到，反驳带来的羞耻感怎么逐渐迫使他认识自己的真实信念，而他怎么试图掩盖它们。苏格拉底反复警告卡利克勒斯，他的回答违反他的信念(499bc,500b)，并说，朋友从来不会这样做(499bc2-4)。卡利克勒斯的善意和坦率如此而已。在此，苏格拉底自称在判断卡利克勒斯的性格时出现失误，这当然是反讽；显然，他始终明白，卡利克勒斯既不坦率，也不友善。

现在我们就能解释，苏格拉底起初为什么称卡利克勒斯为真理的“试金石”(487e1-3)。卡利克勒斯提出极端反苏格拉底的道德，还强作骄傲地宣称不受羞耻感所动；较之珀洛斯和高尔吉亚，卡利克勒斯更顽固地抵抗反驳的压力；因此，苏格拉底若能表明，连卡利克勒斯也打心眼里相信苏格拉底原理，他就更有理由觉得自己已经证明所有人都相信这个原理，因此，这个原理必定是对的。因此，苏格拉底说，既然卡利克勒斯同意他，他也就达到了真理的目的(487e7)。在把这个原理用到节制问题上时，苏格拉底尽量拖延这个原理预示的道德结论；这时，卡利克勒斯几次拒绝合作，不愿再回答问题，试图摆脱那些结论(例如501c,505cd,510a)。但不管卡利克勒斯愿不愿意，柏拉图都把卡利克勒斯作为决定性的证据，来证明苏格拉底把羞耻作为每个人真实信念的标记，从而作为苏格拉底道德的真实性的标记，这种做法是有效的。就这样，苏格拉底胜利宣布，高尔吉亚和珀洛斯出于羞耻而承认的东西已经证明为真(508b7-c3)。

现在我们就能够来解释珀洛斯的论证了。为了否定苏格拉底原理，珀洛斯采取了下述形式，我称之为“有害命题”(Harm-

Thesis，简称HT）：

HT：受不义对遭受者而言比行不义对行为者而言更有害，

像卡利克勒斯一样，珀洛斯认为，所有其他人都会同意自己的反苏格拉底式论点，都会把苏格拉底偏爱受不义的态度视为一种违反常识的可笑义愤，不予理睬。苏格拉底声称，他根本不关心作为群氓的所有其他人说什么，只关心作为个体回答者的珀洛斯说什么。这种一对一的反驳带来令人羞耻的压力；在苏格拉底看来，人们在屈服于这种压力之前通常所认为相信或号称相信的东西毫无价值，无法证明他们是否真正相信。[①] 像对付卡利克勒斯一样，苏格拉底的策略是利用珀洛斯的羞耻感，使他“正确地看清他自己”，进而正确看清所有其他人。

苏格拉底首先让珀洛斯承认自己的信念，我称之为“羞耻命题”（Shame-Thesis，简称ST）

ST：行不义比受不义更可耻（474c7－8）。[②]

然后，苏格拉底反驳如下：

A：某个东西美（kalon），或因它令人快乐（hedu），或因它有益（chresimon，ophelimon），或因两者兼备（474d3－475a4）。

B：美的反面是可耻（aischron），快乐和有益的反面分别是

---

① 珀洛斯诉诸群氓，见470c4－5，471c6，d1，473b12－d2，473e2－5。苏格拉底的回答，见471e－472c，474ab，475e－476a。

② Irwin，*PG*，p. 159；Irwin像卡利克勒斯那样认为，珀洛斯若坚持自己的论点，就应该已经否定了ST。像卡利克勒斯一样，Irwin没有看到，珀洛斯其实相信ST，他否定ST只是反抗反驳规则的一种论辩策略。

痛苦(luperon)和有害(kakon)(475a4-5)。

C:故,某个东西可耻,或因它令人痛苦,或因它有害(475a5-b2)。

D:但,行不义肯定不比受不义更痛苦(475b3-c4)。

E:故,既然ST,行不义更可耻,必定因为行不义更有害,与HT矛盾(475c4-9)。

F:所以,无人宁愿选择行不义而非受不义(475d1-e6)。

如果苏格拉底通过逻辑上证伪HT来证明F,那么,这个论证就荒谬至极,原因稍后讨论。不过,苏格拉底的目的是表明珀洛斯及其他所有人已经不相信HT,从而证明F。为了达到这个目的,苏格拉底必须回避珀洛斯的虚幻信念并小心谨慎——作为未来的智术师,他警惕任何可能导致自己被驳倒的或真或假的推论。因此,从A到E不是一系列出自ST的逻辑推导,而是一种迂回的心理策略:利用珀洛斯对ST的真实信念来暴露他对HT的不相信;在这个过程中,苏格拉底一直对珀洛斯隐藏这个目的,等到珀洛斯识破时,已经晚了。论证在心理上的有效性恰恰在于其逻辑上的无效性。因为珀洛斯受不了ST带来的羞耻感,才不得不承认苏格拉底的说法(受不义更可取),尽管珀洛斯显然在逻辑上无可非议。

苏格拉底开始命题A,把美分为快乐的和(或)有用的,出于两个原因。第一,直觉告诉苏格拉底(确切地说,柏拉图让他直觉到),这是所有人实际都会赞赏的,以致珀洛斯觉得A命题不证自明。这种划分显得过于功利主义或享乐主义,不像苏格拉底所为,以致让人觉得,苏格拉底似乎从一个他认为错误的前提开始论证。[①] 但苏格拉

① 尤见Kahn, pp. 93 and 113, n. 62。

底所举的美的例子(艺术、法律、风俗和知识,474d3-475a2)表明,他想到的是某些非物质的快乐和益处,例如良法之于社会、知识之于灵魂。从这个角度理解,命题A毫无疑问就是苏格拉底的观点——除此以外,苏格拉底还会赞美什么?在某种意义上,正是这些例子激起珀洛斯对命题A的认同,这个认同的重要性很快就会显现出来。

第二,苏格拉底以命题A开始,还因为:尽管他心里已经想好如何从命题A迫使珀洛斯承认自己不相信命题HT,但对珀洛斯这样的人来说(他还不明白这两个命题之间的联系),命题A与命题HT相距甚远,以致他似乎可以放心承认命题A,而不必担心命题HT会被驳倒。毕竟,命题HT涉及行不义与受不义哪个更有害,而苏格拉底这里突然问他看似与此无关的概念:美。这集中体现了柏拉图赋予其主角作为心理战略家的天赋:挑选一个无可置疑的共同信念作为前提,这个共同信念提供最短的道路以反驳回答者的论点,但又显得远离其论点,以致丝毫不会引起反抗。

分析家最著名的批评——得归于弗拉斯托斯(G. Vlastos)[①]——涉及苏格拉底从A到B推论过程中提出的两对概念,即"快乐和(或)有益"与"痛苦和(或)有害",相互矛盾。珀洛斯承认命题A,美的东西可能令人快乐;根据苏格拉底所举的第一个例子,即艺术作品,弗拉斯托斯设想,珀洛斯所谓的快乐乃是旁观者的快乐。珀洛斯承认命题C,可耻(丑)之物可能令人痛苦,弗拉斯托斯同样予以逻辑界定。为了诱使珀洛斯承认命题E,即行不义比受不义更可耻,所以更有害,苏格拉底必须首先诱使珀洛斯在命题D中不选择"更痛苦"。但是,为了达到这个目的,苏格拉底问的是,行不义者

① G. Vlastos, "Was Polus Refuted?" *American Journal of Philosophy* 88(1967):454-460。

与受不义者哪个更痛苦。珀洛斯显然觉得受不义者更痛苦，因而行不义肯定不会更痛苦。弗拉斯托斯抗议说，从逻辑上讲，应该问“对某个不义行为的旁观者而言，行不义与受不义哪个更痛苦？”，而不是问行不义者与受不义者哪个更痛苦。[①] 弗拉斯托斯忽视了下述事实：苏格拉底所举的其他美的例子，都不仅仅会令旁观者感到快乐。[②] 不过，珀洛斯仍然可以从逻辑上假定，对旁观者而言，不义行为更痛苦，因而更可耻，正如一个行为对某人而言更快乐，因而更美。既然一个可耻行为只需令人痛苦或有害，而不必两者兼备，珀洛斯就可以否认行不义更有害。

此外，还可以就“有益”和“有害”提出类似的反对理由，弗拉斯托斯未想到。苏格拉底所举的美的例子让人想到各种各样的益处，但他却假设，可耻行为带来的害处必定对行为者有害。[③] 因此，即便珀洛斯觉得必须选择“有害”而非“痛苦”作为命题“行不义可耻”的原因，他也仍然可以坚持：不义行为尽管必然对某人或别人有害，也未必对行为者有害。用弗拉斯托斯的话来讲，“珀洛斯若能时刻保持警惕（qui vive）”，他就可以好好利用这些模糊之词造成的逻辑漏洞，避免“可怜的投降”。[④]

此处，弗拉斯托斯表达了大多数分析家的喜好和愿望：苏格拉底的回答者可以抓住每个逻辑上的良机，摆脱苏格拉底的反驳。不

---

① 参Irwin, *PG*, pp. 157f; Dodds, p. 249; Kahn, pp. 92f；以及Guthrie, *Greek Philosophy*, pp. 311f对Vlastos的无效反驳。

② 参Kahn前揭书，页89以下。

③ Irwin, *PMT*, p. 310, n. 8：他正确地拒绝了苏格拉底这里的逻辑失误和故意欺骗理论（关于“欺骗”，见Kahn, pp. 91f），认为这有赖于“假设”。不过，他仍然想让珀洛斯反对说，苏格拉底必须证明自己的假设，而不顾珀洛斯在剧中其实已经接受了苏格拉底的那些假设。

④ Vlastos, “Was Polus Refuted?” pp. 458f.

过,这样回答只是为了避免“输掉”,而非出自真实的信念,因此,分析家无异于希望他们违背辩证的基本原则。这些分析家像珀洛斯一样,没有能挑战苏格拉底那脆弱的逻辑推理,也没能想到,柏拉图可能使回答者已经相信推理所要求的那些前提。若果如此,苏格拉底只需用辩证法的优势就可以让珀洛斯承认自己的观点,而无需用一个掩盖其真实信念的反对理由来“战胜”珀洛斯(尽管这在逻辑上可行),从而阻塞通达真理的辩证之路。

分析家没有勘察这种戏剧前提,就沾沾自喜地设想柏拉图不知逻辑。然而,柏拉图通过自己的事业反复证明,他完全有能力让自己笔下的角色指出此类低级错误,从而让我们注意到这些错误。[①]因此,我们理应尊重柏拉图,方式就是遵循下述经验原则:如果我们看到某个明显的错误,那是因为剧作家出于某种戏剧目的让这个错误变得明显。如果剧作家让自己笔下的角色默默忽略这个明显的错误,那是因为剧作家想让我们想想他们为什么这样做。[②] 这里,苏

① 这是个泛泛的、有争议的宣称,限于篇幅,无法展开证明。但例如,《卡尔米德》165e-166c与Mckim,“Socratic Self-Knowledge,” pp. 60f;《普罗塔戈拉》350c-351b; R. Sprague, *Plato's Use of Fallacy*(New York: Barnes & Noble, 1962)关于《欧蒂德谟》《泰阿泰德》和其他对话的论述。关于“柏拉图的故意犯错”,较有分量的评论见R. Robinson in *Mind* 51(1942): 97-114,尤其是105-109论到种种类型的含混(此文后来收录于*Essays in Greek Philosophy*, Oxford: Oxford University Press, 1969, pp. 16-38)。

② Robinson(同上,页109)认为,“反讽”在这种假设方面对柏拉图的要求是“超于常人的”,但我们可以冒险回应说,通过否定逻辑而造成的这种逻辑上的幼稚对他的要求,即使不是“低于常人的”,也至少作为前亚里士多德式的逻辑上的幼稚而无需辩解。Robinson称,少数现代读者发现了未受注意的谬误,但他们肯定是受过训练才能发现;柏拉图写下这些对话,某种程度上无疑正是作为学园里学生学习的材料,以便训练他们发现那些谬误。

格拉底甚至无需运用逻辑强迫，就能轻易诱使珀洛斯承认不义对行为者有害，进而否定命题HT：柏拉图是想让我们想想，这展现了珀洛斯的哪些特征。当然，这表明，珀洛斯已经相信命题HT，因此无需详细论证。珀洛斯在论证中感觉到的“必然”（ananke，475a5，b2，b8）是心理上的，而非逻辑上的。不像卡利克勒斯，珀洛斯在自己的真实信念方面足够坦率，以致会屈服于这种必然所导向的任何地方。①

尽管苏格拉底所举的美的例子集合了各种各样的受益者，我们仍能发现把它们集合在一起的显著特点：较之不义行为赋予的财富和权力，它们都赋予一些非物质的益处。珀洛斯对阿克劳斯充满羡慕的赞美表明，他心里盘算的是那些物质利益；为了让珀洛斯断掉这种痴迷，苏格拉底试图提醒珀洛斯，他已经认识到某些非物质的益处，已经羡慕那些享有并带来非物质利益的人。就这样，当论证转向可耻行为带来的害处时，苏格拉底就巧妙地引导珀洛斯开始从该术语的另一个他熟悉但拒绝的角度思考问题，即非物质的害处。

苏格拉底当然相信，行不义既痛苦又有害，因而可耻，因为苏格拉底是从行不义者的灵魂方面看问题，尽管珀洛斯在命题D中否认“更痛苦”——因为不义行为显然是给受不义者而非行不义者带来物质上的痛苦。看来，“痛苦”这个模棱两可的范畴，在某种意义上能使逻辑论证变得无效。② 不过，“可耻命题”的关键在于珀洛斯如

---

① 一项有关珀洛斯的回应和卡利克勒斯的插话的研究强调，《高尔吉亚》与《王制》卷一之间在戏剧结构上有对应关系。在这两篇对话里，都是一位堕落但和蔼的老人（高尔吉亚，克法罗斯）让位于一位轻率但道德上仍然可救的青年（珀洛斯，珀勒马库斯），而一位桀骜不驯的反苏格拉底分子中途插入（卡利克勒斯，忒拉绪马科斯），打断了青年的进步。

② 比较Dodds，p. 249和Irwin，*PG*，pp. 157f。

何理解那些前提，而非苏格拉底如何论证，或可能有什么逻辑。命题D表明，珀洛斯觉得行不义对行不义者而言是可耻的（ST），也就是说，行不义属于让他感到痛苦和（或）对他有害的东西（C），尽管他相信，不义行为只对受不义者而言是"痛苦的"。那么，珀洛斯必定觉得，不义行为对行不义者而言"有害"，这种害处在某种意义上不同于行不义者给受不义者造成的物质损害，换言之，不义行为给行不义者带来*非物质的*伤害。照苏格拉底的话说，珀洛斯已经相信，不义行为会伤害行不义者的灵魂健康——*并且*，这种灵魂伤害远远超过不义行为带来的物质利益，要不然，珀洛斯就会因为二者利益均衡而赞美不义行为了。

珀洛斯自己无意间确认，他心底始终持有这些信念。不久，珀洛斯又主动承认（未经任何论证，仿佛下述观点对他而言压根就不新鲜）：不义行为造成灵魂的疾病，这种疾病远比贫困或身体的疾病更可耻（477bc）。[①] 从A到E步骤的简短重复很快让珀洛斯同意，灵魂疾病最有害，因而最可耻（477ce）。显然，珀洛斯从未真正相信，伤害我们灵魂健康的行不义会比仅仅带来物质损害的受不义更可取。这些自愿承认的结果就是露出马脚。一旦苏格拉底从高尔吉亚的催眠中唤醒珀洛斯的羞耻感，他的真实信念就自动显露出来。因此，柏拉图用戏剧手法表达了下述观念：我们对行不义的想法感到羞耻，这种羞耻感根植于我们自然的直觉，即觉得我们对自己的伤害可能远远超出对别人的伤害。[②] 如果我们真的相信不义行为对

---

① Irwin, *PG*, *ad* 477a：他抱怨说，苏格拉底"还没有说明，正义怎么会像健康那样明显可取"。但柏拉图的戏剧重点在于，珀洛斯已经相信正义*更*可取。

② 这里简单答复了Irwin的批评（*PG*, pp. 125f）。他说，苏格拉底的道德理论让我们"没有好的理由"说明，为什么正义地对待别人对我们有益。其实，只是没有足够"好的理由"让我们比实际上更强烈地相信这点而已。

行不义者有益，我们就会像珀洛斯那样羡慕阿克劳斯那样的人。但柏拉图暗示我们，在内心深处，无论珀洛斯还是其他任何人，都不会真正羡慕这种人，因为我们确信，他给自己灵魂带来的伤害远远超过他得到的物质报酬，正如苏格拉底所言，这种人不仅不值得羡慕，反而可怜（469a，478e－469a）。

通过暴露苏格拉底论证的逻辑缺陷，柏拉图提请我们摆脱逻辑分析路线。不过，这种提请其实是一种挑战：如果我们忠诚于自己真实的信念，我们就能够摆脱逻辑分析吗，至少像珀洛斯那样？如果我们要求从逻辑上证明“可耻行为对行为者而言是有害的”，而不承认（像珀洛斯最后肯定会做的那样）我们觉得它们可耻是因为我们已经相信如此，那么，在柏拉图眼里，我们就把自己摆在比智术辩论家更低的水平，只是为了“赢得”争论而拒绝承认我们真正相信的东西，忽视真理。或许，我们能够证明自己是比珀洛斯更聪明的逻辑学家（一个不大可靠的区分），但从柏拉图的观点来看，更重要的是，我们只能证明自己还不如卡利克勒斯坦率，不忠实于我们自己，不敢面对我们羞耻感的道德结果。

因此，柏拉图发出了挑战：你当然能够查出论证的逻辑缺陷——我柏拉图埋下这些缺陷就是为了让你查出来——但是，你能否问心无愧地宣称，你需要为苏格拉底的信念作逻辑论证？你能否像苏格拉底的回答者们那样，问心无愧地否认，你内心已经深深持有苏格拉底那些缺乏逻辑效力的信念？柏拉图像他笔下的主角那样，确信我们不会如此。柏拉图调动自己的戏剧力量使我们接受他的信念：苏格拉底的道德深深根植于我们心中，其真理无需逻辑证明。

真理的政治

罗科（Chris Rocco） 撰

李晓进 译

关于仇恨和嫉妒，不仅亚里士多德，而且整个古代希腊，都跟我们想得不一样，并认同赫西俄德的判断。他一方面称一个厄里斯（Eris）为恶，即一个把人类引向相互仇恨的毁灭战争的厄里斯，一方面又赞扬另一个厄里斯为善，即一个作为猜忌、仇恨、嫉妒而刺激人类行动的厄里斯——不是促进毁灭性的战斗行动，而是促进作为竞赛（contest）的战斗行动。

——尼采

我们倾向于通过权力产生真理，而我们除非通过产生真理就不能实施权力。

——福柯

根据拉尔修和中世纪的抄件传统，柏拉图的《高尔吉亚》有副标题"或关于修辞术"（e peri rhetorike），这也许是个太过明显的命名，出自苏格拉底最初向高尔吉亚提出的问题，即"什么是修辞术？"。[1]

---

① 我主要参考的是E. R. Dodds编本，*Gorgias, A Revised Text with Introduction and Commentary*（Oxford：Clarendon Press，1959），以及更新的Terence Irwin译注本（Oxford：Clarendon Press，1979）。除非另有说明，采用Irwin译文。

现代评论家们承认这种命名在形式上正确,但认为它不能充分描述对话的范围和意图。他们认为,这是一个有关修辞术功能的初步问题,而非对话的主题。对话的主题在对话的过程中逐步显现为:正义的问题,行不义和受不义哪个更好的问题,以及政治生活之上的哲学生活的价值问题。相比这些更重要的问题,修辞术课题似乎是次要的。这儿的主题是政治的道德基础。对话中心关注的是一个人应该怎样生活,而非修辞家的技艺。①

可是,修辞术经历了一种近来的复兴,也许这种复兴的兴趣有助于揭示这篇对话某个先前被忽略了的维度。当代哲学家和文学理论家会认为,修辞术的转向并非附带地与一些有关权力和道德的紧迫问题相关,而是直接包含这些问题。请考虑福柯对智术师派的重新定位,德里达与柏拉图的《斐德若》的接触,利奥塔对作为"异教"哲学的亚里士多德《修辞术》的采用,或者哈贝马斯为反修辞术的对话伦理所进行的辩护。对福柯而言,智术师派和修辞家揭示了隐藏在哲人的自负背后的权力意志,对德里达而言,修辞术则为

---

① Dodds(导言第1页)提到Pohlenz书,页142、151; Wilamowitz, vol. 1, p. 234; Taylor, p. 106,"真正的主题并非修辞术的价值,而是生活和本来应该的生活方式",以及Festugiere, p. 382,"真正的主题是关于什么是值得人过的生活的知识",皆可证明对话的主题不是修辞术。不同于这些解释的,有Eric Voegelin, "The Gorgias," in *Plato and Aristotle*, vol. 2, *Order and History*(Baton Rouge: Louisiana State University Press,1957); Paul Friedlander, *Plato*, Vol. 2(New York: Bollingen,1964);以及Werner Jaeger, *Paideia*, vol. 2(New York: Oxford University Press,1943)。最新评论家Charles Kahn的"Dialogue and Dialectic in Plato's *Gorgias*," in *Oxford Studies in Ancient Philosophy*, vol. 1, ed. Julia Annas(Oxford: Clarendon Press,1983),以及 Richard McKim,"Shame and Truth in Plato's *Gorgias*," in *Platonic Writings*, *Platonic Readings*, ed. Charles Griswold(New York and London: Routledge, 1988),这些学者都注意到修辞术的技艺与工匠的道德之间不可分割的联系。

揭开西方逻各斯中心主义的本源和实践的假面具提供了必要的工具。利奥塔依据亚里士多德《修辞术》反驳了"政治可以导源于理论"的主张,① 而哈贝马斯在他的交往伦理学的系统阐述之中,采用了回到亚里士多德的审慎和苏格拉底的对话的公民道德传统。

我并不想否认《高尔吉亚》是关于"一个人应该怎样生活"问题的对话,特别是当我着手将权力和道德问题当作这篇对话的中心问题来处理的时候,我自己的意图在于最好且最有趣地使我们注意到过去曾被认为显而易见的观点:《高尔吉亚》是关于修辞术和修辞术问题的。跟一些当代理论家一样,我认为这篇对话承认了修辞术的力量和重要性。那么,还有什么别的文本,能比柏拉图的《高尔吉亚》更能使人看清当前在真理与权力的关系问题上的争论呢?

在当前争论之中,哈贝马斯和福柯为我们提供了一种选择:是通过沟通获取规范,还是通过政治强加规范,是通过合作达成共识,还是通过策略征服对手,是赞同"较好论据的非强迫性效力",还是为了控制谈话和他人而赢得争论。哈贝马斯认为"达成理解是人类言语的内在目的",而福柯则认为真理在多种复杂形式的约束下诞生,应该摒弃在一种"完美透明的交往乌托邦"② 中消解权力关系

① 例如,Michel Foucault's "Nietzsche, Genealogy, History," in *The Foucault Reader*; Jacques Derrida's essay on "Plato's Pharmacy," in *Dissemination*, trans. With an Introduction by Barbara Johnson (Chicago: University of Chicago Press, 1981), and Jean-Francois Lyotard's *Just Gaming*, trans. Wlad Gozdich, with an Afterword by Brian Massumi (Minneapolis: University of Minnesota Press, 1985), pp. 26–28, 74–75, 78。

② Jurgen Habermas, *Theory of Communicative Action*, vol.1, *Intermediate Reflections*, trans. and with an Introduction by Thomas McCarthy (Boston: Beacon Press, 1984), p. 287. "The Ethics of Care for the Self," in *The Final Foucault*, ed. James Bernauer and David Rasmussen (Cambridge: MIT Press, 1988), p. 18.

的方案。如果作为一个问题提出,那么哈贝马斯与福柯之间的对立可以大致理解成如下问题:“我们能确定权力的权利界限(the limits to the rights of power)吗? 或者权力是否操纵着我们赖以生存的权利的规则呢?”

但是,也许这个对立有些夸张。尽管免于控制的交往前景一直是一种富有吸引力的目标(如今还有谁愿意一直受控制呢?),但我们不应该排除有这样一个世界的可能:在其中,并非所有交往都是透明的,在其中,共识的达成可能要依赖于诸如谦恭和礼貌(甚或说谎)等更加世俗的语言机制,或者依赖于言辞的修辞手法,诸如反讽、讽刺或夸张法。为什么不重视言辞之中的矛盾冲突和模棱两可(即使那是可能的)的积极效果呢? 为什么给予散文高于诗歌的特权、逻辑学高于修辞术的特权、以言行事高于以言取效的特权呢?[①] 无疑,正是这些配对之中靠后的词汇使政治生活和理论生活变得更丰富,并最终得以可能(即便有时混淆不清、错综复杂又令人沮丧)。我们一定要留心福柯的告诫:不要假设一种“没有障碍,没有约束,没有强制效果”(“关怀伦理”,第18页)的交往状态的实在性,以免我们由于迷信对话,而随意忽视权力于何时何地以及如何发生作用。从这个角度看,一种被浪漫化了的“理想的谈话处境”的诱惑,和一种完全精明冷静的实在论的怀疑论策略,都一样危险。然而,如果并非所有谈话都能最终达成基于理性的共识,那么它也不会一直处于“讲话就是战斗”的状况。[②]

---

① 这种不重视表现了哈贝马斯对德里达那里的修辞术的批评。见“On Leveling the Genre Distinction between Philosophy and Rhetoric,” in *The Philosophical Discourse of Modernity* (Cambridge: MIT Press, 1987), pp. 185–210。

② Lyotard, *The Postmodern Condition*, trans. Brian Massumi (Minneapolis: University of Minnesota Press, 1984), p. 10.

这儿描述的对话与控制之间、同意与争论之间以及理性的对话与修辞术的表现之间的对立,似乎难以处理。在一场重演《高尔吉亚》中苏格拉底和卡利克勒斯之间斗争的论战之中,哈贝马斯和福柯关于从权力中解放真理的可能性提出了明显不可调和的论点。面对这些对立,是否可能培养一种既是散文的又是诗歌的、既是理论的又是政治的、既是辩证法的又是修辞术的哲学气质呢?是否可能培养一种习惯于要求超越政治性争论的哲学基础,以及是否有必要动摇如此基础的感受性呢?我们是否能够结合一种对真理的所有目的论形式的一剂系谱学怀疑的良药,带着拯救对每个人都有效的善的哲学标准的人文主义目标,而形成一种后苏格拉底式的实践呢?我们是否可能预想一种既能维持如此标准,又能揭示真理的政治性品格,且反抗不容争辩的自负的"真理的政治学"呢?我们是否可以采纳和适应一种竞赛精神(an agonistic ethos)来寻求哲学和理论上的确定性,或者采纳和适应一种对真理及其条件和可能性保持完全反讽姿态的精神呢?《高尔吉亚》探讨的正是一种后苏格拉底式的竞赛精神,因为它提出了某种理论和政治的范式,它非常类似于在理想的谈话处境中的自由交流,即使是在通过戏剧化描写争执——发生在对话的论证之下或之外,苏格拉底与其对话者争执谁将在对话的范围之内和之外控制政治谈话的条件——之中修辞术的移动来质疑那种理想的可能性之时。①

这场论证在若干角色之间进行,跨越多种主题,并在多种层次上结束,既是辩证法的又是戏剧的,既是逻辑学的又是心理学的,既是哲学的又是政治学的,既是推论性的又是修辞性的。为了了解如

① William Connoly, *The Terms of Political Discourse*, 2d ed. (Princeton: Princeton University Press, 1983).

此分层的复杂性，我想对这篇对话作出分析，不仅注意对话者说了什么，而且注意他们是如何说的。这意味着既要分析争论的辩证进程，又要展示争论的戏剧化行动，专注于一种既是逻辑的又是心理学的、既是修辞性的又是推论性的方法，并揭示出哲学中的政治因素。事实上，正如我要论证的，《高尔吉亚》巧妙地阐明了苏格拉底哲学怎样预设了一门政治学，或者更精确一点说，追求真理怎样同时就是争夺权力；记述关于雅典政治体本身的哲学谈话就是一种政治行动。在《高尔吉亚》中，政治持续地侵犯着哲学，某种程度上二者间的矛盾是被加强了而非被解决了。哲学与政治，辩证法与修辞术，真理与权力，这些本质上备受争议的词汇，一直保留在柏拉图《高尔吉亚》的竞赛结构之中。

一

对话的起因是修辞家高尔吉亚访问雅典。高尔吉亚正在宿主卡利克勒斯家中接待拜访者，而苏格拉底想从这位专家那里确切查明他的技艺是什么以及它具有怎样的价值。然而，随着谈话的进行，最初的主题得以扩展而变得复杂化：谈话始于高尔吉亚和修辞术，接着转向珀洛斯的行不义或受不义的问题，最终变成跟卡利克勒斯探讨作为一个哲人或政治家应该怎样生活的问题。对话的结论是：苏格拉底宣称自己和哲学才是关于政治学和修辞术的真正技艺。从主题上说，对话回到了起点。通过以苏格拉底的方式重新定义修辞术，《高尔吉亚》结论上的对称性将我们带回开端：真正的修辞术仅仅为苏格拉底所实践，他是唯一实践政治技艺（politike techne）的公民；这种技艺等同于哲学，目的是为了使雅典公民变得更好。这种对最初的修辞术主题的延伸，同样伴随着争论激烈程度的升级:随着对话范围的扩大,包含在争论中的赌注也相应地逐步加大。修辞术的问题迅速囊括了责任、正义、公民教育和政治领导的问题。《高尔吉亚》尝试将道德和政治的权威转归于哲学和苏格拉底(正如我们将要看到的,一种雄心勃勃的尝试),并以此作为结尾。

高尔吉亚是一位绅士,他知道如何在公众场合得体地处理他所有的不连贯。他始终友善地面对苏格拉底,鼓励他定义修辞术,即便这意味着将之定义为谄媚。事实上,在后面的对话中,当卡利克勒斯威胁要退场的时候,高尔吉亚作为苏格拉底的盟友重新加入谈话,力劝这位桀骜不驯的政治家继续讨论。珀洛斯作为高尔吉亚的学生,则完全跟他的老师不一样。我们只有在他身上才能发现高尔吉亚的教育是多么成问题。高尔吉亚式教育的产品都粗鄙而缺乏教养。在一群礼貌的人当中进行的一场多么友善和理智的抽象讨论,却很快变成相互仇视和人身攻击,并潜在地变成一种控制的游戏。珀洛斯将苏格拉底攻击修辞术理解成攻击他所选择的职业,这当然是正确的。因为苏格拉底式的反驳论证不仅反驳了一种论点,也反驳了依照这种论点而行的生活方式。

卡利克勒斯加入谈话的时候,对话的赌注又一次增加。这是一个真正值得苏格拉底应付的对手。尽管卡利克勒斯假装善意,但他毫不犹豫地指出:在这场理智的戏剧中讨论的问题完全是哲人的生活。卡利克勒斯是正确的。争斗具有多重焦点:智术师的非道德主义对抗正义,政治对抗哲学,雅典对抗苏格拉底(Friedlande, p. 261)。弄清柏拉图如何让苏格拉底在追求知识的过程中穿越这片危险的领地,对我们如何探究真理的政治具有启发意义。

《高尔吉亚》由一系列辩证的交战构成,正如我们看到的,其中苏格拉底就表面上不同的论题跟三个非常不同的角色交谈。作为职业演说家,高尔吉亚关注的是修辞术;作为他的笨学生,珀洛斯赞扬并捍卫的是不义而非正义;而作为雅典政治家的卡利克勒斯,他拥护的是自由且有权力的政治家的生活,而不是奴隶般虚弱的哲人的生活。不管论题和对话者如何多样,有一个问题就像一根线贯穿于对话之中,为对话提供了主题上的统一性。苏格拉底让凯瑞丰问高尔吉亚是谁,从而打开对话的序幕,此时苏格拉底想知道的是修辞术的权力(dunamis)以及高尔吉亚如何运用这种权力。后来珀洛斯愤怒地跳出来激烈地为他的导师辩护,他将修辞家等同于僭主,并认为两者之间只有一点区别:僭主凭借暴力和力量获取权力,修辞家则凭借巧妙的说服。

卡利克勒斯一开始的发言直接触及问题的核心,他揭开关于法律、平等和正义的所有说辞的假面具,指出它们本质上是由天生虚弱和下等的人所设计,用来束缚天生强壮和高贵的人的发明。卡利克勒斯坚持认为只存在一条法律,那就是强者的法律。所有其他的说辞都不过是华而不实的伪装。为了反对这一系列论点,苏格拉底必须证明,真正修辞术的权力服务于正义,僭主虚弱无力,在哲学上委身真理设定了人类行动的道德标准。

高尔吉亚首次回应苏格拉底关于修辞技艺的权力问题时,把修辞术与权力、自由以及政治领域广泛联系起来。高尔吉亚将修辞术定义为:通过言辞获得说服别人的权力。在苏格拉底的反复诘问之下,他将这种宽泛的定义缩小为:在正义和不义问题上对民众(ochlos)的劝导。政治家若想在法庭、委员会或公众集会场合发生的政治辩论中获胜,将会发现修辞术必不可少。作为一种中立的工具,修辞术提供了一种征服他人的权力,无论对方是医师、教练还是很会赚钱的人;它会让使用者追求他想要达到的任何目的。这种关于修辞术的最初定义,因为如下两种原因而显得重要:首先,它是非道德的。修辞术可以根据主人的愿望而服务于任何目的,这是一种根本不以共同体的价值为基础和指导的实践,它寻求的劝导既自我本位又追求私利。其次,它的权力依赖于一种区分:知道的一个人与不知道的多数人之分,受教育的发起者(大概是修辞家本人)与无知且被恶意或错误引导的民众之分。前一个区分导致僭主政治,而后一个区分透露出对民众的鄙视。然而,鉴于修辞家依赖他所劝导的对象,这种鄙视必须一直小心地隐藏着不说出来。

苏格拉底着手反驳高尔吉亚之前,已经着手作出自己的区分。跟这位伟大演说家进行友善的初步交锋时,苏格拉底已经指出修辞术的表演(epideixis)与对话(dialegomai)之间的区别(447cl-4)。关于这一点,高尔吉亚表示理解。他接受了苏格拉底的质问,并炫耀他不光擅于长篇大论,也同样擅长简短作答。这种炫耀暴露出他从根本上误解了苏格拉底的辩证技艺。对高尔吉亚来说,简短作答和长篇大论两者都是修辞术表演的部分。但高尔吉亚没有想到,他急切地同意简短回答苏格拉底的质问,使他陷入一种微妙的竞赛之中。他并没有意识到,他向苏格拉底的问题屈服的时候,他已经将苏格拉底"自己的法律强加于他身上"(Friedlander, p. 247)。高尔吉亚宣称修辞术是最广泛和最有权力的技艺,这与眼前关于其范围和地位的争论有点不相协调。高尔吉亚的修辞术将被证明不是苏格拉底辩证法的对手。

在接下来的讨论中,苏格拉底继续在信服(conviction)和知识(knowledge)之间作出区分,修辞术只是产生缺乏知识的信服,而并不教会正义和不义。高尔吉亚承认修辞家并不教导(didaskein)而只是说服(peithesthai)民众。作为例子,高尔吉亚援引了忒米斯托克勒斯和伯利克勒斯的建筑政策,以证明修辞术的权力高于负责真实建造活动的工匠的权力。接着高尔吉亚以另一个例子来赞扬修辞术的权力:一个完全不懂医生技艺的修辞家,将比医生本人更容易说服病人接受令人讨厌的治疗。此外,在与医生或其他的专家竞争的时候,修辞家将说服听众选择他而非专家,可见他的技艺多么有威力。

然而,这项技艺的权力并没有授予学生滥用它的权利。学生必须正义地使用它。但是,如果结果他们没有这样做,我们也不应该责备教师,因为教师不能为此负责,技艺本身也不能为此负责,必须为此负责的只能是没有正确使用该技艺的人。高尔吉亚本人将正义地“憎恨、驱逐和处死”(457c)那些不义地使用修辞术的学生。高尔吉亚三次以这种方式为自己辩护,从而清楚地表明:作为一个会潜在地给雅典年轻人以巨大影响的外邦人,他必须步步小心。他处在一个易受攻击的位置,因此在教学的过程中,有必要谨慎地表明自己在道德上的中立态度(Kahn, p. 81)。

苏格拉底当然特别注意对比他所谓的真正修辞术与高尔吉亚的谄媚,但接下来有两点更值得注意:一个是关于导师对学生的责任问题;另一个是关于道德中立的可能性问题。苏格拉底以后会指出,伟大的雅典政治家并没有使公民变得更好,如今唯有他才是从事真正政治技艺并实践真正修辞技艺的人。但这种主张因为如下事实而变得复杂起来:苏格拉底将被指控为败坏青年,而既然他将阿尔喀比亚德视为门徒,他就应该为这个学生的败坏行为负责。苏格拉底在教育阿尔喀比亚德上的“失败”,破坏了他自己关于哲学有益的主张,并讽刺地把他与高尔吉亚联系在一起。[①]

---

① 在《高尔吉亚》之外,关于阿尔喀比亚德与苏格拉底的关系(见《会饮》212d–223d)及其不太典型的行为证据,参修昔底德《伯罗奔半岛战争史》6.28.2; 6.61.1–7关于赫耳墨斯事件; 6.89.1–6; 6.92.3.2–4,阿尔喀比亚德投向斯巴达人; 8.44.1–8.56.5,他与斯巴达人一起策划阴谋;以及8.86.4–7,他重新回到雅典一边。

关于高尔吉亚的技艺所号称的道德中立,对话在此提出了一个问题。不是所有知识在其特有的结构之内都包含一种"利益"(interest)吗?这样一来,医术的利益就是病人的健康,而修辞术的利益和修辞家的权力就是对民众的谄媚。演说家究竟是出于正义还是不义而说服听众,对于说服这个事实本身而言是次要的。主导演说的是演说家的"胜利",无论好坏。这样,一个仅仅将自身视为工具或技术的修辞术,会比一种忠实地宣称权力意志的修辞术更有诱惑力和危险性,因为它将利益隐藏在一个中立的外表之下,并哄骗我们形成一种它很仁慈的错觉。苏格拉底会论证说,辩证法或哲学同样拥有一种"利益",但这种利益寓于对真理的追求之中,为每个人所分享,因此它根本不是某种通常意义上的"利益"。

在苏格拉底反复诘问的压力之下,高尔吉亚第三次改变立场,最终同意苏格拉底的观点:如果修辞术教师要传授正义的事物,那么,他本人必须是正义的。一旦高尔吉亚承认了这一点,他就必须赞同苏格拉底关于修辞家不能不义地使用修辞术的观点。这样,如果高尔吉亚本人不愿被视为败坏青年而遭受仇恨和怀疑,他就必须传授正义,并对学生负责。苏格拉底使这位修辞术教师出于羞耻而承认了这一点,因为高尔吉亚并不愿在他的雅典主人面前公开承认会使自己遭受谴责的观点。苏格拉底将高尔吉亚拽入修辞术的非道德与他自己的习俗道德——要成为学生就要给老师付费——的矛盾之中。于是,这种反驳为我们展示了修辞术对公共意见的依赖:若不损害修辞术的权力,高尔吉亚就不能说清楚自己到底在想什么;而苏格拉底则证明,修辞术没有力量解决这个两难问题。高尔吉亚最初炫耀的自由和权力(452d5),终归不可能为修辞术所有:修辞家在表达思想的时候并不自由,他在公众面前也没有力量,因为他必须讨好观众。

二

珀洛斯受不了高尔吉亚如此勉强地承认苏格拉底的话。如果修辞术不能产生必要的权力，以助于在公众集会场合控制争论、在法庭上为自己辩护，或者获取一个人想要得到的任何东西，那它又能产生什么呢？在这个关节点上，“对话的情景进入论证之中”(Voegelin, p. 25)。高尔吉亚因为羞耻而陷入沉默，这不仅因为苏格拉底暴露了他立场中的矛盾，而且因为高尔吉亚教育出来的学生——粗俗和不道德的珀洛斯的尴尬出场。珀洛斯与高尔吉亚不同，他非常乐于承认，他学习修辞术就是因为他想在城邦中获取权力。修辞家不是像僭主那样可以在任何时候随意杀死、剥夺或囚禁任何人吗？为了证明僭主既有权力又很幸福，珀洛斯赞扬了一位当前的僭主阿克劳斯(Archelaus)，他最近借助一系列特别卑鄙的罪行而登上了马其顿统治者的地位。

想要成为僭主的珀洛斯并不相信苏格拉底不认为阿克劳斯是最有权力和最幸福的人(他以为苏格拉底有同样的动机)，好像苏格拉底或任何其他雅典人并不羡慕僭主似的。这里暴露出珀洛斯自己的僭政冲动的标准，因为他以非常模糊不清的方式摸索着走向卡利克勒斯即将作出的自然与习俗之分。苏格拉底被一种习俗的道德所束缚，没有给予一个人的真实冲动以自由，他只是在呼唤一种为大多数人所相信的东西。他没有足够的力量打破常规的模子。他也不能像珀洛斯那样，诉诸(尽管是初步地)一种强者和优秀者统治一切的自然法则。在这种“自然的”安排之下，通常被苏格拉底称为不义的东西自然就是正义的。不过，卡利克勒斯正确指出，苏格拉底的巧妙处理，使珀洛斯回答的时候混淆了自然与习俗，并因此诱使高尔吉亚的这个学生承认他并不相信的东西，即行不义比受不义更坏，或进一步说，那些没有接受正义惩罚的人最糟糕。

珀洛斯依赖多数人和投票的民主实践，并诉诸僭主阿克劳斯，因而苏格拉底跟他之间的交流就富于启发意义。珀洛斯将修辞术与民主政治、僭主政治联系起来，意味着赞成民主的修辞家本质上是一个会利用数量上的恐吓以获取所需的僭主。为了反对将权力等同于僭政和数量，苏格拉底提出了反驳论证。苏格拉底并没有诉诸多数人，而只是诉诸一个人，并从中寻求产生真正信服的听众。他的权力依赖于“较好论据的非强迫性效力”，而不是多数欠考虑的人的选票。绝没有什么会比这种由苏格拉底的辩证法实践所提供的模式，更加远离习俗的民主权力概念(正如高尔吉亚和珀洛斯所表现的)。这种模式下没有修辞术的位置，除非它被用来说服僭主或想要成为僭主的人为他做过的恶行接受惩罚。因此，真正的修辞术并不服务于像阿克劳斯那样用它来谋取统治他人的权力的僭主，而是服务于正义，以便赢得对自身的控制和节制。

苏格拉底跟高尔吉亚和珀洛斯的谈话揭示了一种基本对抗。这是一种在雅典政治实践与苏格拉底的辩证法之间的对抗，对抗的高潮是卡利克勒斯预见到苏格拉底之死，以及苏格拉底对雅典政治家职责的假定。修辞家和政治家只是在讨好民众，用令人愉快的语言取悦民众，就像厨师以可口的食物取悦味觉一样，目的是为了获得民众的支持乃至选票。修辞家不像真正的政治家或医生，他不需要什么都知道，他只需似是而非地知道一点，足以说服别人就够了。另一方面，苏格拉底的辩证法则迫使参与者反思自己的信念和行为的本性和模式，其目的不在说服民众，而在于让民众选择善。修辞术借助口头的天花乱坠隐藏其无知，辩证法则以一种异常世俗的方式前进，从日常生活中人们常见的例子——鞋匠、糕点工和医生等——出发,来支持最重要的正义问题。在演说家的不良表演之后,苏格拉底盼望下一位对话者卡利克勒斯的坦率发言(parrhesia)。

三

卡利克勒斯是一个难以应付也值得应付的对手,是苏格拉底的真正对立面(Voegelin, p. 31; Jaeger, p. 138; Dodds, p. 267)。他以修辞术反对辩证法,以政治学反对哲学,以自然的权力反对习俗的正义,以雅典反对苏格拉底,并以此作为他的最终判断标准。然而,卡利克勒斯占尽了苏格拉底最羡慕的品质:知识、善意和自由讲话。也正因为如此,苏格拉底将卡利克勒斯当作试金石(487a)。可以认为,没有什么人的同意比卡利克勒斯的同意(487e5)更有价值。因此,如果苏格拉底成功地使这位政治家信服,那么他要论证的东西就一定是真实的。卡利克勒斯以一种悖谬的方式变成了"理想的"对话者。如果卡利克勒斯能真正被说服,那么哲学所言极是,应该在城邦中有其地位,并让我们有好的理由相信基于哲学的政治是可能的。然而,这场争论的结果完全不确定,于是,如何解释这种结果,就将决定《高尔吉亚》站在何种立场上看待哲学与政治、辩证法与修辞术、真理与权力之间的关系。

苏格拉底通过为有意义的对话所需要的共享和友谊奠定基础来开始自己的说服活动。卡利克勒斯和苏格拉底各以爱欲的两种形式分享着相同的经验(pathos):苏格拉底爱科勒依尼俄斯之子阿尔喀比亚德和哲学;卡利克勒斯爱普里拉姆佩斯(Pyrilampes)之子德谟斯(Demos)和雅典的民众(demos)(481d)。尽管苏格拉底宣称,一种共享的爱欲经验可以作为他与卡利克勒斯之间对话共同体的基础,但所有这些实例都趋向于将苏格拉底和卡利克勒斯区分开来,而非绑在一起。苏格拉底让阿尔喀比亚德的反复无常与哲学的恒定不变并置,随之又将他自己与卡利克勒斯并置,后者不仅讨好雅典的民众(demos),而且讨好皮普里拉姆佩斯的德谟斯(Demos)。这些配对隐含着政治与哲学、修辞术与辩证法的对立,这种对立会再次出现在对话的结尾,在那里苏格拉底将雅典几位伟大的政治家都描绘成卡利克勒斯派的谄媚者。这种对比,不仅在一个如此缩小的空间里预示着对话的轮廓,而且突出了对话"同伴们"之间的巨大分歧,并指向对手之间的不可调和性。如果苏格拉底不能让卡利克勒斯用对哲学的爱欲取代对民众的爱欲,那么,他们共享的经验就不可能为交流提供足够丰富的基础。余下对话就在这一交流经验的背景下展开。

卡利克勒斯是一位值得对付的对手,因为他会毫不畏惧地大声说出高尔吉亚隐匿不说而珀洛斯没说完整的问题:控制的正义性。不像他的客人,卡利克勒斯不会因为羞耻而承认他并不相信的东西,好去仅仅满足习俗的道德。事实上,他已经看到苏格拉底如何通过一会儿诉诸自然一会儿诉诸习俗(只要适合其论证意图)来俘获两位演说家。为了成功避免这种苏格拉底式的手腕,卡利克勒斯只用坚持一个客观的标准:自然(482d-483a)。以这种方式,他就能揭露苏格拉底关于真理的主张实际上是什么,即隐藏在理智的可敬伪装背后的权力意志。

在随后的宏大发言中,卡利克勒斯详细阐述了一种适合(也许激发了)尼采本人的道德系谱学。[①] 苏格拉底为正义争辩的时候,只

① 关于尼采与这篇对话的关系,见 Dodds's Appendix, "Socrates, Callicles, and Nietzsche," pp. 387-391,那里集中引用了许多尼采文中有关卡利克勒斯、苏格拉底、柏拉图和智术师派的段落。

不过在推进一种奴隶道德,即由弱者制定且为了弱者的一系列习俗。这种习俗的立法者由于不能保卫自己,因此必须将正义解释成符合自己的利益的东西以保护自己。他们声称自己是有道德的和正义的,因为他们能忍住不拿多于自己应得的份额,并将那些想要获取更多份额的人(pleonektein,483c)称作可耻的和不义的。弱者和下等人就是这样出于他们的虚弱而制造了道德,并强制天生的强者和上等人服从习俗。但如果我们坚持自然(physis),就会发现事物的真实情况。人类和动物界以及城邦之间的情况一样:强者统治他们所能统治的,弱者忍受他们所必须忍受的。①

自然法则(nomos physeos)就是这样规定的,弱者和奴隶般的人只有凭靠违背自然的法则,才能控制强者和高贵的人。这样,苏格拉底才能够"将整个人类生活颠倒过来"(481c)。苏格拉底只有停止哲学探讨而转向更重要的事物,才可能觉悟和明白这一点。这并不是说哲学在培养绅士(kalos k'agathos)的过程中没有地位,而是说,如果推向极端,像苏格拉底的情况一样,结果就不适合一个自由人。他将不熟悉政治,不能在争论中坚持自己的观点,更重要的是,如果被一个卑鄙的人拽进法庭,他甚至将无能为自己辩护。一个不能保护自己免受敌人侵害的人,一个可以任人不受惩罚地攻击的人有什么好?卡利克勒斯劝诫说,放弃哲学转向更重要的事情会更好。过度追求哲学会使一个人缺乏丈夫气:他会永远在角落里和一些口齿不清的孩子们一起虚度时日,却羞于在公众集会场合讨论生

---

① Dodds(p. 268)未能注意到米洛斯的雅典将军们提出的平行论点,根据这种论点,城邦应该遵守更强者的规则(upo phuseos anangkaias)。这种论点后来被视为修昔底德笔下的一条法则(nomos),5.105.2。比较卡利克勒斯的"根据自然的法则"(kata nomon ge ton tes phuseos,483e3)。

死攸关的重大问题并赢取名声。哲学的生活是奴隶般的生活,对一个自由人和一个雅典人来说,根本不值一提。

卡利克勒斯拥护的主人道德是“依据自然的正义”,尽管他的初步定义还不太精确。苏格拉底想迫使卡利克勒斯修改定义,并最终证明这种立场是站不住脚的。卡利克勒斯争辩说,僭主是高贵的楷模,他放任欲望自由地支配自己,并拥有满足欲望的能力。苏格拉底提出哲人的楷模作为僭主的对立面:哲人不会极力获取多余的份额,而是教导同胞公民成功地控制自己,从而使他们自己变得更正义。卡利克勒斯一开始将强大等同于善:为最强者所统治就是正义(488c)。如人类一样,城邦之间也是如此。如果强者统治弱者是正义的,那么,雅典这样强大的城邦统治弱小的城邦也就是正义的。苏格拉底渐渐推翻了强大与善之间的等同,并将攻击的矛头指向这种主张。多数的弱者将可憎的习俗强加给少数的强者,这不恰恰证明前者比后者更好吗?于是,平等和正义不恰恰是依据自然(physis)而非习俗(nomos)吗?根据苏格拉底的观点,正义依据自然就是正确的,这与卡利克勒斯的观点相反。一群只是在体力上占优势的奴隶般的暴民,竟然应该统治比他们更优秀的强者,这个前景令卡利克勒斯感到愤慨。于是,卡利克勒斯立刻放弃自己的论点,把善重新定义为“更优秀”(beltion)。

然后,经过一小段苏格拉底的反复诘问之后,“更优秀”又变成了指那些在城邦事务上明智而勇敢的人。他们应该做统治者,而统治者比被统治者拥有更多原是公平的(491bd)。接着,苏格拉底的又一个诘问使卡利克勒斯方面的不足显露出来:

统治者应该比他们自己拥有更多吗?

卡利克勒斯很快绝口否认了这样一个人应该被控制，相反他说，这样的人应该让自己的欲望最大限度地增长，并拥有满足这些欲望的能力："奢侈、放纵和自由"（tryphe, akolasia, eleuthria）是真正的道德和幸福，对它们的追求是符合自然的（492c）。苏格拉底于是举出一系列实例，旨在让卡利克勒斯出于羞耻而承认快乐有好坏之分。食物满足饥饿的人，饮料满足口渴的人，挠痒满足生疮的人，但对娈童的性骚扰怎样？卡利克勒斯对最后这个暗示表示愤怒，还斥责苏格拉底不该提出如此令人羞耻的例子。但为了论证的一致性，他仍然坚持自己的立场（494e－495a）。

苏格拉底仍然诉诸曾经打败高尔吉亚和珀洛斯的"习俗"，来攻击好坏快乐之间的等同，他继续诘问，逼得卡利克勒斯竟至于含蓄地承认了好坏快乐之分，因为卡利克勒斯接受了一系列分等级的道德，其中智慧和勇气比愚蠢和怯懦更好。如苏格拉底推出的结论，倘若弱者和低劣者能够比强者和勇敢者经验更多的快乐，那么，根据卡利克勒斯的说法，前者就比后者更好。这是卡利克勒斯不能接受的结论，迫使他承认了他一直想到但不愿承认的观点：

> 某些快乐更好，而另一些更坏。（497b）

一旦卡利克勒斯向习俗的道德作出如此让步，苏格拉底就步步紧逼地证实自己的论点：正义和节制的生活比僭政和放纵的生活更优越，苏格拉底的知识意志（will to knowledge）比卡利克勒斯的权力意志（will to power）更优越。他这么做的时候，卡利克勒斯退出了讨论。他一开始假装无知（497b），接着，除非取悦客人高尔吉亚之外，他不再作答；最后，他建议苏格拉底要么跟别人对话以继续讨论，要么自问自答（505e），从而完全中止了对话。

至此,对话将两种权力模式并列:卡利克勒斯模式和苏格拉底模式。卡利克勒斯认为,政治的权力就是统治的权力,就是一个人或一个城邦满足自身无限欲望的能力。政治的伟大意味着能在公众集会上控制争论,赢取声望、荣誉、财富和名声,或者能在城邦事务上使一个城邦足够强大到统治其他城邦的地步,“留下纪念碑,无论善与恶”。[①] 而苏格拉底则认为,有力量并非意味着控制他人和其他城邦,而是意味着控制并支配自己的要求和欲望,以规范自己和城邦养成一种正义和守法的习惯(504d)。哲人的生活是最好的生活,因为他有控制自己的力量,他不会像政治家那样依赖于众人,也不会做不义之事。做伟大之人即是做好人,这需要放弃通常理解的荣誉、财富和名声等等。鉴于这种“权力”概念,卡利克勒斯“正确地感觉到了苏格拉底的话中所包含的革命意义”(Voegelin, p. 28),苏格拉底对雅典政治的批评,已经将卡利克勒斯和他的世界完全颠倒过来。

然而,在这篇对话中,还有另一种权力模式,一种由辩证法的实践本身所赋予的权力模式。在这种实践中,权力在谈话的参与者之间分散。辩证法的关键不在于一个对话者控制另一位对话者,而在于对真理的共同寻求。对话和辩证法不为某个人得到或拥有更多的特殊利益服务,毋宁说,要在共同求善(to agathon,500a)的过程中平衡多方利益。即便存在竞争,那也只是为了互相启发,而不是为了获得或扩大个人利益。苏格拉底用辩证法提醒他的伙伴,他并不比他们知道得更多,他只是跟他们一起共同寻求真理(506a)。辩证法的权力模式坚持参与者的平等性,尊重观点的异质性和多样性,将对话描绘成对智慧的集体寻求,从而抵制僭政和封闭。

---

① 当然是伯利克勒斯的葬礼演说。Thucydides,2.41.4-5。

然而,《高尔吉亚》的顶点在于苏格拉底的著名宣称:全雅典只有他一人实践真正的政治技艺(politike techne,521d)。不是雅典过去伟大的政治家,如忒米斯托克勒斯、喀蒙、米尔提阿德斯以及最重要的伯利克勒斯,而是苏格拉底实践着真正的修辞术,因为他通过哲学使雅典公民变得更好。苏格拉底在《申辩》中也提过一种类似的主张,正如他终其一生谆谆告诫雅典同胞一样,他也谆谆告诫陪审团,不要只是专注于财富、荣耀和名声——卡利克勒斯轻易赞扬的、普通的雅典政治生活的原料——而要更关心灵魂的善。但只有在《高尔吉亚》中,苏格拉底才宣称哲学式的对话是政治协商的典范(527d),并将哲学等同于实践真正的政治技艺。

苏格拉底在《高尔吉亚》中描绘的这个典范,其轮廓在其早期或无解式的对话以及《申辩》的辩辞中都非常常见。苏格拉底周游城邦,测试并检验他遇到的所有人的智慧,他从来都是个反讽者,总是询问、探求并自称无知。哲学与修辞术相反,它需要对知识、智慧和正义的无尽探索,需要谦逊地提出主张,并自觉到自己必死的局限。苏格拉底与他的对手不同,他对赢得争论并不感兴趣,他更乐于追随论证的逻各斯而无论它将走向何方;他不仅乐于反驳别人,也乐于被反驳(458a)。

苏格拉底将政治权威转向他本人和辩证检验,这一做法隐含着如下主张:假如雅典人在他们的政治协商中遵循了苏格拉底的这种做法,城邦现在会更健康,而非被港口、船坞和城墙填满(519a),公民也会变“好”,而不是像现在到处都是游民、懦夫、空谈家和寄生虫(515e5)。正如对话的伙伴共同分享着论证(logos)的责任,同样,深思熟虑的公民也会借助一种导向城邦之善的责任联合起来。这样,公民集会上的争论就会类似于追求真理的辩证探讨,这种探讨的结果是最好的政策得到采用,这样的决策既不受最具修辞性的说服式言辞影响(与最具逻辑性的说服相反),也不受任何特殊个人或群体的利益影响。对话场合和公民集会场合一样,“较好论据的非强迫性效力”在此会理想地得以流行。不仅如此,对话共同体的丰富性被解释为观点的多样性和视角的复杂性,而它也会在公众集会上折射出相同的异质性,在这里,多样性是成功的道德交往和争论的不可减少的条件。这就是苏格拉底式对话的实践与承诺,不仅针对我们,而且针对雅典公民。

四

但我没有把握能如此轻而易举地将哲学式的对话和政治性的协商等同起来。因为有一种情况表明,真正的苏格拉底式哲学实践回避了实质性的问题:哲学于何时、何地以及怎样是政治学。哲学与公民大会、议事会、法庭甚至悲剧不同,它在雅典没有规定的制度性地位(苏格拉底在《申辩》中建议用公共开支赡养自己,表明哲学应该享有如此地位)。如此苏格拉底式的哲学没有被承认为公众组织或论坛,这已经够糟糕了,而苏格拉底故意避开政治的官方空间和地位这个事实,只能使情况变得更糟糕。自称自己独享真正的政治技艺并拒绝参与城邦的“官方”讨论(或非常不称职地参与)[①],这要么意味着哲学作为一种政治理想的失败,要么意味着雅典公民回应苏格拉底式哲学教育的失败。在两种情况下,苏格拉底的对话一直都是边缘化的,它在公共与私人之间的夹缝中开展工作,两边都不讨好,两边都不精通。

---

① 参苏格拉底在《高尔吉亚》522b3－c2暗示自己对司法程序没有经验,以及他在《申辩》的公开演讲中坦言自己对法庭程序不熟悉。

由于这些原因,无论关于苏格拉底哲学本身的实践,还是关于它对城邦政治改革的承诺,《高尔吉亚》都留给我们一种模棱两可的信息。由于这种模棱两可,信奉自由对话的批判理论理想很难立即吸收或消化《高尔吉亚》的辩证法。然而我并不怀疑《高尔吉亚》将哲学对话作为某种政治协商的类似物提出,但对话也揭示了这种模式是成问题的,因为它留给我们的持久印象更复杂、更充满细微差别,而且肯定比"理想的"阅读所预想的更加模棱两可。许多令人不安的含混在对话中处处留下痕迹,从而对寻求真理的平等主义对话共同体的理想化想象形成挑战。这些含混往往扰乱了苏格拉底为支持哲学而提出的显白论证,并让人怀疑其真诚性。它们通常表现在人物角色的戏剧性上,时常为苏格拉底所确认,但总是揭示出文本如何通过它所产生意义的修辞过剩,来暗中破坏它的表面内容。让我来详细阐述。

《高尔吉亚》的风格以许多微妙的方式导致了这种印象。不像《普罗塔戈拉》之类对话充满幽默和温和的气氛,《高尔吉亚》弥漫着悲剧的沉重和忧郁,并在行进中投下黯淡的影子。前一类对话将智术师夸张的虚荣描绘成无恶意的谐剧,并将苏格拉底描绘成一个取笑这种严肃的丑角,而在《高尔吉亚》中,卡利克勒斯以威胁的语调指向苏格拉底的审判、死亡和哲学的"失败"(Jaeger, p. 141)。卡利克勒斯不止一次提醒苏格拉底,一个人若将太多生命献给哲学,等候他的命运就是会无缘无故受到指控,并且在法庭上没有能力为自己辩护(486b4-6)。[①] 不仅如此,不像处理另两篇反智术师的对话(《普罗塔戈拉》《欧蒂德谟》)时那样,柏拉图是以直接的戏剧形

① Voegelin, p. 34 和 Friedlander, p. 261 都认为,这种提示显然是作者有意为之,且柏拉图本人对苏格拉底事业的成功表示怀疑。

式呈现《高尔吉亚》,而没有求助于一个讲述者为中介(Friedlander, p. 245)。角色依次上场,直接表达他们自己以及他们之间的客观差别。叙述中介的缺席和直接对质的戏剧呈现,都突出了对话的竞赛因素。这种直接的戏剧微妙而有效地加剧了竞赛的紧张:一旦得体的讲辞扬言要放弃所有礼貌的伪装并面临口头搏斗的时候,对话形式就在对立双方的竞赛冲突之中重新阐述其内容。

语言的调子和结构,所用的例子,以及激起的想象,都暗示《高尔吉亚》以另一种方式采用了修辞术的策略以获得某种哲学的效果。卡利克勒斯以"战争和战斗"(polemou kai maches)开启对话,绝非巧合,这暗示苏格拉底和高尔吉亚之间即将进行的对话将成为"政治以另一种方式进行的延续"。[①] 柏拉图以这种方式设定戏剧时间(尽管不可能获得任何确定性),也绝非巧合,但毫无疑问,雅典与斯巴达的战争不仅为对话提供了戏剧背景,而且提供了实质内容。[②] 修昔底德关于科斯利亚(Corcyrea)内战(stasis)和米洛斯"对话"的记叙描绘了每个人反对所有人的战争,如今这种战争已经转移到雅典。对共同友谊的反复确认已经走向反面;冲突的形式和战争的语调破坏了理智交流的表面礼让。随着对话的进行,都市文明的礼貌外衣逐渐变薄。在卡利克勒斯和苏格拉底之间的交往斗争中,我们必须听到的不是共识的达成——像哈贝马斯使我们相信的——而是像福柯在一个不同但相关的语境中所提醒我们的,"战

① E. R. Dodds, p. 384引用了V. De Magalhaes-Vilhena, *Socrate et la legende platonicienne*, p. 128。这个短语必定来自克劳塞维茨(Clausewitz)。

② 对话提到的事件,时间跨度从公元前429年即伯利克勒斯去世那年,到公元前405年即阿吉纽西战役将军们受审之后那年。见Dodds, pp. 17-18,以及Arlene Saxonhouse,"War: An Unspoken Theme in Plato's *Gorgias*," *Interpretation*, 11, no. 2(1983): 142-144。

斗的遥远怒吼”。[①]

最后,《高尔吉亚》以一种充满宗教想象和象征的神话结尾,耶格尔(Jaeger)认为,这首次暗示:

> 在这些道德原则隐藏其中的无限精微的辩证区分背后,存在一个关于整个生命的形而上学转变。(页141)

苏格拉底援引欧里庇得斯的话:“有谁知道,生就是死,死就是生?”在对话的更早阶段,卡利克勒斯正确地感觉到了苏格拉底与珀洛斯的对话是一场革命,一场能使政治生活颠倒过来的革命。如今,在对话的结尾,不仅想要成为政治家的人的习俗,而且人类生活本身的方向也颠倒过来。苏格拉底使我们感到疑惑,他是否喜欢死亡甚于生命,他是否完全抛弃了雅典人的政治。对话虽然乐观地确认苏格拉底坚信哲学生活的美德,却结束于一种悲观隐退的调子。[②]

这种忧郁的气氛、外部的现实、逼近的内战威胁,再加上苏格拉底即将到来的死亡,所有这一切都为苏格拉底哲学的“失败”提供了背景。这种失败似乎近乎彻底。苏格拉底在若干场合指出,辩论的目的是为了说服对手,而且他自己也承认,若能成功地使被他视为“试金石”的卡利克勒斯信服,他就达到了问题的真理。但直到对话结尾,苏格拉底都没能说服卡利克勒斯相信哲人的道德生活比

---

① Foucault, *Discipline and Punish*, trans. Alan Sheridan (New York: Vintage, 1979), p. 308.

② 比较《申辩》以同样的调子结束:像这里一样,苏格拉底面对死亡保持平静,并宣称对死后的生活一无所知,但他对哲学在雅典这样的城邦中的政治效力表示悲观。

贪婪者(pleonexia)的生活更好,尽管苏格拉底已经证明后一种立场不连贯。正如在许多其他对话中苏格拉底都胜过其对话者一样,在这里,苏格拉底也驳倒了卡利克勒斯,但仍然未能改变他的生活方式。尽管苏格拉底在对话从头至尾一再努力建立最低层次的礼让和互助关系,但他的反驳论证始终未能促成卡利克勒斯的同意或信服(homologia),而这种同意对于建立和维持对话共同体是必要的。卡利克勒斯像他之前的珀洛斯一样,慢慢撤退,不再愿意跟苏格拉底进行任何"真诚"的交战。苏格拉底最终未能满足他自己设定的成功对话的标准。

与哲学的失败密切相关的是对话形式本身的失败。苏格拉底反复将辩证法和修辞术并置,并采用问答形式的谈话,作为确保交往平等的途径之一:不允许任何一个发言者控制讨论。然而,在苏格拉底不屈不挠的追问之下,一开始是珀洛斯,然后是卡利克勒斯,都从对话中撤退。卡利克勒斯的回答变得越来越敷衍了事,他也承认,他之所以屈服于苏格拉底的大众演说,唯一原因就是要取悦自己的客人高尔吉亚,并在公众场合维持一点表面的礼貌。在《高尔吉亚》的结尾,卡利克勒斯最终拒绝再回答苏格拉底的提问:对话变成了独白,苏格拉底不止一次只能自言自语。我们现在只能听到苏格拉底的声音。反讽的是,正是苏格拉底本人导致了他说他最害怕的事:高尔吉亚(或某个像他一样受过训练的人)会控制谈话,屏蔽别的观点和别的声音。尽管苏格拉底竭尽全力(或者也许因为这些努力)保全体面,但随着那些一度积极从事讨论的对话参与者们撤出对话共同体并陷入个人的沉默,一来一往的对话形式就让位于苏格拉底式演讲的向心力。

苏格拉底宣称自己是唯一实践真正政治技艺的雅典人,并因而声称哲学对话是政治协商的典范,从这个角度来说,对话内部的失败也意味着外部的失败。尽管苏格拉底代表哲学提出宣称,但哲学不大可能成功地指导城邦的政治。如果苏格拉底在私人谈话中不能让卡利克勒斯信服,他(或任何他人)怎么有能力在公共协商中让集会者信服呢?苏格拉底认为修辞术表演(epideixis)在私人的哲学谈话和公共协商中都不合适,可是,最后的苏格拉底独白不正是完全模仿这种修辞术表演(epideixis)吗?哲学怎么能在任何有意义的方面指导政治协商呢?事实上,如果阿尔喀比亚德代表着苏格拉底式哲学教育失败的另一个案例,那么,也许最好让哲学待在公众集会和政治之外。

这里有意提及阿尔喀比亚德,提醒我们注意到苏格拉底在说明政治才干的时候隐瞒了什么。有人可能会以苏格拉底质问伯利克勒斯的同样问题质问苏格拉底:哲学使任何邦民变好了吗?如果说珀洛斯的表现揭穿了高尔吉亚的修辞术教育的谎言,那么阿尔喀比亚德的生涯也同样对苏格拉底的辩证法教育实践提出了质疑。如果阿尔喀比亚德是苏格拉底式教育的产品,那么,苏格拉底确实是在败坏雅典青年。①《高尔吉亚》的这些含混之处暗示:也许柏拉图相信,苏格拉底对政治才干的自夸比表面显得要少。这些失败(在卡利克勒斯和阿尔喀比亚德身上的失败)无疑表明,苏格拉底式对话并非"无论何时何地"都可能;它根本不能为政治协商提供完全不成问题的典范或替代品。

除《王制》之外,《高尔吉亚》也许是最清楚自己的启动背景、

---

① 阿尔喀比亚德是伯利克勒斯的受监护人,这个事实使情况更加复杂。阿尔喀比亚德是苏格拉底和伯利克勒斯的共享之物。因此,苏格拉底对伯利克勒斯的谴责开始变成对自己的反思,并使苏格拉底在对话中跟高尔吉亚的关系更近,因为高尔吉亚赞美伯利克勒斯和雅典政治传统。

最能意识到自身前提条件的对话。这是一篇关于对话的对话，包含关于言辞的言辞，并时常停顿下来反思对话自身可能性的基础。这是一篇将对话本身当作主题的对话(metadialogue)。《高尔吉亚》的主题是权力与道德之间的关系。但在这些关于修辞术的价值、正义或不义的价值以及一个人应该怎样生活等问题的论证之下——或之旁——《高尔吉亚》描绘了一场斗争，斗争关乎谁将设定政治谈话的条件，并因而掌控对话及其中被视为"道德"的东西。用福柯的话讲，这篇对话以戏剧的方式，展现了权力怎样贯彻我们所借以生活的权利规则。我们若注意这些潜台词，就会看到一场关于对话者谈论什么以及他们如何谈论的斗争。正如我希望表明的，苏格拉底设定了对话的条件，但他又在确立条件的过程中违反了自己设定的条件。通过阐明这种悖谬，《高尔吉亚》暗示，不存在脱离权力的道德，不存在不受政治斗争牵连的理论，不存在没有修辞效果的逻辑，也不存在理想到能够逃脱它自己建立的暴力的谈话处境。正如苏格拉底似乎要教导的，如果哲学要取代修辞术作为政治的基础，它能仅仅通过哲学之外的办法做到吗?

要回答这个问题，必须进一步探索这篇对话关于修辞术效果的高度反思性的运用。最近评论家们已经注意到《高尔吉亚》的戏剧结构的重要性，特别是反驳论证的复杂本性如何"艺术化地反映在个人的与辩证的反驳之间，反映在戏剧化的与逻辑化的反驳结构之间的相互影响之中"。跟苏格拉底进行的每一次辩证交战，都会变成一种对对话者自身生活的批判性检验(Kahn, p. 75-76)。在《高尔吉亚》中，苏格拉底依赖个人论证跟依赖辩证论证一样多，依赖羞耻感跟依赖逻辑一样多。随着苏格拉底向着一种反驳的结论靠近，个人的也随之变成辩证的。于是，苏格拉底的方法变得更少试图劝说卡利克勒斯接受他的观点，而是设法使他承认他其实一直都相信它。

苏格拉底的这种心理战武器是羞耻(见McKim文)。这种交流之所以意义重大,有两个原因。一方面,它证明修辞术对民众(demos)的依赖性。如果城邦习俗的道德要求一种习俗的信仰,那么,像卡利克勒斯那样的修辞家兼政治家实际持有的关于正义的非习俗的(即自然的)信仰,就无法安全地暴露于公共场合。另一方面,它表明苏格拉底所做的恰好就是卡利克勒斯指控的:他随场合(或论证)适合,要么诉诸自然或习俗,要么诉诸公共的观点来恐吓对手。通过这种解读方式,我们可以不带反讽地理解苏格拉底的主张吗,即在追求真理的过程中,他既愿意反驳别人,也愿意被反驳?或者,真理是用哲人们的仇恨、激情、嫉妒和权力意志等异己形式一件一件组装而成的,他们并非不乐意采用包括羞耻在内的多种策略来操纵并打败对手?

苏格拉底在对话开端就暴露了这些策略。他坚持以问答的形式进行对话。苏格拉底感兴趣的不是见证修辞术的表演,而是让对话者坦诚讨论。高尔吉亚赞成苏格拉底的条件,夸耀说自己不仅擅长长篇大论,而且擅长简短回答(449c)。珀洛斯的情况不一样。当苏格拉底请他限制长篇大论时,他并不乐意接受苏格拉底的条件。可是,由于记性差或别的什么原因,珀洛斯蓄意而敏锐地避开了这个条件:他要么是没有能力,要么是不愿意学习反驳论证。苏格拉底的反讽回应为他自己提供了一种展示自己的机会,在如此回应的结尾,他指出自己违反了自己的禁令。有人猜想这不仅是为了启迪珀洛斯,也是为了启迪我们读者。苏格拉底(或柏拉图)玩弄珀洛斯。同时,苏格拉底给读者留下了一条暗示:对话也违反了苏格拉底反对修辞术的禁令。

苏格拉底继续通过威胁退场来为对话设定条件——讨论如何

进行？假如珀洛斯拒绝限制冗长的发言，那么苏格拉底除了离开还能有什么选择？在这里，苏格拉底又一次为了维持讨论的进行而设定条件，但那些条件本身无可商量。他是诉诸那些想让对话继续进行的众人来提出条件。珀洛斯想要反抗，但发现自己手脚已被缚：如果他拒绝苏格拉底的条件，会显得有失体统；如果他同意这些条件，那我们都知道，他将无法跟这位辩证法大师抗衡。我们感到苏格拉底同样清楚这一点，他是为了占上风而如此设下这种两难困境的。对话进行到这里，一旦苏格拉底将对手控制在辩证法区域，他就可以发起一场反驳论证的战斗运动，任意出其不意地揭发和突袭对手。苏格拉底成功地设定讨论的条件，意味着他已经赢得了战斗的一半。

《高尔吉亚》戏剧化地描绘了一场斗争，斗争涉及对话者要讨论什么以及他们应该如何讨论的问题。一旦苏格拉底为对话设定了形式上的界限，他同时也为对话设定了实质性的讨论日程。尽管苏格拉底的策略狡猾，但柏拉图提供了足够多的线索，以至于我们不会注意不到它的重要性。珀洛斯和卡利克勒斯两人都为某种版本的如下主题辩护：行不义比受不义更好。为了以其他方式进行论证，正如苏格拉底所做的一样，强制性地将奴隶道德实施于具有强大而高贵本性的主人身上是一种策略。然而，苏格拉底在这里追求的论点无关正义生活高于不义生活的优越性，而关乎是否每个人都一样相信这论点。苏格拉底为如下观点辩护：

> 我相信你和我以及其他人一样，认为行不义比受不义更坏。(474b)

珀洛斯显然没有意识到这种发生于争论的认识论层面的关键

而狡猾的转换,他于是从反面做出回应:

> 我相信你不会,我不会,任何其他人都不会相信这种观点。(474b6)

从这段话看来,有一点很清楚:苏格拉底和珀洛斯正在争论的是他们在正义或不义方面已经相信什么,而非实际情况是什么。苏格拉底争辩说,尽管我们经常在到底什么才是真正对我们最有好处这一问题上搞错,但我们一直都偏爱正义甚于不义,即使我们并不总是选择正义。通过将讨论转移到"你、我和所有人已经相信的东西"的领域,苏格拉底就没有必要对每一件关于正义和非正义的事情都加以证实(Mackin, p. 33–48)。他只需想办法使对手落入一种出于羞耻而屈服的地步就行了。通过(重新)建立争论的条件,苏格拉底可以自由地开展平等对话的游击战争:他将对手拽入信仰和行动之间,以及一个人说了什么和他如何过他的生活之间的矛盾之中,目的是不仅改变他对自己生活的信念,而且改变他的生活本身。

我已经说过,《高尔吉亚》是一场复杂、精细而充满多层结构的对话,违反了那些为非强迫性谈话理念辩护的人的期望(尽管哈贝马斯时常将苏格拉底的对话视作理想谈话的幼稚实例而加以拒绝),也违背了系谱学批评家的期望。系谱学批评家揭露了所有关于真理的主张(特别是柏拉图的),视之为权力意志的多种实例,由此甚至也拒绝了苏格拉底哲学基于无知的反讽式真理。

苏格拉底将哲学对话视作政治协商的典范,是一种严肃(尽管我认为是反讽的)的姿态。一方说服另一方的"失败",意味着在理想的谈话处境中和如此理解的苏格拉底对话中,存在着某种逃避不了的限制。就知识即德行而言,基于理性的同意将不得不导致信服，但从对话看来，理智的同意并不必然产生实存的确信。不像批判理论信奉"较好论据的非强迫性效力"，《高尔吉亚》这篇对话承认那些具体的现实决定了对真理的寻求。通过为我们展示那些不能有助于共同寻求真理的权力的结构、质料和生存的现实，《高尔吉亚》显示出，纯粹苏格拉底式的对话确实"无论何时何地都是不可能的"。[①] 与此同时，这篇对话也显示（也许是否定性地）了这些品质：坦诚（parrhesia）、善意（eunoia）、互助（homologia）和勇敢，正是这些品质使哲学的对话也是一场政治的对话。

在对话"结尾"时，[②] 苏格拉底打败了卡利克勒斯，但没有说服他：这位政治家退出了谈话。但争论的目标就是让对手信服以改变他的生活和信仰。形式上的反驳已经足够：知识必须成为德行。这种变化没有在卡利克勒斯身上明显发生，在这种意义上，苏格拉底未能满足他自己的"自我设定的成功标准"。[③] 对话于是成为一次

---

① 在这一点上，哈贝马斯与《高尔吉亚》达成一致：批判理论暴露了那种掩盖或扭曲谈话处境的权力和不对称，以便为"较好论证的非强迫性效力"扫清道路。根据这种解读，苏格拉底也有一种兴趣，但其兴趣在于"真理"。而我想证明，《高尔吉亚》与批判理论也恰恰在如下这一点上分道扬镳：《高尔吉亚》承认，即使在最真诚的哲学对话中也存在不可化约的修辞术，哈贝马斯则旨在从所有谈话中清除修辞术的污染。关于命题陈述与修辞效果之间的区分，以及这种区分如何可能，参哈贝马斯，《交往行动理论》，第1卷，《中介的反思》。

② 很快就会明了，我之所以这么说，是因为我不确定《高尔吉亚》是否真的结束了。当然，对话在通常意义上结束了，但它留给我们的持久印象是某种进一步的激发，而非最终的封闭。

③ James Wiser, "The Force of Reason: On Reading Plato's *Gorgias*," in *The Ethical Dimension of Political Life*, ed. Francis Canavan (Durham, N. C.: Duke University Press, 1983), p. 56.

失败,因为它就其本身而言没能触动卡利克勒斯。苏格拉底的哲学也是一种失败,因为它既然不能触动“试金石”卡利克勒斯,在雅典也就只能拥有很小的作用或地位。苏格拉底和苏格拉底哲学,更适合被描绘成一种应该避免的教训示范,而非作为被效仿或模仿的典范。

也许“失败”这个字眼用得太过了。毕竟卡利克勒斯没能压制住苏格拉底。他陷入沉默之后,又不止一次地重新加入谈话。在回应珀洛斯早先做出的评论时(480e),卡利克勒斯承认他立刻被苏格拉底所吸引和排斥。“我不知道怎么回事,”卡利克勒斯在一个也许更真实的发言中承认,“但你的话吸引了我,苏格拉底。但我和大多数人一样,感到没有被你说服。”(513c5)尽管苏格拉底尚未讲完自己的例子,卡利克勒斯仍然禁不住跟他谈话。这儿没有最终的结束:苏格拉底不是很有说服力,而卡利克勒斯也没有完全切断将他们连接在一起的脆弱的纽带。政治家和哲学家会继续相互谈话,因为政治不会屈服,而哲学尚无定论。还有工作要做,因为哲学(和政治)的基础本质上一直都有争议,也是可争议的。至少在《高尔吉亚》中,正是这种关于争议的知识使苏格拉底的哲学变成政治哲学。

但《高尔吉亚》并未使问题停留于此。正如我们已经看到的,对话周期性地提醒读者注意那些被视为真的东西,怎样被哲学之外的手段、被苏格拉底辩证法“议定”范围之外、之下或之先的手段所决定。《高尔吉亚》的这种潜台词多数时候都是关注谁会掌控哲学交谈的条件,这种掌控正是苏格拉底和他的对话者之间竞争(agon)的实质。一旦苏格拉底的对话伙伴服从了问与答的条件,服从于辩证法而非修辞术,那么对话就在哲学的支持下发生决定性的改变。苏格拉底旨在为对话设定条件,并因而既控制了对话共同体,也控制了政治共同体，这造成了一个悖论：对话通过狡猾的强制性修辞策略，来具体呈现一个非强迫性的交往典范，然而，通过承诺致力于“论证”（logos），它同时又否认了这些策略的运用，不是吗？苏格拉底正是在建立哲学谈话的规则的行为之中同时违背了它们，不是吗？《高尔吉亚》于是必须“掩藏它通过求助于它所反对的策略而打开的缺口”。[①] 卡利克勒斯似乎是对的：苏格拉底将他的权力意志隐藏在真理的哲学外表之后。

所有这些都在暗示，《高尔吉亚》包含了它自己的修辞维度，它的戏剧结构（广义的）有力地揭示了那个缺口——对话明确指出苏格拉底使用的策略，但该策略又被“苏格拉底式”哲学所反对，这样就打开了那个缺口。《高尔吉亚》既提出一种作为政治学模型的理想谈话处境，又揭示出，在对无可争议的政治基础的共同寻求之中，包含着错综复杂的（或许也是不可避免的）权力运作。因此，对话迫使我们不仅要反思那些（足够令人敬畏的）通过交往获得理解的困难，还要反思在获得如此受理性驱使的同意的过程中，有什么东西被压抑、被忽视或被抹杀了。苏格拉底坚持认为，真理具有交互主体性，严重依赖于自由地给出的信念，苏格拉底的许多努力都用作（不成功地）建立这种有意义的交往的基础。但在说明修辞术的过程中，《高尔吉亚》就理性的不纯粹性做出了一个更强烈的断言。对话不可化约的修辞维度——戏剧化地体现在苏格拉底与卡利克勒斯之间关于谁将掌控谈话的条件的竞争（agon）之中——进一步提醒我们，要注意批判理论关于非强迫性谈话的说明中有一个空白，这个空白使理论并不特别关注它自己的语言“权力”如何微

---

① William Connolly, “Democracy and Territoriality,” *Millenium: Journal of International Studies*, vol. 20., no.3 (winter 1991), p. 468.

妙运作以构建被视为“真理”的东西。

尽管哈贝马斯不再假定一种被先验之锚固定的“理想的谈话处境”,他还是有保留地主张,通过交往而获得的共识内在于日常谈话的人类学深层结构之中。这个主张仍然暗示了一种排除其他谈话形式的有效性的理想和规范,因为它们低于合理性的限度。① 正是这种合理性的标准——在自由、有理性和负责任的行为主体获得一种基于有效标准的、有共同处境的定义的情况下——建构了一种微妙的权力机制,以预先界定什么是合理的和理性的,从而系统排除了另外的、异己的或不同的东西,无论在个人层面还是在社会层面。② 那些感觉、动机、经历和自我,由于在理性承认的话语框架内依然难以言喻和难于辨认,就随之变成了规则管制的对象,这种管制趋向于损害差异性而支持一致性,加剧了任何批判理论都有权怀

---

① 哈贝马斯发现了所有言谈之中的“人类学的普遍深层结构”。见氏著“Geschichte und Evolution,” *Zur Rekonstruktion des Historischen Materialismus*(Frankfurt: Suhrkamp,1976), p. 241。这些结构倒填了人类的日期:“劳动和语言比人类和社会更古老”。见 Habermas, *Communication and the Evolution of Society*, trans. Thomas McCarthy(Boston: Beacon Press,1979), p. 137。

② 关于这种规范在谈话伦理学中的作用,见 *Moral Consciousness and Communicative Action*, trans. C. Lenhardt and S. Nicholsen(Cambridge: MIT Press, 1990)所收文章,特别是主题论文和另一篇文章,“Discourse Ethics: Notes on a Program of Philosophical Justification”。在这些论文中,哈贝马斯阐述了他的可普遍化原则:一种规则是普遍的,“当且仅当对它的普遍遵守的结果和边际效果有望满足每个受到影响的人的特殊兴趣时;如此,所有受到规则影响的人才会自由地接受它们”(页 65、120)。我对《高尔吉亚》的解释意在表明:这种依赖于“自由接受”的有效性的论证原则要求并预设了——其实是掩盖了——一种本身就有争议的(contestable)的理性谈话的标准和程序。本段借鉴了拙文“Between Modernity and Postmodernity,” *Political Theory*, vol. 22, No. 1(1994): 87关于哈贝马斯的讨论。

疑和害怕的同一性及缺乏思考。如果系谱学不愿意承认“讲话就是(并不总是)战斗”,那么批判理论则并不总是足以适应这种产生它自身之可能性的权力的效果,也不总是足以适应它所产生的权力的效果。《高尔吉亚》显示,一种批判理论若没有使自身成为其自身真理系谱学的主题,就同样有可能隐藏或拒绝那些巧妙地进行强制的修辞策略和手段,而那些策略或手段甚至伴随着最有善意地进行无所限制的交往的尝试。

关于整篇对话和理想谈话处境的这种解构性的阅读,摒弃了所有为无尽反复的控制游戏而设置的潜在的普遍道德标准吗?《高尔吉亚》最后真的将胜利授予卡利克勒斯和修辞术、尼采和福柯,而苏格拉底和哲学、哈贝马斯和理性却不可避免地隐含在权力的运作之中?这篇对话可以仅仅还原为一场关于谁将掌控话语权的斗争吗——其中公民都按照这种解释所提示的一样发言?卡利克勒斯本人提供了一条线索表明理性的共识是可能的,因而部分证实了苏格拉底偏爱真理的有效性。这种承认发生在苏格拉底与卡利克勒斯交流的某个点上,当时卡利克勒斯为好的快乐辩护而贬低坏的快乐,为强者和高贵者辩护而贬低弱者和卑微者(499c)。卡利克勒斯一直诉诸一种*隐含的*(implicit)标准,而苏格拉底也通过提出一种甚至让卡利克勒斯都辗转不安的卑劣的快乐,展示了这种标准。

这种对隐含的判断标准的依赖,暴露了在福柯本人对系谱学批判的阐述中的一个显著缺口,它掩饰了批评者本人公开宣称的“幸福的实证主义”(happy positivism)的可能性。福柯毫不动摇地拒绝(也许这是他的盲点)探究那些引导他自己的批判活动的动机。假如他这么做了,他将不得不跟卡利克勒斯一起承认,某些权力体制并不只是不同，而是比其他的更好，不是吗？[①] 一种未能探究自身前提的未经反思的系谱学，很有可能成为一种自身也需要系谱学批判的新规范、新标准或新中心，不是吗？

《高尔吉亚》戏剧化地描绘了——而苏格拉底-柏拉图哲学对智术师派修辞术的历史性胜利也证实了——这种从边缘到中心、从外部到内部的批判性甚至革命性的运动的敏感性，以致今天的激进变成明天的秩序的一部分。因此，《高尔吉亚》包含了一种深刻的反讽，对原教旨主义者、理性主义者以及其他自称解构游戏之敌的人几乎都不起作用：在努力阻止自身（或所有人？）走向封闭的过程中，对话描绘了一个比其可怕对手卡利克勒斯更习惯于巧妙运用修辞术和权力的苏格拉底，描绘了一种承认自身隐含地依赖政治学（甚至在它试图超越这种依赖的时候仍然如此）的哲学，描绘了一个反对被圣徒传记作者追封为圣人的哲人，甚至在柏拉图将他置于雅典政治等级的顶部的时候仍然如此。

《高尔吉亚》在理想的谈话处境和阻止获得这种处境的障碍的双重限制之下、在对真理的追求与权力的现实之间、在辩证法与修辞术、哲学与政治的实践之间向前推进。《高尔吉亚》的这个视角提醒我们注意，哈贝马斯和福柯关于真理与权力之间关系的阐述并不充分。如果说批判理论在尝试使权力摆脱知识时（正如我认

---

① 除了其他人，Nancy Fraser已经提出这个关于隐含的规范标准问题。见氏著"Foucault on Modern Power: Empirical Insights and Normative Confusions," *Proxis International* 1(1981): 283。虽然我大体赞同她的观点，但她和哈贝马斯一样，把权力与规范的关系中的矛盾两极化，从而仅仅讲了问题的一半；她不像《高尔吉亚》一直在张力之中思考它们。亦见Habermas, *The Philosophical Discourse of Modernity*, chap. 10, "Some Questions Concerning the Theory of Power: Foucault Again"。

为《高尔吉亚》所揭示的)最终屈从于某个盲点,那么系谱学批判也存在同样的弱点,因为它拒绝承认其自身的解构性能量源于实现使现实变得可被理解的理想,源于那些界定反常之物的标准,源于一个动员边缘做出反抗的中心。如果说批判理论过于轻易地提出它自己的理性版本,作为一种无可争议的终极标志,那么系谱学批判则过于轻易地摒弃了那些传统的路标(包括真理和理性)——它们本可以帮助我们越过这片其实没有地标的(后)现代地理学的困难领地。最后,如果说批判理论最终未能使它自身成为自己的批判性探究的主题,那么,系谱学游戏在坚决解构终极标记时,也同样未能发掘出它自己的本源,并因而趋向将其自身复原为另一个终极的标记。

《高尔吉亚》既没有简单地提倡"终极标记的消亡",[①] 也没有提出一种目的论的真理——它可以一劳永逸地确定我们的身份、习惯和制度的视野。毋宁说,对话在两种相互矛盾但非常必要的冲动之间保持有效的张力:它不仅把哲学对话设计为政治学的基础,而且通过卡利克勒斯与苏格拉底之间的竞赛性论争质疑自己的设计。无疑,这种论争没有导致竞赛被毁灭,而是导致竞赛持续保有活力。因此,《高尔吉亚》培养了一种竞赛精神,它既是哲学的又是政治的,既是辩证法的又是修辞术的,既意识到对超越政治竞争的哲学基础的强烈愿望,又意识到动摇这一基础的必要性。这篇对话的伟大功绩在于保持这些矛盾因素——也是我们自己的矛盾——的活力,从而防止我们授予竞赛的任何一方以特权,以致滑入对真理的政治特征的遗忘,对《高尔吉亚》自身戏剧化呈现的政治的遗忘。

---

① Claude Lefort, *Democracy and Political Theory*, trans. David Marcy (Minneapolis: University of Minnesota Press, 1988).

对《高尔吉亚》的匆匆回顾表明,这篇对话一度关注基础,关注为雅典政治建立一种稳固的哲学基础的必要性。然而,根据切近的考察,这种哲学基础显得并不稳固,它基于浮动而非稳固的地基,是一堆充满裂缝和缝隙的断裂之物,充斥着悖论和矛盾。如我们所见,对话暗示,为政治寻找(或建立)一种超越质疑、反对或修辞操纵的稳固基础可以有各种不同途径,但对话也一次又一次地将我们带回那片本质上充满争议的领域。对话在苏格拉底的辩证哲学之中时而充满希望、时而听天由命地寻求一种超越政治(超越权力)的基础,只是为了揭示,哲学的创建之日也是政治的创建之日。《高尔吉亚》非但不能,也没有使真理完全摆脱权力,反而使一方的建立牵扯到另一方。仅仅认为对话没有能力或拒绝将哲学与政治、真理与权力分离开来,或仅仅将后者固定于前者之中,都是一种“失败”。

但我们也看到,“失败”这个字眼也许用得太过了,这不仅因为论争以没有结论的方式收场,并因而使竞赛(agon)继续进行,而且因为,正如有人设想的,《高尔吉亚》没有提出柏拉图在这个主题上的最终定论。这些顽固的政治学难题,以及将这些问题及其解决方法置于无可争议之地的真诚渴望,持续存在于柏拉图的理论想象之中,而这种想象远远超出了《高尔吉亚》的写作范围。

死后的政治

肯耶维奇-米斯科维奇(Damjan de Krnjevic-Miskovic) 撰

李晓进 译

我们首次会面的时候,罗森为我吟诵了一段圣经经文。它是为了回答智慧的本性问题。他引用《箴言》(*Proverbs*)关于智慧或赫卡姆(hochma)的定义说:“对那些紧紧抓住她[智慧]的人来说,她是一棵生命树。”[①] 在犹太教中,攀登生命树通过研究《托拉》来实现。在罗森看来,攀登生命树则通过对智慧或索菲亚(sophia)的爱欲追求来实现。犹太教认为,思考《托拉》并将之应用于人的生活中,带来的是迪坎(tikkun),即对世界的纠正与修补。上帝通过《托拉》和传统对人类说话,而人类通过阿弗达斯(avodath,或礼拜)和特菲拉(tefilah,或祷告)来跟上帝说话。在罗森看来,通过爱欲(eros)追求智慧是幸福(eudaimonia)或兴盛的途径,是从虚无主义和诗中奋起的途径。

罗森《诗与哲学之争》写到海德格尔和柏拉图的时候,这样评论哲学努力的基本特征:

> 尽管它从某种意义上是整体的一部分,但也正是这个部分

---

① [译者注]见旧约圣经《箴言》3:18:“她与持守她的作生命树。”

反映或揭示了整体之作为整体。[①] 借助哲学思想的概观特征，一个人可以通过对某些部分的考察而看到整体的景象。

此后不久，罗森不带一丝虚伪地评论了这种企图的野心，我认为该评论若加以类推，也适用于罗森的整个计划：

> 我最多只能期望……这样的景象；如果读者将其看作“神话”（muthos）而非“论证”（logos），我就满意了。这是一种探究（historia），如“观看”（theorein）一样“寻找”（zetein）。（《诗与哲学之争》127）

罗森可能会补充说，他如“观看”一样“寻找”的地方高据于生命树最精美的桠枝中：罗森已经努力爬上去了，而没有使自己陷入从一个山顶跳到另一个山顶的状态。罗森纠正登山术的方法是爬树术。哲学的爱欲（eros）是纠正权力意志的良方。哲学的惊异破坏了搞破坏的意愿，却没有消除对哲学的发生来说必不可少的革命热情。当我们进入柏拉图《高尔吉亚》的世界，这些看似含糊不清的前言会变得越来越清晰。

罗森每天都在解释他所写的，即为如下赫拉克利特式断言所引导意味着什么：如果一个人不去希望，就不可能发现他不去希望的东西，而只是相信它不可能被发现或被达到。罗森将这种“希望”解释成“将人的灵魂向在其他方面看不见的存在之光敞开的情感（pathos）和情绪（stimmung）”，正如他所说，

> 希望的情绪时常被希腊人称作“惊异”（thauma）；柏拉图

---

① ［译注］为了表示强调，原文用斜体，中译文用楷体，下同。

和亚里士多德告诉我们,它是哲学的起源。

“在我自己对柏拉图洞穴喻的解释中”,罗森继续说:

> 当苏格拉底请格劳孔假设其中一个洞中人“已被解除(桎梏),被迫突然跳跃(eksaiphnes)起身,转动头部,向前走动并看到(火)光”时(《王制》515c6以下),他暗示的是惊异。“转向”(periagoge or conversion)本来并不是“教育”(paideia or education),但正是惊异的瞬间照亮使教育(paideia)得以发生。

罗森总结说:

> 正是这瞬间的转向将解除桎梏的人拉到阳光下。通过神圣的闪光、神圣的赐予(theia moira)、迷狂(mania)或诸神的恩赐(柏拉图以不同方式称呼瞬间洞见的视域),惊异使人的眼睛看到善的光。(《诗与哲学之争》127-128)

罗森式的惊异看起来令人惊叹(荷马会说thanma idesthai),它实际上结合了一些哲人的谦卑与狂傲,毕竟他们不想总是无可奈何地盯着同时代的虚无主义。

柏拉图《高尔吉亚》结尾以伪装成神话(muthos)的论证(logos)形式呈现了苏格拉底关于死后的政治。罗森已经宣布,柏拉图的政治哲学是“尝试将智术的危险从政治生活中清除干净,而不用完全退回到希罗多德的退隐状态”(《诗与哲学之争》55)。我将设法更深层地接近柏拉图整体的一个部分——他的死后政治学,在确定善的本体论优先性的背景之下,揭示宣讲真理的修辞学与制造神话的修辞学在哲学上的联系。

在罗森看来,智术——“普罗塔戈拉是其理论上的楷模”(《诗与哲学之争》53)——“是在不放弃理论家身份的前提下尝试分享政治权力”(《诗与哲学之争》55):智术师们既不想直接统治,也不想隐藏他们的智慧。《智术师》有个戏剧化的转折,其中那位爱利亚的异乡人正确地将属于智术师派的特征描绘成矛盾和辩论(《智术师》232b)。智术师与辩论术的联系显然符合苏格拉底在《高尔吉亚》中提出的论点,即智术即使不相同于也近似于修辞术(520a)。在《王制》中,苏格拉底说,智术师传授公共意见,他们将民众所说的东西搜集在一起,并“称之为智慧,并组织成一门技艺”(《王制》493a6以下)。对智术师来说,意见比知识要重要;智术师很像当代美国的民意调查人。

苏格拉底的批评基于这种能力——他能够宣称,智慧与根据民众关于善的意见在公共之善方面说服民众的能力之间存在某种区别。这必然暗示,哲人拥有关于公共之善的知识,并且不仅这种知识,而且所有非技术性的知识,都不是以公众关于公共之善的意见为基础,而是以某种更永久的东西——即关于人类本性和人类灵魂的知识——为基础。唯有如此,苏格拉底对人类的生活方式划分等级秩序的要求才能站得住脚,因为等级排列恰恰包含关于公共之善的知识。这并没有解决一个问题,即如何向多数人表明他们关于公共之善的流行意见是无效的。这可能需要神话(muthos)和论证(logos)的某种特定的结合。本文将在适当的时候探讨这个主题,因为这是苏格拉底在《高尔吉亚》中提出的死后政治学的主题。

罗森用现代的措辞说,智术师是公共知识分子,他们“以一种半遮半掩的形式,潜在革命性地发布关于自然的真理”(《诗与哲学之争》31)。智术的危险根植于它关于自然是变化的观点,“同样,礼法(nomos)缺乏神圣的基础。善就是快乐,也就是说,真理被欲望所定义。这是尼采的权力意志学说这个经典表述的粗俗版本”

(《诗与哲学之争》31)。按照罗森的说法,这种对礼法(nomos)与神圣之间的统一性的否定首次为希罗多德所完成。

希罗多德认为,“人类事务并不神圣。人独立于诸神(假定诸神存在)。希罗多德的主题是独立的人类事务。如果每个人对诸神所知的是一样的,而这种知识表现为礼法的形式”——罗森推断说:

> 那么,一个城邦的礼法与另一个城邦的礼法就可以交流。说礼法统领所有人,就是说人类没有觉察这种等值;他们没有理解关于诸神的真理……如此推理的极端后果是:人类事务并不神圣,因为神并不存在于对人类有用或可以接近的形式之中。如果宇宙处处弥漫着变化,礼法(nomos)如何可能?(《诗与哲学之争》35-36)

因此,智术的理智之根可以从支撑希罗多德的探究的基础中找到。

罗森更进一步推断认为,

> 人和神之间的差别导致了自然(或变化)和习俗(或静止)之间的差别。人从自然上就是独立于神的,因为自然就是变化。人和神之间不存在永恒和等级的关系;恰恰是礼法,而非诸神,统治着所有人。

罗森总结说:

> 希罗多德于是将运动的现象(appearance)和静止的实在之间的帕默尼德式差别颠倒过来。自然包含神、人和世界。一切都有一个共同的自然,因为一切都在变化。神和人的自然之间没有差别,不是因为人具有神性,而是因为根本没有神……

> (希罗多德)于是否定了永恒、静止或帕默尼德派的存在,并因此否定了苏格拉底式的哲人。(《诗与哲学之争》37)

罗森认为,作为一种补救,需要的不是流行崇拜和宗教习俗,而是朝向一种当代人会称作目的论的本体论的运动,并需要以虔诚著称的埃及人所保有的那种表面的沉静——“因为他们没有彻底思考他们虔敬的后果”——也没有彻底思考“理智的惊异”(《诗与哲学之争》37)。换句话说,希腊政治的健康,“依赖于希腊智者对埃及式虔敬做出某种明智的调适的能力”(《诗与哲学之争》38)。

可是,一种直接解决问题的进路——即直接追求这种关于整全的目的论解释——是不可能的,至于个中原因,那些熟悉第二次航行比喻的哲学意蕴的人都能理解:柏拉图不具有黑格尔自称具有的“本体论”。在好几种情况中,《高尔吉亚》简要描述的进路似乎是最有可能的一个。然而,在转向这篇对话之前,我必须好好考虑罗森对柏拉图政治哲学的定义。

在西方传统中,第一个政治对话发生在波斯人关于政体更替的谈话的背景下,我们现在可以说,正是这些谈话者导致了波斯的毁灭。主人公就是作为储君的大流士(Darius)。这场对话教导说:(1)“人无论撒谎还是说真话,都是出于同样的原因:利益,要么当下的,要么最终的”;(2)“正义和自由可能依赖于谎言和谋杀,正如政治辩论根植于阴谋和暴力一样。希罗多德早于马基雅维利提出,好的城邦可能建立在暴力基础之上”;以及(3)“政治行动是对自然变化的重新安排,试图延迟混乱的出现”(《诗与哲学之争》41)。政治秩序的建立依赖于人的自身利益,而非诸神。正如罗森所言,“利益是混乱的本源和表面的虔诚之间的链接:利益取代了诸神”(《诗与哲学之争》41)。

罗森在同一篇文章的后面提出,大流士之于希罗多德,如同苏格拉底之于柏拉图,并且大流士与《高尔吉亚》的卡利克勒斯之间存在诸多共同之处。罗森将卡利克勒斯描绘成"在智术和修辞学之间为我们提供一种调节……:他揭露了弱者隐藏的东西",即罗森所谓的我们关于政治的"真实而自然的观点":"惯常的道德教诲事实上顶多是一种高贵的谎言(noble lie),且在最坏的情况下,是多数弱者保护自己并反对少数强者的卑鄙尝试"(《诗与哲学之争》49)。这种"自然法",这种"自然正确"教诲(483e3,484b1),罗森称之为"民众的隐微教诲"(《诗与哲学之争》48)。

对卡利克勒斯和大流士来说,卑鄙的谎言作为政治生活的基础,是他们在相对私人的环境下提出的。如果在公众场合宣讲,或在一场审判中谈起,他们可能会(或会毫不犹豫地)提供一些坚称客观合理的否定理由。罗森说,对大流士和卡利克勒斯来说,

> 哲学是对事物自然的错误而幼稚的推理。如果自然是变化,生活是战争,那么理智的目标就是复制自然:战士是哲人的最高形式。然而,即便对战士而言,战争的目的在某种意义上也是和平,那是享受战利品的必要条件。稳固的和平不可能仅仅在武力和行动的强迫下产生;语言也是必要的。礼法就是语言的效力;它是所有人的王,包括国王。战士-国王(warrior-king)必须将欺骗隐藏在礼法的面纱之下。换句话说,礼法是武力伪装成和平的欺骗性外表。但战士-国王需要欺骗,这就使他自己受熟练的演说家和礼法解释者所左右。这是从智慧者(wise man)到智术师(Sophist)的一个步骤。智慧者不愿为了政治权力而跟大流士竞争……智慧者的愉悦在于观看和言说;他们的欺骗被运用于他们关于可见事物的复杂言说之中。

> 他们不愿意让行动的迫切性危及理智愉悦的纯粹性。然而，源于言说力量的愉悦战胜了源于视觉能力的愉悦。在这里，智术诞生了。(《诗与哲学之争》47-48)

智术诞生于一种雄心勃勃的欲望，它虚荣地要求其信奉者成为最好的美德教师，并且这种道德必须公开地被多数人(也被少数人)确证为有效。罗森写道：

> 为了满足自己的虚荣心，智术师必须成为一个革新者。(《诗与哲学之争》48)

回来看罗森关于柏拉图政治哲学的定义，“试图将智术的危险物从政治生活中清除干净，又不至于完全退回到希罗多德的退隐状态”(《诗与哲学之争》55)，会使我们产生如下洞见：苏格拉底同卡利克勒斯(多数人的隐微教诲的代言人)的谈话以苏格拉底关于死后政治的必要的神话式阐述告终，这表明，在诗与哲学、变化与稳定之间有必要理智地保持对话。这篇对话比其他对话更多地指出如下事实：哲学的欲望——它本身生来就是革命的——与它从事被罗森称作隐匿的革命的能力有关。在一封致科耶夫的信中(1957年4月22日)，施特劳斯采取了一种不同的进路。“《高尔吉亚》的意思”——施特劳斯写道——是“哲人与民众之间的关系被某种唤醒对死后惩罚的恐惧的修辞家调解；哲人可以引导这些修辞家，但不能做他们的工作”。确实，施特劳斯继续说，“我并不相信苏格拉底与民众对话的可能性”。抛开分歧的重点不论，罗森与施特劳斯都会赞同：只有在需要摧毁的对象在其他方面没有能力或不值得拥有特权的时候，带着锤子或使用几何精神(esprit de géométrie)进行哲学思考才会变得必要。

在《高尔吉亚》结尾，苏格拉底向卡利克勒斯提供的最后证明或论证关注的事实是：如果因为不事谄媚的修辞学和正确地从事政治而死，那么他会从容地接受死亡。苏格拉底所说的是一种非常高尚或优美的论证（logos），但他认为卡利克勒斯会视之为一种神话（muthos）。从容接受死亡的基础在于：坚持真正的政治技艺，如同苏格拉底在不同时期所说，要做或变成一个政治家、一个好人、一个好公民。换句话说，如果他能继续正确地从事政治，即以阐明对雅典人和他自己而言什么是最好的东西为目的来发表演说，那么他也会轻松接受死亡。在随后一节，苏格拉底说，他要告诉卡利克勒斯一些作为真实之物讲述的论证（523a2–3）。这当然不等于说，他会告诉卡利克勒斯这些事情纯粹或完全真实。苏格拉底精心设计的陈述为谎言留下了空间——既让这些谎言被当作真理提出。接着，苏格拉底向卡利克勒斯说，构成论证的事情在于如下事实：“总而言之，没有人害怕死亡，只要他不是最无理性和怯懦，而是害怕行不义；让灵魂满载着不义进入冥府，这是一切恶中最大的恶。”（522e）论证于是就是一套关于诸神在冥府对人的生命或灵魂作出真正或最终审判的教诲。

作为快乐的同党和祈求者，卡利克勒斯并没有表达一种可能倾听苏格拉底式神话的快乐。哲人在真理问题上并不怯懦；毋宁说，怯懦的是不惜一切代价坚持自我保存的人。稍后，苏格拉底会花更大的力气指出，真正勇敢的人是哲人。具有讽刺意味的是，根据卡利克勒斯自己的定义，苏格拉底比他更勇敢——只是他不愿意接受这一点。（在上面提到的写给科耶夫的同一封信中，施特劳斯写道：“在《王制》中，每个人都是正义而节制的，只有精英是勇敢的［和智慧的］；勇敢和智慧属于同一种类，因为哲学并不希望像你们的英雄［也就是黑格尔］所说的只是具有教育意义。”）回到争论的主线：

诸神在冥府审判人类生活的真正或终极标准是正义,更明确点说,是一个人是否按照合适的正义标准过完他的一生。我暂且认为,《高尔吉亚》作为一个整体的主题,初看并不清楚,但在某种程度上与对话最后部分的主题有关,下面我来关注这段对话。

最后部分的主题与苏格拉底跟珀洛斯对话时所界定的两种“关于修辞学的重大作用”问题相关:首先是自我指控(480a1-2,480c1-3),其次是假定或可能(“如果”)有必要“伤害某人,无论敌人或其他什么人”,也就是说,有必要“尽一切办法,通过行动和语言,帮助他逃避正义的惩罚……如果他做了足以落得死刑的罪行,也不让他死——最重要的是永远不要让他死,而是……在罪恶中永生,如果不能这样,也要让他……尽可能活得长久”(480e5-6,480e7-481b5)。

第一个“重大的修辞学用途”,即第一类治疗灵魂的良药,对正义的人来说是没有用的,因为他没有理由自我指控。问题只是被缓解而非消除了,事实上,万一他的朋友、亲戚或城邦做出不义的行动,他仍然可以使用它;第二种用途,以通常被认为不是惩罚的方式去惩罚敌人,甚至鼓励不义,因为如下两种原因而显得问题重重。首先,如苏格拉底的解释,从你自己的角度看,你肯定不希望让不义之人在你身上行不义(480e7)。其次,这里对惩罚敌人的讨论,也就是对正确审判标准的讨论,其基础只是在对话末尾才发生(在一种似乎是论证[logos]但读起来像神话[muthos]的背景之中)。简言之,关于修辞术的正确用途的两种说法,都指向善对于正义的优越性。这是令人奇怪的,鉴于正义修辞术的主题是正义,要么被理解成对不义的自我指控(第一种作用),要么通过积极阻止敌人应该得到的正义惩罚来惩罚敌人(第二种作用)。让我撇开苏格拉底开始论证之前向卡利克勒斯讲的话,正如前面已经指出的。苏格拉底说,他要告诉卡利克勒斯作为真实之物构成论证的事情(523a2–3),这不等于说他要把这些事情作为纯粹或完全真实的东西说给卡利克勒斯。正如已经注意到的,苏格拉底精心设计的阐述为说谎留下了空间,既然它们被当作事实而提出,也就是说,既然它们保持了真理的外表。(你可以说,他坚持认为这些真理是自明的。)讲述真理不同于讲述完全的真理。讲述完全的真理意味着说出“有必要把谎言当作真理来讲述”这个真理,伪装或呈现为论证的神话(muthos)似乎符合我所做的假设,即柏拉图在《高尔吉亚》中描述的苏格拉底指向善对于正义的优越性。

关于论证的实际阐述被分成两部分(523a3–c1;523c1–524a7)。论证之后紧接着的是苏格拉底自己的解释学重述,以及一系列对卡利克勒斯的鼓励。第一部分对论证的阐述,始于苏格拉底对荷马的权威的诉诸或依赖。苏格拉底说,宙斯、波塞冬和普路托把他们从其父亲克洛诺斯那里和平继承(parelabon)的王国分而治之。苏格拉底参考的是《伊利亚特》15.187–189。在那里,宙斯警告波塞冬须小心避开战争,否则必须面对他的愤怒。苏格拉底没提这种暴力的威胁。他也没提《伊利亚特》14.203–204更明确的关于宙斯暴力反抗父亲统治的陈述。这似乎完全符合整个对话在暴力问题上的沉默(比较447a1)。只有剔除通常意义上的(身体上的)惩罚方式,正义才能获得正确的理解。正义并非附属于运动或行动(kinesis),毋宁说它是静止的必要组成部分,是事物在运动停止之后保持的持久特性。正义的审判关心的是灵魂自身,换句话说,人类和善之间的亲缘关系只有通过正义才能建立起来(因此,正义必然处于较低的本体论地位)。这种亲密的关系似乎不可能在关注身体的背景下得以建立。

苏格拉底接着说，从克洛诺斯的时代一直到今天，在诸神那里已经存在且“永远”存在一条关于人类的礼法（nomos）。这条礼法被界定为：

> 人类中能够正义而虔诚地过完一生的人，当他过世之后，会来到极乐岛，居住在远离罪恶的绝对幸福中，然而，如果他不义地或不虔敬地过完一生，他就会来到地狱接受报应和审判。

这条礼法通过将人和神，或将正义和虔诚捆绑在一起，涵盖了人类死后的命运。至于这条礼法的起源，苏格拉底保持沉默。注意苏格拉底在这个语境下并未提到他在早先提到的正义、节制和勇气之间的联系。

苏格拉底接着说，在克洛诺斯时代和宙斯刚刚取得统治权的时候，审判方法在两个方面存在缺陷：作为审判者的法官和作为被审判者的人都仍然活着。正义和行动之间似乎关系紧张。于是，苏格拉底说，“审判被判决得坏”；也就是说，不义和不虔诚的人最终去了极乐岛，而正义和虔诚的人最终去了塔尔塔洛斯。克洛诺斯时代（以及宙斯的前改革时代）的特征是结果并不总是与应得相符。这正是整个对话的主题。苏格拉底的来世是一种可解释的自身回忆，其目的是为了阐明，对美德之外的东西的信仰会导致欺骗。法官和被审判者都是活着的，都可以被欺骗，因为他们会觉得身体和灵魂是一个东西，从某种意义上，即便在身体脱离灵魂之后，身体的行动依然可以掩饰灵魂的真实状况。这可能也跟正义与节制和勇气的分离有关。

在克洛诺斯时代，这条控制命运的礼法是易错的。然而，它在诸神中间“一直存在到今天”，这条礼法和任何其他人类法律一样是易错的，因为神和人一样会改变主意，并在不同的时间需求不同的事物。克洛诺斯时代将宙斯时代宣布要解决的正义问题人格化了。在转向关于论证自身的第二部分之前,我应该澄清我的观点。有一点是或将是清楚的:论证第一部分概要描绘的礼法(nomos)是服从于变化的。随之而来出现的,不就是所有虔诚事物的永恒性问题吗? 换句话说,诸神和宙斯尝试纠正或解决正义问题,却揭露了诸神本身的问题。这种为解决政治问题而进行的尝试,却更新颖、更显著地揭露了权威起源问题的神学-政治维度(更明显的体现是,苏格拉底明确遗漏了在任何政体更迭的过程中暴力或不义的必要性——即便是导向正义的建立)。

论证的第二部分以苏格拉底取代荷马开始,运动战胜了静止。苏格拉底摆脱了荷马的权威,直接通过宙斯之口讲述论证的剩余部分。苏格拉底优美而高尚的论证(他曾说他要当作真理来讲述),包含了宙斯在很久以前的创始时期向他的一个兄弟和其他神讲过的话。严格来说,苏格拉底不可能知道这些话,除非他是一个神或诗人。苏格拉底在对话的任何地方都没有这么宣称(尽管这种不可能性也许可以通过其戏剧呈现所具有的时间上的不合逻辑来解释。然而,含义是清晰的:正如苏格拉底将宙斯看成新的和改良的克洛诺斯,苏格拉底也将自己看成新的和改良的荷马。)当一切都静止的时候,正义就无所作为(at home);当运动控制静止时,正义也静止。有人可能会说,苏格拉底是一个并不需要缪斯疯狂歌唱的荷马。苏格拉底式的哲人是新的荷马。哲人丝毫不知道他完全知道的东西;而诗人却有办法完全知道他丝毫不知道的东西——因为只有缪斯知道。最重要的是像讲述真实一样讲述故事或神话,或“像讲述真理一样讲述谎言”——正如缪斯在赫西俄德的《神谱》序言中所说的。也许将苏格拉底理解成新的荷马,可以解释他为何不情愿明确承认暴力,即从克洛诺斯时代向宙斯时代过渡时实际发生的

(de facto)弑父行为。

苏格拉底的宙斯一开始就说,他要使结果与应得未必相符的问题在死后——即运动失去其主导地位或表象的时候——不再发生。可以说,即便宙斯也无法将人类带回堕落(the Fall)之前。宙斯无法跟身体的权力作斗争;他能做的顶多是等待身体的死亡。之所以判决得坏,是因为他们穿着衣服受审,也就是说,在他们仍然活着时,在他们仍然运动时。因此,许多拥有卑鄙灵魂的人用漂亮的身体、高贵的血统和财富包装自己。当审判日来临的时候,许多似乎很有名望的证人跟随他们一起,来证明他们生活得正义。法官被这些人给欺骗了,因为他们同样拥有身体,这样,就巩固了人类关于身体与灵魂、运动与静止之别的混淆。因此,他们的灵魂就被衣服覆盖着,像一道屏障。换句话说,对被外衣完全包裹的人进行审判的人,自身也被外衣完全包裹着。

灵魂真实状态的景象,被身体及其令人愉悦的装饰给遮蔽和隐匿起来。快乐的表象对另一个关注快乐的人来说,足以(有时)掩饰深层的东西。克洛诺斯时代就是被这种感官所支配(从人类的视角看,克洛诺斯时代在方向和目标上是卡利克勒斯式的;它似乎也更忠实地符合处在运动中的人类日常经验)。根据苏格拉底的宙斯,人类及其法官并不知道如何辨认什么是内在的(灵魂)、什么是外在的(身体)。这是恰当审判的主要障碍。为了尝试解决正义问题,宙斯必须改良法官在无偏见的辨认上的无能(这非常类似于苏格拉底提出的正确从事政治的方式)。

当然,上述改良预设了身体与灵魂、现象与实在之间的区分可能是真实而重要的。在关于表面与深层的区分的预设中,包含着对不平等的觉察,因为就像苏格拉底说过的,某些灵魂值得远离罪恶居住于完全的幸福中,而另一些灵魂应该下到监狱接受惩罚和审判

(值得指出的是,卡利克勒斯必须接受,事实上也确实接受了这种对不平等的觉察,可他却选择接受或偏爱这种不平等结果的对立面)。在克洛诺斯时代,意识到这些区别的必要性的,不是人类而是诸神。普路托和那些掌管极乐岛的神,还有宙斯,他们都非常清楚身体与灵魂之分在正确或正义地审判人类方面的重要性。克洛诺斯时代的法官和被审判者的行为,类似于指控人、被指控人和法官在法庭上实行或倡导的行为,相关的引证我在上文已经给出。这是为了拿来同苏格拉底进行对比,他早先曾以关于人类审判的条件概率的语言,将自己的处境描绘成"如同一位被厨师指控的医生在一群儿童中间受审一样接受审判"(521e3-4)。感官或现象在审判中的支配性体现了身体在运动中的优越性,这种优越性受到拥有理性(nous)的人的质疑。关注名誉,以及没有能力区分真理与貌似真理的谎言和真正的谎言,从人类的角度来看,也许是克洛诺斯时代的主要特征;或许从克洛诺斯的角度来看同样如此,因为神并没有注意加强他可能已经知道的区别。也许从苏格拉底(以及他的宙斯)的角度看,克洛诺斯时代的主要特征是真理(理智或灵魂)与现象(身体)的分离。在宙斯时代,处于统治地位的是理智而非感官。苏格拉底极力表明,他是一个来自宙斯时代并生活于卡利克勒斯式的克洛诺斯时代的人。

这样或那样的情况进一步表明,苏格拉底指向他自己与宙斯之间的根本类似,以及他自己与高尔吉亚、珀洛斯和卡利克勒斯一类人之间的根本区别。苏格拉底将自己表现为一个生活于人类中间的神,他生活于他们的世界上,为他们的法律所规范,而这些法律过度强调身体和运动。鉴于我们都生活于事物世界(the world of things)而非理智世界(the world of the mind),这一点是可以理解的;不过,据我看,这当然指向两个世界的恰当等级秩序。

于是，苏格拉底的宙斯提出改良他父亲的礼法的细节。这些细节既涉及被审判者，也涉及审判者。注意苏格拉底描述了宙斯碰到应得与结果并不总是相符的问题时的行动——即使在死后。宙斯说，必须阻止人类预知死亡。那会使人适时地作出准备，以隐藏灵魂的真正状态，或装饰灵魂。预知死亡使人类混淆活着的最后一天与死后的第一天。结果，人类就不会考虑灵魂与身体的分离（在宙斯时代，他们在某种程度上知道，他们的灵魂在身体死后仍然会活着）。在克洛诺斯时代，死亡被理解成灵魂的涌现，并没有什么重大意义，因为在克洛诺斯时代，运动支配着静止。

宙斯接着说，普罗米修斯已经被告知要阻止人类预知死亡。为何普罗米修斯在哈德斯和其他神到达之前似乎没有做宙斯已经告知他的事情，这一点并不清楚。不过，这当然意味着，在被提请注意这个问题之前，宙斯已经知道这个问题，也许因为他拥有他所统治的那个时代的特征：努斯（nous，理性）。在这里，苏格拉底没有说，宙斯为什么没有按照他所知道的行事，尽管这可能与政权更迭之后对政治权力的巩固有关。如果是这种情况，那么死后的政治与今世的政治就没有什么两样。在恢复死后的神圣正义方面，审慎的政治才能也是个重要因素。没有审慎（phronemos），正义的执行是不可能的。

其次，人类接受审判时必须是赤裸裸的，灵魂不带屏障，即没有身体，没有装饰，也就是说，他们必须在死后、在身体静止时接受审判。于是，人类不再掌控他们自己的审判，以及他们自己的命运。不仅如此，作为审判的决定者，法官也必须是赤裸裸的和已死的，他必须能在每个人未受告诫地死亡的情况下，用他自己的灵魂直接凝视刚刚死去的人的灵魂。他同样必须将他所有的家属和装饰留在世上。正义审判的主要成分，是以法官的同样裸露的灵魂，凝视被审判者裸露的灵魂。宙斯告诉我们,法官就是他的儿子们,他们本身就是神。有必要推断出他们必须拥有努斯(nous),因为宙斯没有提出,他的儿子们得到审判的工作是因为他们的血统,而非因为他们的天生禀赋。因此,应得-结果问题的解决——看起来是不可能的(与之相关的是因为不能理解可能有比正义更高的东西),从而促使卡利克勒斯及其类似的人走向高尔吉亚一类人——取决于强迫接受一个保证法官和统治者拥有努斯并能够且愿意依据努斯行动的阶层。

苏格拉底的宙斯竭尽所能保证正义问题的解决。论证的尾声部分最直接地表明了这一点,这时苏格拉底的宙斯说,“人类能有关于其旅程的尽可能正义的判决”。“尽可能”这个表述使我们想起苏格拉底对他打算作为论证而提出的事情的最后表述,即他将讲述“被当作真理”讲述的事情(524a6,523a2)。在后一种情况下,我已经提出,苏格拉底精心设计的表述为谎言留下了空间——既然这些谎言被当作真理而提出。这进一步暗示,被当作真理而讲述的事情与诚实地讲述真实的事情之间有区分。完全的真理比看似真理的东西更真实;按照前者来理解的后者,表明了为什么后者不能成为并因此也不是真正的论证。

苏格拉底告诉卡利克勒斯,他将把论证(logos)看成神话(muthos),我相信这是一种恭维,但卡利克勒斯当时和以后都不会理解这种恭维的含义。卡利克勒斯并没有被苏格拉底的论证说服,无论伪装与否,因为他将对民众的爱欲等同于爱欲的上升。神话-论证的结合,部分地证明了卡利克勒斯身上什么东西妨碍他理解苏格拉底回答的结果,也就是说,这个问题并不是那些拥有“论证所显示的努斯”的人愤怒的起因(511b7)。爱欲只有伴随着努斯才会向上。爱欲与努斯的分离导致了帕斯卡所说的娱乐(distractions or divertissements),即希腊人所谓的运动(kinesis)。于是,宙斯不能完全解决正义问题,这等于说宙斯不可能克服人类作为肉体存在的事实,也正是这一点怂恿了放纵和怯懦。柏拉图在这里向卡利克勒斯做了很多让步——卡利克勒斯的思想是一种物质主义和犹豫的虚无主义的混合物——但又以如此方式将他克服。

在《作为政治的解释学》中,罗森写道:

> 无论隐微的还是显白的柏拉图学说,都以如下论点为基础:我们关于生命的自然表达有一个令人满意的理解,这种理解与关于永恒秩序的假定不同。

自然为独立的人类理性提供了“从经验学习的基础,或从事数学计算或政治计算(logismos)的基础。但这种自然的理性不足以理智地把握整体的永恒秩序。这时,就需要神圣的疯狂”。也许正是人类从经验中学到的东西引导他们发现“使永恒秩序存在的意志的自然基础”(《作为政治的解释学》126-127),但这对那些相信人类能直接跃入存在并避免虚无的人来说还不够。无论怎样,尝试通过努斯(nous)和灵魂(psuche)解决正义的问题,这种做法借助探讨一个看似美丽的神话(muthos)而非平淡的论证的东西,指向这样一种观点:存在某种比正义更高的东西,那就是善,因为要不然就不会存在像不受谴责的谎言这种东西。这种似乎推动宙斯向正义的政体靠近的,是这样一种领悟:卡利克勒斯式的诉诸不义,以及相应地否定善,是在自我拔高的名义下对人类的贬低。

在对话接近尾声的地方,苏格拉底向卡利克勒斯保证,他不会遭受任何可怕之事,只要他像他所做的一样修持德行,

> 我们这样共同修持之后,直到那时,如果我们看起来应该,

> 我们就会致力于政治事务;或者直到我们比现在更善于接受建议的时候,我们就会接受在无论何事方面似乎对我们有好处的建议。(527d)

这是通过神话(muthos)从虚无主义的自由、字面的真理以及否定的正义解放出来,这种解放对灵魂获取某种意义或重要地位而言是必要的。而我仍然不清楚这种意义是否不仅仅是一种神话。

苏格拉底与卡利克勒斯

斯托弗(Devin Stauffer) 撰

王国栋 译

一直以来,苏格拉底与卡利克勒斯的争论都被视为柏拉图《高尔吉亚》的高潮。但是,过分简单地看待卡利克勒斯,使我们难以充分理解这场争论的复杂意义。卡利克勒斯显得是个愤世嫉俗的非道德主义者,但这种表象隐藏了他最深的信念。卡利克勒斯与苏格拉底从未达到真正的心灵碰撞,但他们之间之所以存在无法跨越的鸿沟,是因为卡利克勒斯不愿承认自己的道德信念,而不是因为他缺乏道德信念。通过细致考察他们之间的争论,本文试图揭示苏格拉底和卡利克勒斯之间不可调和的区别的真正特征,为重新理解柏拉图《高尔吉亚》提供一条线索。

柏拉图《高尔吉亚》最著名的段落就是卡利克勒斯和苏格拉底之间的争论。在这个最富戏剧性和最难忘的部分,苏格拉底与柏拉图笔下最臭名昭著的反面角色交锋——这个人之所以败坏了自己的名声,是因为他攻击正义和哲学,赞美僭政并称之为最好的生活。结果,卡利克勒斯被视为像忒拉绪马科斯一样,是彻底反苏格拉底道德观的最有代表性的角色之一。人们经常拿卡利克勒斯与尼采和阿里斯托芬《云》的"不义之辞"

相比,[①] 并给予赞誉——如果这种赞誉值得考虑——认为他提出了"欧洲文学史上非道德主义者的最雄辩陈述";[②] 无论鄙视还是赞誉,人们都总是认为,卡利克勒斯是苏格拉底式道德主义和理性主义之局限的极端批评者。[③]

---

① 例如见 Peter Euben, *Corrupting Youth* (Princeton: Princeton University Press, 1997), pp. 218, 227–228; Waller Newell, *Ruling Passion* (Lanham: Rowman and Littlefield Publishers, 2000), pp. 10–11; Donald Kagan, *The Great Dialogue* (Westport: Greenwood Press, 1986), p. 126; George Klosko, "The Refutation of Callicles in Plato's *Gorgias*," *Greece & Rome* 31 (1984): 127; *Gorgias*, ed., intro., and commentary E. R. Dodds (Oxford: Clarendon Press, 1959), pp. 387–391。

② 引自 Paul Shorey, *What Plato Said* (Chicago: University of Chicago Press, 1968), p. 154; Shorey 的说法被 Dodds, *Gorgias*, p. 266 和 Newell, *Ruling Passion*, pp. 10–11 征引。

③ 大部分学者都表达了这种观点,见 Friedrich Schleiermacher, *Introductions to the Dialogues of Plato*, trans. by William Dobson (New York: Arno Press), pp. 169–188; George Grote, *Plato and the Other Companions of Socrates*, vol. II (Bristol: Thoemmes Press, 1992), pp. 90–151; Ernest Baker, *Greek Political Theory*, 4th ed. (New York: Routledge, 1951), pp. 127–144; Werner Jaeger, *Paideia*, vol. II (New York: Oxford University Press, 1943), pp. 135–141; A. E. Taylor, *Plato: The Man and His Work* (New York: The Humanities Press, 1960), pp. 103–122; Paul Friedländer, *Plato*, vol. II (New York: Pantheon Books, 1964), pp. 244–272; Shorey, *What Plato Said*, pp. 133–154; Dodds, *Gorgias*, pp. 12–15; Eric Voegelin, *Plato* (Columbia: University of Missouri Press, 2000), pp. 24–45; Kagan, *The Great Dialogue*, pp. 124–132; Charles Kahn, "Drama and Dialectic in Plato's *Gorgias*," *Oxford Studies in Ancient Philosophy* 1 (1983): 75–121, and *Plato and the Socratic Dialogue* (Cambridge: Cambridge University Press, 1996), pp. 125–147; Terrence Irwin, *Plato's Moral Theory* (Oxford: Clarendon Press, 1979), pp. 115–131; Gerasimos Santas, *Socrates* (London: Routledge and Kegan Paul, 1979), pp. 201–303; George Klosko, "The Refutation of Callicles in Plato's *Gorgias*," pp. 126–139; Andrea Wilson Nightingale, "Plato's *Gorgias*

然而，卡利克勒斯与苏格拉底之间的争论没有得到充分理解，是因为卡利克勒斯本人没有得到充分理解。较之最初的表现和普遍接受的观点，卡利克勒斯有更多复杂之处、更少邪恶之处。确实，在柏拉图对话中，在苏格拉底所有的对话者中，卡利克勒斯证明是最能抵抗苏格拉底魅力和观点的人之一。但我会证明，卡利克勒斯如此顽固的原因绝非这么简单清楚。我会详细考察卡利克勒斯跟苏格拉底争论过程中表现出来的特征，然后简单看看苏格拉底本人的特征，希望借此搞清，到底是什么东西区分了这两个非常不同的人。我相信，这样做可以重新帮助我们搞清柏拉图《高尔吉亚》想要传达的教诲——关于人类灵魂不同类型的教诲，关于苏格拉底式政治哲学之目的和局限的教诲。

我们在理解苏格拉底与卡利克勒斯之间的争论的时候，最直接的困难在于确定这场争论的焦点到底是什么。《高尔吉亚》以苏格拉底的辩护告终：苏格拉底为自己的生活方式辩护，即为哲学生活辩护，以回应卡利克勒斯的劝诫——劝苏格拉底放弃哲学并转向政

---

and Euripides' *Antiope*: A Study in Generic Transformation," *Classical Antiquity* 11 (1992): 121–141; James Kastely, "In Defense of Plato's *Gorgias*," *PMLA* 106 (1991): 96–109。

只有少数评论者提出卡利克勒斯的形象远比这复杂。见 Seth Benardete, *The Rhetoric of Morality and Philosophy* (Chicago: University of Chicago Press, 1991), pp. 61–102; Waller Newell, *Ruling Passion*, pp. 9–39; Richard McKim, "Shame and Truth in Plato's *Gorgias*," in *Platonic Writings, Platonic Readings*, ed. Charles Griswald, Jr. (New York: Routledge, 1988), pp. 34–48; James Nichols, Jr., "The Rhetoric of Justice in Plato's *Gorgias*," in *Gorgias and Phaedrus* (Ithaca: Cornell University Press, 1998), pp. 141–149。但依我看，这些评论者都没有充分强调卡利克勒斯真实信念的道德特征，没有圆满地阐释卡利克勒斯的真实信念与表面(或自称的)非道德主义之间的关系。

治。主题其实就是哲学与政治之间的竞争,然而,尽管卡利克勒斯早就提出了这个主题,但苏格拉底没有立刻讨论这个主题,而是通过一系列优先的论题来接近这个主题,包括正义、节制和享乐主义等。其中,最重要的论题是正义。其实,苏格拉底与卡利克勒斯的争论始于苏格拉底关于正义的一个具体主张。苏格拉底宣称,不义,尤其是在没有受到惩罚的时候,是最大的恶,不是对受不义者或受害者而言,而是对行不义者而言。这个观点很不寻常,其正面说法就是,正义是最大的善;这是苏格拉底在此之前跟珀洛斯谈话时维护的核心观点。卡利克勒斯郑重其事加入谈论的时候,就是要问苏格拉底是否严肃地这么认为(481b6-c4)。[①]

苏格拉底跟珀洛斯交谈的时候维护这个观点——或许可以称之为极端的积极正义观——不仅视为他自己的观点,而且称为所有人都坚持的观点,尽管他们不像他本人一样毫不含糊地坚持。在回应珀洛斯的论断时(珀洛斯宣称,除了苏格拉底,没有人会当真这么看),苏格拉底承认,珀洛斯可以找到各种各样的"证人",甚至包括某些备受尊敬的人物,以证明相反的观点,即行不义比受不义更好(472a2-b3)。但苏格拉底说,这些"证人"都是"伪证人",也就是说,他们可以假装相信或支持他们其实并不相信的观点(472a1-2,b6-7)。稍后,苏格拉底更强烈地宣称,每个人都坚持这种极端的积极正义观,至少当他们在一个更明显的层面上同意珀洛斯的时候,他们坚持这种观点(参473e4-474b8)。简言之,苏格拉底暗示,每个人,除了他自己,都对正义怀有二心:如果说人们在通常的正派之下

---

① 除非特别说明,本文括号内的引文都是指柏拉图《高尔吉亚》,依据E. R. Dodds的版本;译文是我据希腊文翻译的,但非常得益于Nichols的译文和Dodds的注释。

潜藏着一些疑虑——怀疑正义是否总是明智的,那么,在这些疑虑之下同样潜藏着某种更深的信念——相信正义是善的。其实,苏格拉底通过珀洛斯的例子,在我们面前展示了这种关于正义的区分,珀洛斯尽管嘲笑苏格拉底为之辩护的立场,但至少暂时接受了它。

珀洛斯被一个论证所动摇,这个论证始于他承认的观点,即行不义尽管比受不义明显更好,但更可耻。也就是说,珀洛斯起初承认行不义可耻,但并不认为这就决定性表明这种行为是否有利(474c4-8)。但当苏格拉底分析了“可耻”与“高贵”——无论是必须理解为痛苦与快乐,还是理解为有害与有益,抑或它们的结合——之后,珀洛斯就热切地接受了这个观点(474d3-475a5,尤其475a2-4)。现在看来,珀洛斯之所以接受这个观点,毫不奇怪,因为不管这是不是苏格拉底的意图,人们都容易明白:苏格拉底表述的观点通过将高贵降格为快乐和益处,从而降低了高贵的地位,而这就会吸引显然非常实际或顽固的珀洛斯。[①] 但令人诧异的是,珀洛斯同意高贵的基础是快乐或益处之后(474c9-d2),又不能立刻收回他前面同意的观点,即行不义是可耻的,而这就暗示正义是高贵的。换句话说,人们期待珀洛斯修正他关于什么东西属于高贵与可耻这类事物的理解——一旦接受关于这类事物的观点,他就必须坚持高贵与快乐或益处之间的必然联系;然而,珀洛斯从未做出这样的修正。

确实,珀洛斯似乎从未完全信服苏格拉底的论证,尤其在苏格拉底进一步证明遭受惩罚比不受惩罚更好的时候——因为遭受惩罚意味着遭受某种正义之事,因而就遭受某种有益之事(476a3-479e9)。然而,即便不能说苏格拉底能够完全使珀洛斯站到极端的

① C. F. Kahn, “Drama and Dialectic in Plato’s *Gorgias*,” pp. 94,97.

积极正义观一边，珀洛斯不能或不愿否认不义的可耻性或正义的高贵性——尤其在这意味着承认正义是善的时候——这种态度本身至少暗示，珀洛斯内心相信正义。通过揭示这种潜藏的信念，苏格拉底就能表明——纵然只是部分成功——即便是珀洛斯，也坚持苏格拉底宣称每个人都坚持的观点。①

卡利克勒斯

但卡利克勒斯呢？他也坚持苏格拉底认为每个人都持有的观点吗？这个问题有助于我们走进《高尔吉亚》的卡利克勒斯部分，但不能给个简单的答案，至少如果我们跟随苏格拉底跟卡利克勒斯交谈一开始所给出的指示的话。一开始，苏格拉底对卡利克勒斯就像对某个他已经熟悉的人，而且，正是苏格拉底自己通过长篇大论，描述他与卡利克勒斯之间的共同之处（他们都是爱者）和不同之处（他们爱不同的东西），从而引入了敌意（481c5–482c3）。热爱哲学和阿尔喀比亚德的苏格拉底，攻击热爱雅典民众（demos）和青年德谟斯的卡利克勒斯，说卡利克勒斯缺乏一致性，并吹嘘自己的"所爱"即哲学具有一致性。卡利克勒斯问苏格拉底是否真的相信极端的积极正义观，苏格拉底告诉他：

---

① 苏格拉底对珀洛斯"辩驳"的优势和劣势——其论证的核心部分是从474c4到475e6——已由Grote, *Plato and the Other Companions of Socrates*, pp. 106–113详细分析过；Santas, *Socrates*, pp. 230–240；Kahn, "Drama and Dialectic in Plato's *Gorgias*," pp. 84–97；and Gregory Vlastos, "Was Polus Refuted?," *AJP* 88 (1967)：454–460。McKim提醒我们注意珀洛斯对正义的隐秘依恋，见"Shame and Truth in Plato's *Gorgias*," pp. 44–48；关于这个话题亦见Thomas Brickhouse and Nicholas Smith, *Plato's Socrates* (New York: Oxford University Press, 1994), pp. 74–78。

> 请你不要因为我这样说而感到惊讶,而要使我的所爱即哲学停止这样说。亲爱的同伴啊,因为它总是说你从我这里听到的话,且比另一个所爱更少轻浮。因为克莱尼阿斯之子[阿尔喀比亚德]在不同的时间坚持不同的观点,而哲学总是坚持相同的观点,并说你现在感到惊讶的东西;尽管讲这些东西的时候,你本人就在现场。因此,要么,请你反驳它,就像我刚才说的,证明行不义和行了不义却不受惩罚不是所有恶中最极端的;要么,倘若你任它不受反驳,那么,凭狗……凭埃及人的神起誓,卡利克勒斯就不会同意你,卡利克勒斯啊,而是整个一生都不协调。(482a3-b6)

苏格拉底用这段陈述为他和卡利克勒斯的争论做好了准备。但他用了一种异常复杂的方法。或许更重要的是,他为他的“积极正义”观的出场添加了一个至关重要的附属:现在他不仅仅将这种观点呈现为一个普通观点中经常被隐藏的部分,而是作为哲学的观点。苏格拉底这样就把自己的生活作为对话的主题,而且把这种生活与对正义的伟大忠诚联系起来。但他也为卡利克勒斯设置了一个挑战:如果卡利克勒斯前后一致,他就必须驳斥苏格拉底归因于哲学的积极正义观。这是一个令人惊奇与震惊的事情,因为它暗示,在一定程度上卡利克勒斯本人也持有这种观点。苏格拉底的陈述表明,卡利克勒斯——据苏格拉底,其他每个人都一样——在正义的利益问题上是分裂的。苏格拉底明显认为卡利克勒斯在某种程度上持有极端的积极正义观,但苏格拉底判断的基础是什么呢?

苏格拉底的说法看起来与卡利克勒斯对积极正义观的著名攻击不符,这在某种意义上暗示了卡利克勒斯观点的复杂性。卡利克勒斯对积极正义观的攻击是其长篇开场白的第一部分,这段开场白也包含对哲学的著名攻击和对苏格拉底个人的攻击(482c4－486d1)。但讲辞一开始是回到苏格拉底借以动摇珀洛斯的那个论证。在卡利克勒斯看来,珀洛斯的方法是正确的,即把高贵和羞耻化约为快乐和利益的考虑。但根据卡利克勒斯,一个人若采取这种方法,就不应该继续承认行不义比受不义更可耻:珀洛斯羞耻感太强,因而无法罔顾被视为高贵和羞耻的东西——即放弃"习俗"规定的高贵和羞耻之物;正是利用这种羞耻,苏格拉底才能在论证中使坏(482d7－483a7)。卡利克勒斯认为,导致珀洛斯向苏格拉底让步的仅仅是羞耻,无论这个看法是否正确,他关于珀洛斯失败的解释,都促使他给出一个看起来清晰直率的、属于他自己的说法。因为他坚持,一个人可以避免苏格拉底所诱使珀洛斯陷入的矛盾,只要他完全放弃习俗并坚持自然的坦率标准:

> 凭自然,一切更可耻的东西也更坏,尤其是受不义,但凭习俗,行不义更可耻。(483a7－8)

卡利克勒斯似乎相信,只有真实的、自然的标准才是有益或有利的。高贵,即使意味着什么,也应该完全由这个优先标准来决定,而且正义也不会被认真对待,因为它不是有利的。

然而,卡利克勒斯继续从高贵甚至正义方面讲话。随着他讲话的深入,我们看出,他其实不是要证明根本没有高贵或正义之类的东西——因为唯一有意义的标准是利益——而是要为一种关于真正高贵和正义的理解提供论据。① 乍看起来,卡利克勒斯的观点使

---

① Cf. Nichols, "The Rhetoric of Justice in Plato's *Gorgias*," p. 142; Dodds, *Gorgias*, pp. 15, 266－267, 390; Taylor, *Plato: The Man and his Work*, pp. 116－117.

高贵完全成为利益的衍生物(再一次,“凭自然,一切更可耻的东西也更坏”),但进一步研究其讲辞,就能发现,他并不完全或总是坚持这个观点。作为高贵之基础的利益,在卡利克勒斯眼里可以替代为“勇敢”,这种品质固然包含为了获得对自己有利之物所需要的强力,但其价值并不限于卡利克勒斯的评价,即它并不仅仅是达到目的的手段。

“勇敢”引出的问题,可以简单地阐述一下。卡利克勒斯的讲辞很快变成对“真正男人”的赞扬(483b1 andros[男人])。但真正的男人与其他人之间的关键区别,仅仅是更大的能力,以及真正的男人在获取自身利益方面的成功?答案起初看来可能是“是的”。卡利克勒斯争辩说,人们仅仅因为习俗,因为弱者谋取自身利益的密谋,才最终相信行不义比受不义更可耻,[①] 并承认强者或有力的类型——真正的男人——应该尊敬多数人的法律,那些法律告诉他们不要获取比平等份额更多的东西(483b1-c9)。但根据卡利克勒斯,“自然本身揭示”,真正的正义是更好者比更差者拥有更多、更有力者比更无力者拥有更多(483c9-d2)。至于这种自然正义的基础,他努力争辩说,他仅仅是在描述一种遍及世界的情形。动物的方式,还有人类城邦和部落的方式,尤其是那些著名的帝国主义者的方式,比如波斯王薛西斯(Xerxes)和大流士(Darius)的例子,都证明了强者统治弱者的事实(483d2-e3)。

接下来,针对强者普遍压迫弱者的现象,卡利克勒斯给了一个可称之为冷酷现实主义的辩护。[②] 但他知道这种论证有缺陷。根

---

① [译者注]原文作suffering injustice is more shameful than doing it。根据《高尔吉亚》和文意改正。

② Jaeger, *Paideia*, 2: 138-139.

据他自己的说法，强者并非总是胜利。毕竟，卡利克勒斯本人描述了一种弱者成功战胜和制服强者的情形：这是到处都有的情况，“习俗的正义”盛行，就像在卡利克勒斯自己的民主雅典一样(483e1-484a2,483b4-c9)。这样，卡利克勒斯在他的讲辞中就被迫避开一种基于世间盛行的方式的论证(即坚持强者统治是个明显的事实)，转入一种期待强者成功(伟大的男人最终摆脱枷锁的那一天)的观点，带着某种充满希望的期待(484a2-b1)。[①] 但这表明，卡利克勒斯对他赞扬的真正男人的崇敬，并不仅仅是基于他们无法真正指望的成功，而且基于其他一些东西。为了与此保持一致，卡利克勒斯说他崇敬的男人不仅更有力量或更强，而且“更好”(483d1, e4, 484c2)。

此外，还有一个理由可以相信，即使卡利克勒斯的关于男人打碎枷锁、推翻弱者而最终成为僭主的这种幻想，也不能看作对他崇敬的真正对象的最终说明。卡利克勒斯开场白提到的英雄，是像薛西斯、大流士和赫拉克勒斯之类的男人，他们凭暴力获得了自己想要的东西并将自己的意志强加给弱者(483d6-e4,484b1-3)。但在后来的对话中，卡利克勒斯会展示一种更深刻的崇敬，即崇敬忒米斯托克勒斯、喀蒙、米尔提阿得斯和伯利克勒斯等雅典著名人物，他们尽管不是所有道德美德的典范，却很好地为民主雅典服务，至少根据卡利克勒斯的标准来看是这样(503a2-c3,515c5- 517b1)。甚至在开场白中，卡利克勒斯也是从赞扬颠覆城邦的暴力行为，转而赞扬城邦之内的政治活动。

---

① 比较Dodds, *Gorgias*, pp. 266-267。Dodds注意到，卡利克勒斯关于伟大男人克服被弱者压迫的幻想甚至使他使用“暗含某种宗教启示意味的字眼”。

这个转移伴随着他讲辞中的另一个转变:从批评"习俗的正义"转而批评哲学,并规劝苏格拉底放弃哲学,支持更公共的生活(484c4以下)。卡利克勒斯认为,哲学的问题在于,它能令人忘我并消耗生命。尽管哲学适合在年轻的时候发展优雅和世故,但一个人到了成年而足以转向城邦事务并实现某种真正高贵且善之事的时候,就应该放弃哲学(484c4-485e2)。尤其是苏格拉底,卡利克勒斯认为,因为花时间搞这种事情——"在一个角落里跟三四个青年窃窃私语"——正在浪费和败坏自己杰出的天性,使他无法完成任何值得尊敬的行动,并使他容易被任何想要指控或袭击他的人攻击(485d3-486d1)。

引导卡利克勒斯攻击哲学和苏格拉底的,看起来是一种不同于讲辞第一部分表达的高贵观。在讲辞的第二部分,高贵似乎在于伯利克勒斯式有能力、有意愿献身于公共生活,并通过服务城邦获得伟大名声,从而使自己不被更低劣者的攻击所伤害。有一个迹象表明,这种高贵观有别于卡利克勒攻击"习俗正义"时所表达的高贵观,那就是在讲辞的第二部分,卡利克勒斯对法律和城邦生活采取了更高的观念(比较484d2-5,486a1-3与483b4-c9,483e4-484a2)。[①] 然而,当卡利克勒斯转向一种更城邦或政治化的高贵观时,其观念不比前期的观念更少复杂性,而且我们再次必须询问其连贯性。卡利克勒斯对包含城邦事务的行动生活的辩护,是基于他认为只有这种生活才能使真正的高贵行为成为可能(484c8-d2,485c6-e2),还是基于他认为只有这种生活才能为人提供安全并免于被攻击(486a3-e3)? 他的论证似乎是基于这两个基

① 关于卡利克勒斯讲辞中的这种转移,见Newell, *Ruling Passion*, pp. 14-15, and Benardete, *Rhetoric of Morality and Philosophy*, pp. 64-65。

础,或者说在两者之间移动。然而,两个基础之间尽管有联系——在城邦里卓越一般确实会带来自我保护的权力——却并不是一回事,甚至有时相左。毕竟,走在混乱斗争的前沿总是会带领城邦走向最少危险的行动方向吗?伯利克勒斯给雅典带来最安全的生活了吗?

卡利克勒斯讲辞中清晰可辨的混淆或摇摆,将继续贯穿于他跟苏格拉底的谈话之中。事实上,在随后的讨论中,苏格拉底的首要目的就是更完全、更清晰地找出卡利克勒斯信念中自相矛盾的部分。然而,说这是苏格拉底的首要目的,是为了说明,他的意图并不像他自己表述的那样重要或认真。在卡利克勒斯的讲辞之后,苏格拉底告诉卡利克勒斯,他相信在卡利克勒斯身上已经找到试金石,通过它可以检验自己的灵魂是否是金质的。他还告诉卡利克勒斯,他拥有充分追求真理所必需的品质,而这种追求会使进一步的追求变得没有必要:

> 我与你的同意最终将是真理的完成。(486d3-488b1,尤其487e6-e7)

换句话说,苏格拉底认为他和卡利克勒斯的交谈最重要,因为他准备一劳永逸地解决最重要的问题,即一个人应该怎样生活(尤其487e7-488a2)。但这个说法有一个问题。苏格拉底说,卡利克勒斯拥有真正追求真理所必需的品质或"资格",但苏格拉底的证明并不完全有说服力。苏格拉底列出的品质是知识、善意和坦率。我们有理由把卡利克勒斯的开场白作为他具有坦率品格的证据,但苏格拉底证明卡利克勒斯拥有知识的证据——"因为你受过充分的教育,多数雅典人都能证实"(487b6-488b1)——就很难作为像样的证据接受,尤其是出自苏格拉底的时候。与这个证据同样弱的，是苏格拉底关于卡利克勒斯一定有善意的证明，因为他听到，卡利克勒斯和三个朋友相互提出的建议，与卡利克勒斯在开场白中给苏格拉底提出的建议一样(487b7-d4)。人们不是经常为了非常不同的理由，或出于非常不同的动机，向不同的人说相同的东西吗？

苏格拉底关于卡利克勒斯的“品质”的证明有如此明显的缺陷，以致使人怀疑这套证明的真实含义与表面意义恰恰相反。[①] 也就是说，苏格拉底可能是指，卡利克勒斯并不真正拥有追求真理所必需的那些品质，且因为卡利克勒斯的某种缺陷，真理也不会在他们的谈话中充分显现。但为什么苏格拉底会这么想？是什么妨碍卡利克勒斯追求真理？

为了回答这个问题，我们需要更充分了解卡利克勒斯的信念的特征。需要重申一点：苏格拉底质疑的真正意图，是把卡利克勒斯真正相信的东西提到表面上来。为了做到这一点，苏格拉底展开一系列论证，回到卡利克勒斯讲辞中已经显现但没有充分发挥作用的紧张或含混。第一个论证是回到正义问题，继续处理卡利克勒斯关于自然正义的说法——即强者把自己的意志强加给弱者——中出现的一个问题。苏格拉底说他被弄糊涂了：卡利克勒斯所谓的优越是指仅仅更大的强力，还是——称他们应该战胜“更好者”的时候——指凭某种超越强力的东西而变得卓越呢(488b2-c7；参前文)？相应地，苏格拉底问卡利克勒斯是否将优越与更大的强力完全等同，但他提问的方式使他可以有把握相信，卡利克勒斯会选择把优越降低为强力这一立场(488c7-d3)。

---

① 关于苏格拉底对卡利克勒斯的赞扬之词的反讽色彩，参Benardete, *Rhetoric of Morality and Philosophy*, p. 62; McKim, “Shame and Truth in Plato's *Gorgias*,” p. 40; Jaeger, Paideia, 2: 140。

卡利克勒斯一开始确实声称,优越完全是更大的强力(488d4)。但苏格拉底随后争辩说,这个观点会摧毁卡利克勒斯提出的自然正义与习俗正义的区别,并至少在某些情况下甚至等于为卡利克勒斯自称鄙视的民主制正义辩护。因为如果优越仅仅在于更大的强力,苏格拉底解释说,多数人就应该被视为优越者,因为他们单个的时候可能非常虚弱,但集合起来就比任何个体更强大。如果强者借以制服弱者的法律和宣言都是自然高贵且正义的,这不就意味着,多数人的法律和宣言在多数人胜出的时候也是自然高贵且正义的吗(488d5-e5)? 然而多数人相信,每个人有平等份额才是正义的,且行不义比受不义更可耻(488e7-489a6)。随后的结论似乎就是,这些原则凭自然而非仅仅凭习俗是正义的(489a8-b6)。

我们有理由怀疑,苏格拉底的论证是为民主制的正义辩护。论证的最重要困难在于,它表面支持民主制正义的基础或根据。苏格拉底的论证起初看起来像是对民主制正义的辩护,但这个辩护是基于任何真正相信民主制正义的人都不会接受的根据。如果为民主制(或其他任何)正义观辩护的时候仅仅考虑它胜出了,正义不就降低到"强权即公理"的粗鲁原则吗? 当然,苏格拉底有很好的理由探讨这个论证线索,因为他只是要搞懂卡利克勒斯自己论证的一部分的含义——这个部分坚持,自然本身通过强者的成功来证明关于正义的真理(483c9-e1)。因此,苏格拉底有理由指出,既然这是卡利克勒斯论证的基础,他就应该至少澄清其事实:多数人经常统治少数人。但卡利克勒斯在自己的讲辞中已经意识到这一点,而且很明显,他其实不是指(至少不是在讲辞的每个部分)强大完全等同于残忍的暴力或更大的强力。此外,卡利克勒斯最终反抗苏格拉底的结论并收回自己的意见(即残忍的强力是全部优越)时,苏格拉底承认他一直都知道这不是卡利克勒斯最深的观点(495c1-d5)。

因此,苏格拉底挑衅性的论证服务于一个意图,即迫使卡利克勒斯进一步敞开心扉,尤其是迫使他更多透露其立场的另一个方面,或其信念的另一个方向,即不仅仅将优越等同于强力或将美德化约为成功(尤其489d1-3)。[①]

卡利克勒斯回应了苏格拉底的观点,坚持他从未提出优越可以仅仅化约为单纯的身体力量;与其说他用强力界定优越,毋宁说,他想要主张真正的力量必须用优越来界定(489c1-7)。但他难以说清,除了身体力量,优越到底在于什么(489d6-e5)。苏格拉底问他认为谁是"更好者",他给出一个并无启发性的答案——实际上"更好者是更好者"——然后,卡利克勒斯热切地接受了苏格拉底的提示:他所谓的更好者和更强者,是指更审慎者(prudent,489e2-9)。接受这个提示之后,无需苏格拉底的任何鼓励,他就即刻进一步宣称,他想到的不仅是审慎者,而且是勇敢者(491a7-b3)。[②] 但在卡利克勒斯给审慎补上勇敢之前,苏格拉底使用了他同意的观点,即那些应该统治的优秀者是在发起一系列提问时更审慎的人。

在苏格拉底检查卡利克勒斯的正义观的第二个阶段,苏格拉底并没有挑战真正优秀的人(被理解为更审慎者)应该统治这一观点。他承认这一观点;毕竟,更审慎的人知道怎样最好地分配各种善,以

---

① 比较 Shorey, *What Plato Said*, pp. 144-145; Friedlander, *Plato*, 2: 262; Klosko, "The Refutation of Callicles in Plato's *Gorgias*," p. 127。

② 卡利克勒斯在491a7-b3补充了勇敢,但他在490a7提到"更好者和更审慎者"时已有准备。在这个更早的说法中,我们已经能看出,在卡利克勒斯眼里,审慎并非优越的全部。在491a7-b3的说法中,卡利克勒斯也做了另一个值得注意的补充:他强调,他赞赏的审慎导向政治生活(hoi an eis ta tes poleos pragmata phronimoi osin, hontina an tropon eu oikoito[那些在城邦事务方面、在城邦以什么方式得到很好治理方面审慎的人])。参Nichols, "The Rhetoric of Justice in Plato's *Gorgias*," p. 143。

使每个人得到所需。更确切地说,苏格拉底问的是,这是否意味着审慎者不仅是最合适的资源分配者,而且应该为自己取得更多。是否因为优秀的判断力使医生成为食物和饮料的最佳分配者,医生就应该把自己填满食物和饮料(490b1–c7)?织布工就应该披着最大最美的外衣走来走去(490d7–9)?鞋匠就应该拥有最大的鞋子并穿着比别人更多的鞋子走来走去(490d11–e3)?谙熟农活儿的农民就应该在自己的土地上播种尽量最多的种子和植物(490e5–8)?苏格拉底这里的做法当然是为了挑衅,他也成功地激起了卡利克勒斯的愤怒,后者发现苏格拉底的问题太可笑,降低了他们讨论的问题的庄严度(如491a1–3)。

但通过这种挑衅,苏格拉底遮掩了一个事实,即他提出了一些困难而深远的关于正义的问题:审慎者——或智慧者,如人们倾向于说的——是否具有最高或最真正正义的统治资格,即他们知道什么东西适合什么人?[①] 适合智慧者自己的东西与适合非智慧者的东西之间有什么关系?智慧者与非智慧者之间总是有一种共同的善吗?智慧者是否有义务为非智慧者服务,这种服务是否需要报酬,或智慧者的统治是否以某种方式超越了整个关于义务、赏罚的问题(尤参490c1–7)?这是对话中的一个重要时刻:如果我们继续探究苏格拉底的问题表面之下的潜在内涵,而不让自己像卡利克勒斯一样愤怒和反感,我们就能看出,这是苏格拉底在《高尔吉亚》中最接近真正考察正义问题的地方。《高尔吉亚》中从未直接提出“什么是正义”这个问题,但在这里,苏格拉底却把谈话带到了见于《王制》的那种探究的边缘。

---

① Friedlander注意到,“卡利克勒斯关于智慧者统治的原则……非常接近苏格拉底的观点”(*Plato*,2:262)。亦见Barker,*Greek Political Theory*,pp. 138–139,and Dodds,*Gorgias*,pp. 291–292。

然而,苏格拉底刚打开正义问题,就又转离了这一问题。在卡利克勒斯重申自己的观点——优越者应该统治并比别人拥有更多——并坚持勇敢也是优越的一个方面(491a7-b3, c6-d3)之后,苏格拉底突然改变了方向。他问,优越者是否也是他们自己的统治者,也就是统治他们的快乐和欲望(491d4-e1)。如此就把话题从正义转到了节制和自制。

苏格拉底这里的做法极其奇怪,也成了《高尔吉亚》的一大疑团。为什么苏格拉底把讨论引到关于正义的考察的边缘,却又转而支持关于节制和自制的讨论?由于这个转变出现在一个关键时刻,因此更令人困惑——此时对话比以往任何时候都更清晰地显示出,卡利克勒斯并不完全是个揭穿正义和美德之假面的人,相反,他相信一种基于某种美德观的正义,即优越者(被理解为更勇敢者)应该统治并拥有更多。[①] 卡利克勒斯并非完全无道德,尽管他有时努力这样呈现自己,但他对某种道德观的依恋现在已经浮出水面。那么,为什么苏格拉底要离开正义问题,转而讨论节制和自制美德呢——这些美德更容易借助单纯的审慎来辩护,因而不会有力地导向一种苏格拉底式的正义考察可能导向的、深远而困难的道德问题?[②] 怎么解释这个突然而令人费解的转向?

与其试图直接回答这个问题,不如暂且搁置。因为我们需要更

---

① 我认为卡利克勒斯把优越者理解为“尤其是更勇敢者”,因为是他本人提出勇敢这个概念,尽管他接受了苏格拉底给他的提示,承认优越者是更审慎者(比较491a7-b3与489d6-9)。也请考虑前面注释提到的说法:卡利克勒斯说“更好者和更审慎者”,这暗示,他不仅不认为审慎能涵盖优越的含义,甚至不认为审慎是优越的核心。这一点会在495c3-7得到证实:卡利克勒斯强调,勇敢不同于(即不应该化约为)知识。

② 关于正义与节制的区别,见Irwin, *Plato's Moral Theory*, pp. 125-130。

多了解卡利克勒斯的过去,而我们了解的东西只会进一步突出苏格拉底离开正义问题之谜。一旦苏格拉底离开正义问题,随后的讨论就有了两个主题:节制和享乐主义问题。从卡利克勒斯的方面讲,他完全没有注意到,苏格拉底关于优越者是不是他们自己的统治者这个问题引发了关键的转向。卡利克勒斯攻击节制、正义和关于善是某种超越快乐之物的观点,好像所有这些东西都可以放到一个"习俗约束"的标签之下。他声称,所有这些约束都是对放任欲望的自然欲求的奴役形式(491e5-492c8)。他没有充分意识到,这些约束的特征有重要差别。

像我已经指出的,节制很容易为自己提供一种基于审慎或功利的辩护,最简单的原因是,它能使人避免不必要的痛苦和放纵带来的灾难。这正是苏格拉底接下去为节制做出的辩护:他给卡利克勒斯讲了两个比喻,放纵的灵魂就像一个有漏洞的罐子,或一套需要不断重新灌满的罐子(492e7-494a5)。对比之下,苏格拉底的反享乐主义的论证克服了这种功利的考虑,并诉诸对羞耻和高贵的考虑。重要的是,正是在后一个层面,苏格拉底与卡利克勒斯取得了一些进展,使他最终不能继续假装自己不在意高贵。既然苏格拉底对享乐主义的批判比他对节制的论证更有效(比较493c7-d4,494a2-b2与499a7-b8),我们就值得详细研究这个批判。这里比其他任何地方都更能表明,苏格拉底至少成功地揭露了卡利克勒斯的最深关切。

苏格拉底对享乐主义的批判有两个主要论证组成(4952-497d7和497d8-499b8)。但在这两个论证之前,是苏格拉底与卡利克勒斯的两次简短交流,为批判做了准备(494b3-495c3和495c3-e2)。第一次交流,苏格拉底把谈话从节制问题引向享乐主义问题,引导卡利克勒斯不仅为追求放纵的快乐辩护,而且为不加选择的追求辩护。卡利克勒斯之所以愿意接受这个步骤,是因为他认为需要维持自己立场的一致性(495a2-6)。[①] 但甚至从这第一次交流我们就能看出,卡利克勒斯并不完全热衷于捍卫自己的观点,即快乐与善相同,没有快乐就没有善。不仅他本人强调自己接受这个观点是为了保持一致,而且他也展示了一种跟彻底的享乐主义不相容的羞耻感。卡利克勒斯厌烦苏格拉底关于快乐追求者的无耻例子:它们使快乐不断流进和流出。

苏格拉底关于一贯、彻底的享乐主义的三个英雄例子是:一种被称为石鸻的、吃喝拉撒同时的鸟(494b6-7),一个终生都在挠痒而不批准自己给脑袋挠痒的人(494c6-e1),以及"这类事情的顶点",即娈童(494e3-4)。即使讨论这类话题的时候,卡利克勒斯都有一种羞耻感——苏格拉底则显然没有同样的羞耻感——这揭示出,卡利克勒斯仍然有所保留,并未抛弃快乐之外的所有标准。[②] 但他确实要为享乐主义辩护,而苏格拉底准备反对享乐主义,好像它是卡利克勒斯真正坚持的观点一样(495b3-c3)。

但在这么做之前,苏格拉底暂停了一下,与卡利克勒斯进行快

---

① 对放纵的辩护其实不必然导致无限制的享乐主义,关于这个观点,参 Jyl Gentzler, "The Sophistic Cross-Examination of Callicles in the *Gorgias*," *Ancient Philosophy* 15(1995): 37-38,以及Klosko, "The Refutation of Callicles in Plato's *Gorgias*," pp. 128-134。

② Klosko说"卡利克勒斯没有羞耻"是错的("The Refutation of Callicles in Plato's *Gorgias*," p.136)。注意到卡利克勒斯的羞耻的,有Kahn, "Drama and Dialectic in Plato's *Gorgias*," pp. 105-106, in *Plato and the Socratic Dialogue*, pp. 136-142; Friedlander, *Plato*, 2: 263; Newell, *Ruling Passion*, pp. 24-26; Olympiodorus, *Commentary on Plato's Gorgias*, trans. Robin Jackson, Kimon Lycos, and Harold Tarrant(Brill: Leiden, 1998), lecture 30。最重视卡利克勒斯的羞耻感的评论者是Mckim, "Shame and Truth in Plato's *Gorgias*," pp. 34-48。

乐主义批判之前的第二次交流。他首先要求简短澄清一下卡利克勒斯的立场,然后才开始批判这立场。然而,苏格拉底不仅让人注意到卡利克勒斯刚刚接受的享乐主义观,而且特别注意回到卡利克勒斯对美德的理解。他问卡利克勒斯,他是否认为有一种像知识一样的东西;除了知识,是否有一种像勇敢一样的东西;也许更重要的是,他是否认为勇敢是不同于知识的东西(495c3-7)。卡利克勒斯对所有问题都做出肯定的回答,尤其对最后一个问题表达了强烈的信念,坚持认为勇敢不能化约为知识。[①] 然后,苏格拉底使卡利克勒斯同意,既然知识和勇敢各自都不同于快乐,既然他坚持快乐是善,他就必须肯定知识和勇气既不同于彼此,也不同于善(95c8-d7)。卡利克勒斯接受了这些步骤,并接受了他们概述的他自己的观点,好像等着苏格拉底对享乐主义的批判。

然而,苏格拉底在这次交流中的最终表述暗示,卡利克勒斯这里呈现的观点,并不能视为卡利克勒斯的最终之词。他说,卡利克勒斯不会真正坚持这个观点,"当他正确观照他自己的时候"(495e1-2)。苏格拉底这是什么意思?我们可以从语境猜测,他的意思是,一旦卡利克勒斯考虑到他对知识的赞赏和对一种不同于知识和快乐的勇敢的更深赞赏意味着什么,他就会看到,他本人相信一种超越单纯快乐的善。事实上,与其说苏格拉底对享乐主义的反驳最终是为了反驳享乐主义本身,毋宁说,是为了试图揭示卡利克勒斯在这个简短交流中已经潜在同意的东西。

在反享乐主义的两个主要论证的第二个论证中,苏格拉底回到卡利克勒斯对知识的赞赏,尤其对勇敢的赞赏。第一个论证关注的是善的特征。苏格拉底主张善是恶的对立面——即幸福是不幸的

---

① 见495c7 sphodra ge[强烈地]。

对立面——对立的东西永远不同时出现,也不同时离开。善与恶就像健康与疾病、强壮与软弱、迅速与迟缓一样,这些都是苏格拉底提到的不能同时存在和同时离开的对立物(495e2-496c3)。相比之下,快乐与痛苦则必然结合在一起,因为快乐取决于痛苦的出现,并总是跟痛苦一起经验,例如喝的快乐取决于渴的痛苦,它只在痛苦尚未完全消失的时候持续存在(496c6-497d7)。

这个论证——只是从表面上表明快乐因为缺乏善的非混杂特征而不可能是善——并不是对享乐主义的严重反驳。首先,苏格拉底提到的对立面——健康与疾病、强壮与软弱、迅速与迟缓,并不是真的不能共存。毕竟,任何人在他生命的任何时刻都可以呈现出不同程度的既健康又疾病的状态——至少直到死亡的时候,似乎才有健康和疾病的同时离开。强壮与软弱,像迅速与迟缓和许多其他对立面一样,都是相对的性质,以致任何强壮的人也都可以说成是软弱的(正如任何快速的人也可以说成是缓慢的),这取决于比较的对象。

比这些难点更重要的是,苏格拉底没有表明善本身必然不混杂恶。仅仅说善与恶是对立面是不充分的,因为除了苏格拉底所举的对立面的例子本身带有困难,快乐与痛苦也肯定是对立面,所以,它们显然更不足以证明对立面永远不能共存。人们不也可以言之凿凿地争辩说,尽管善与恶在某种意义上是对立的,但并没有完全摆脱恶的善,苏格拉底把幸福说成是一种不混杂罪恶的状态,因而是在描述一个不可能实现的梦想?①

① 参《吕西斯》220b7-d7,《泰阿泰德》176a5-9。对苏格拉底第一个反享乐主义论证的缺陷的更彻底检查,见Grote, *Plato and the Other Companions of Socrates*, pp. 120-127; Friedlander, *Plato*, 2: 265-266; Santas, *Socrates*, pp. 267-286。

然而,关于这个论证最引人注目的是,卡利克勒斯从未如此去反驳苏格拉底。卡利克勒斯并未真正信服苏格拉底论证的结论,并抗议说自己只是被苏格拉底的智术困住了(497a6-c2, d8-e1)。不过,尽管卡利克勒斯总体上没被这个论证说服,但他确实表示同意——其实是强调性的同意——这样的观点:善一定完全摆脱恶。苏格拉底问他是否同意,一个人同时经历和同时摆脱的任何一对东西都不可能是善与恶,他的回答是"我异常同意";而且他这么回答之前,苏格拉底还劝他深思之后再回答(496c1-5)。看起来,是一种幻觉——善即不混杂恶,或幸福即完全摆脱罪恶的状态——吸引着卡利克勒斯。我们在这里看到,他相信这种幻觉。即使苏格拉底的论证没有真正削弱享乐主义本身,它也开始表明,像卡利克勒斯这样的人何以永远不可能超出是一个三心二意的享乐主义者,或何种希望妨碍他接受"善仅仅是纯粹的快乐"那样令人沮丧的观点。

如果说,卡利克勒斯怀有对于某种不混杂罪恶的善的希望,而且比他也许曾经认识到的更强烈,那么,他也怀有对美德的更伟大信奉。我们已经看到几个相关的迹象,通过苏格拉底的第二个反享乐主义论证最清晰地显示出来;这个论证比第一个论证更多 ad hominem[诉诸个人]。苏格拉底的第二个论证试图向卡利克勒斯表明,他对勇敢和审慎之人的赞赏,与他关于所有快乐都是善(不管快乐的来源如何,也不管经验那些快乐的人有何特征)的观点并不一致。论证始于卡利克勒斯接受这个观点,即那些表现出善的人是好人,就像那些表现出美的人是美人一样(497e1-3)。苏格拉底讲,如果快乐是善,那么懦弱和愚蠢之人就应该像勇敢和审慎之人一样被视为好人,因为懦弱和愚蠢之人大约与勇敢和审慎之人经验到相同数量的快乐(497e6-498c8)。苏格拉底给出的最重要的例子,是战争中的懦夫,他们因敌人进攻而痛苦,因敌人撤退而重新高兴,至少在这点上跟勇敢者一样(498a5-c1)。既然卡利克勒斯同意表现出善的人是善人,同时坚持快乐是善,那他不就必须承认,见到敌人撤退而欣喜若狂的懦夫是一个好人吗?然而,他想要坚持只有勇敢和审慎之人是好人,而怯懦和愚蠢之人是坏人(498e2-6,499a1-4)。于是,卡利克勒斯似乎沦落到坚持这种谬论:坏人像好人一样好,有时甚至比好人更好(498c6-8,499a7-b3)。①

这个论证背后的重点在于,卡利克勒斯不能仅仅凭快乐来说明自己对有美德之人即勇敢和审慎之人的赞赏。卡利克勒斯也许可以这样回避苏格拉底的论证,说勇敢和审慎不应该视为真正意义的善,而仅仅是达到快乐的有用手段,与苏格拉底的论证相反,勇敢和审慎之人某种程度上应该是在获得快乐方面更成功的人。然而,尽管这可以把享乐主义从苏格拉底的批判中拯救出来,但卡利克勒斯从未收回他同意的观点,即勇敢和审慎之人本身就是好人。作为对苏格拉底论证的最后回应,他宣称,无论他或任何其他人,都不会真正否认有些快乐更好而有些快乐更坏。这样就证实,他相信一种超越快乐的标准,且在放弃其美德观之前他会放弃其享乐主义(499b4-8,c6-8)。

把苏格拉底两个论证的结果放在一起,我们不仅会看到卡利克勒斯不是一个彻底的享乐主义者,而且会看到,对他而言有什么更重要的信念,甚至超过了他为不加区别地追求快乐而辩护的企图。这种企图本来就不是完全真诚的(495a5-6),现在更显出它只是掩盖卡利克勒斯更深信念的面纱。卡利克勒斯更深的信念是:真正的幸福是一种完全摆脱罪恶的状态,美德或至少某种意义上的美德,

---

① 关于这个论证的更详细阐述和分析,见Kahn,"Drama and Dialectic in Plato's *Gorgias*," pp. 108-110,118,以及Santas, *Socrates*, pp. 270-281。

是衡量人类价值的最高标准。可能并非巧合的是，这两个信念的每一个都在接近另一个的地方最清晰地显现。它们并排出现，使我们有理由怀疑它们是互相联系的，也就是说，卡利克勒斯对纯粹幸福的信念与他对美德的关切密切相关，甚至相互支撑。

迄今为止，苏格拉底已经通过提取贯穿于两个反享乐主义论证中的这两个信念，提供了对卡利克勒斯的道德严肃性的最全面观察。这种对卡利克勒斯最深信念的观察，甚至在随后对话中会有进一步的展开，其中有一节，卡利克勒斯最终为那些关心城邦的人辩护，诸如忒米斯托克勒斯、喀蒙、米尔提阿得斯和伯利克勒斯，卡利克勒斯坚持认为他们关心所服务的邦民（503a2－c3，515c5－517b1）。卡利克勒斯在那一节为公共服务所做的辩护，连同一个事实，即他在苏格拉底的整个谈话中都坚持有德之人应该统治并拥有其他善，都应该使我们避免得出结论说，卡利克勒斯的道德严肃性仅仅推及勇敢和审慎，而没有推及正义。卡利克勒斯也相信正义，而他后来为伯利克勒斯的辩护还特别显示，他甚至相信一种正义观，这种正义观并不像他在开场白第一部分自称坚持的那种正义观一样激进或反习俗。[①]

① 卡利克勒斯为伯利克勒斯所做的辩护，看起来跟他早先赞扬诸如薛西斯、大流士和赫拉克勒斯等人时表现的反公民精神保持一致，因为卡利克勒斯用这个辩护来反对苏格拉底为“保守”观点所做的辩护，后者认为伯利克勒斯败坏了雅典人而导致雅典衰退（尤其515e2－9）。然而，即使卡利克勒斯对伯利克勒斯的赞赏使他站在雅典政治的更多帝国主义和更少约束或传统主义的一派，但这个赞赏仍然反映了一种对正义的留恋，即使不是在全面的意义上，至少也是在普通和重要的意义上，即为城邦服务和关心城邦的伟大方面。因为卡利克勒斯相信伯利克勒斯为雅典服务得很好，认为伯利克勒斯是个“好男人”（尤其503a2－4，c1－3，515c5－d5，516b8－9，517a7－b1）。

但是,这些发现应该使我们回到早先尚未回答的问题:为什么苏格拉底离开他已经开始的对正义问题的考察?对话中的这个早期转向刚出现时就令人困惑,现在更应令人困惑了,因为卡利克勒斯的道德严肃性现在已经变得更清晰:人们不是因此会被引导而认为,苏格拉底可以说已经有了广阔的基础,足以用他特有的辩证方法跟卡利克勒斯检查正义?不错,苏格拉底会在后面的对话中相当多地回头提到正义(507c8-508c3,511b7-513c3,522c7-e6),但后面那些段落都有一个特征,即目的都在于规劝卡利克勒斯更多地致力于正义,而非检查早先一闪即逝的那种正义。因此,问题仍然是,苏格拉底为什么取消对正义的检查,且从未真正回到上面。

我认为,问题的答案在卡利克勒斯的性格中,且必须从我们已经看到的其信念或信仰来推测。我们已经看到,卡利克勒斯在道德上严肃对待或留恋美德和正义,但我们也看到,他试图隐藏自己最深的信念。我们已经看到,无论卡利克勒斯能否做到,他都试图根据最愤世嫉俗的观点来论证。那种观点主张,比如,强者统治弱者是一个明显无疑的事实,不必为之悲伤,或者,不可天真地认为幸福比放任自己追求快乐的欲望更崇高(如483c9-e1,488d1-4,491e5-492c8,494a6-d8)。苏格拉底整个谈话过程中不得不付出巨大努力剥去这些覆盖物,以便把卡利克勒斯真正相信的东西带到表面。卡利克勒斯抗拒苏格拉底的这种努力,不仅仅是因为他羞于向苏格拉底让步,或为了保护他已经自觉保持的外表,而是更反映出,他不愿意承认(甚至对他自己)那些他因为试图掩盖而已经触及的关切。既然卡利克勒斯如此不愿意面对他真正相信的东西,我们就能理解,为什么苏格拉底认为,试图使卡利克勒斯从事那种作为苏格拉底式教育的真正核心的考察,不过是徒劳。卡利克勒斯没有能力做这种考察,因为他在自己真正相信的东西方面对自己不诚实。

当然,还有这样的问题,即为什么卡利克勒斯不愿意面对他最深的信念?为什么他不愿承认对美德的关切和对纯粹幸福的希望?肯定不仅仅是因为他想要避免显得天真,或想要战胜苏格拉底及其道德说教。为了理解其中更深的理由,我们必须考虑,如果卡利克勒斯承认他的关切,会随之带来何种痛苦的想法。一个人承认自己关心美德,承认自己怀有一种想要看到美德获胜的深度欲望,就等于使自己在美德失败或被邪恶击败的时候,会被悲痛和愤怒所伤。

在接近对话结尾的一个重要交流中,苏格拉底与卡利克勒斯讨论了一种可能,即一个冒险拒绝适应不义政制的人,可能会被一个更懂自我保护,且已经被该不义政制同化的人所毁灭(510d4–511a7)。苏格拉底说,这个前景没有那么可怕,因为它意味着"一个卑劣者杀死一个高贵且善的人",对这个说法,卡利克勒斯回应说,"这不恰恰是令人愤怒的事吗?"——这个回应既显示出他对正义的持续留恋,也显示出是何困难导致他隐藏这种留恋(511b3–6)。类似地,苏格拉底接着这个交流,用一套长篇大论鼓励卡利克勒斯不要过多担心安全和自我保存,而要致力于关注美德(511b7–513c3),之后,卡利克勒斯承认,他已经被苏格拉底的规劝打动,但又说他没有完全被说服(513c4–6)。苏格拉底的讲辞承认甚至强调美德有风险,且容易遭到攻击,因此我们可以猜测,阻止卡利克勒斯完全接受苏格拉底的劝告的,是恐惧。[①]

---

① 这种恐惧似乎是苏格拉底在513c7–8所谓的卡利克勒斯"爱民众(demos)"的真正内容或基础。一旦考虑到前面关于同化和安全的论证,卡利克勒斯"对民众的爱欲"看起来就不是真正的爱欲,而是出于恐惧的顺应潮流。这样解读513c7–8,也有助于解释苏格拉底在481d3–5第一次提到卡利克勒斯爱民众之情的时候心里想的是什么。

然而,阻止卡利克勒斯承认自己更深信念的,可能还不仅仅是美德不能成功的前景所导致的恐惧。因为针对美德的脆弱性,人们可以这样回答:即使在邪恶之人手中受难,有德之人也会获得一种比敌人享有的低级满足更完全的善、更真实的幸福(参《王制》357a2-362c8)。无论如何,这似乎是美德要求的承诺,也是苏格拉底在为积极的正义观辩护时依靠的承诺,我们已经有理由相信卡利克勒斯并非尚未触及这样的承诺。然而,这个承诺尽管有力且迷人,却有某种模糊或朦胧的东西,以致我们可以理解卡利克勒斯为什么不愿意接受它。无疑,《高尔吉亚》从未澄清,究竟是怎样的正义和其余美德给好人带去超常的幸福,尽管苏格拉底在整个对话始终都依靠正义和美德的承诺,但他从未完全解释怎样的正义和美德会兑现那个承诺。[①]

在某种意义上,说承诺本身在力量和诱惑方面比在准确的内容方面更清晰,也许确实属实。然而,说苏格拉底没有回答怎样的正义和其他美德导向幸福,则不完全属实,因为在对话的结尾,苏格拉底提供了一个可能且非常清晰的答案。苏格拉底与卡利克

---

① 这里应该考虑的两个段落是474c4-475e6和503d5-508c3,其中苏格拉底证明了正义的善属于哪类。但在前一个段落,苏格拉底依靠的是珀洛斯不愿否认正义是高贵的(参前文)。如果珀洛斯否认这个前提,苏格拉底的论证就坍塌了,因此,这个论证其实更多地是揭示珀洛斯而非正义本身。至于503d5-508c3,关于"秩序"的论证显然更多地是针对节制而非正义。甚至作为一个关于节制的论证,它也没有回答一些关键的问题,例如,是否存在一个超越灵魂秩序的目的,灵魂秩序是为了它而有用的,如果有,它是什么。甚至那些同情苏格拉底关于正义和节制的主张的人,也表达了对其论证的不满,例如见 Terrence Irwin, *Plato's Ethics* (New York: Oxford University Press, 1995), pp. 109-110, 114-126; *Plato's Moral Theory*, pp. 125-131; Kahn, *Plato and the Socratic Dialogue*, pp. 142-147。

勒斯的谈话结束于一个关于死后生活的神话，描述了宙斯怎么惩罚那些生前行不义的人，并奖赏正义者一种摆脱罪恶的存在方式(522e1-522a4；也参507d6-508a8，512d6-e5)。重要的是考虑苏格拉底怎样呈现这个神话。最引人注目的是，事实上苏格拉底其实并未称之为神话，而是称之为"理性的说明"，一个logos[道理](522e5-6，523a1-2)。他这样说是什么意思，并不清楚；尤其是因为，这个说明的关键前提有赖于苏格拉底从荷马那儿听来的关于诸神的故事，而他在另一个语境下又批判了这些故事。[①] 但关于他是什么意思，苏格拉底可以给我们提供一个线索，他告诉卡利克勒斯，这个说明应该被接受，"就像你的论证指示的"(as your argument [logos] indicates，527c5-6)。[②] 苏格拉底把自己所给的说明称为一个logos而非神话，想表达的意思也许是，这种说明在某种意义上是依据某种观点，即一种通过揭露卡利克勒斯更深的信念而已经显现的观点(也参527a8-b2，522c6-d1)。

然而，即使这正是苏格拉底想要表明的意思，他还是承认，卡利克勒斯不愿相信这种说明，可能会视之为老太婆的故事而不予理会(527a5-6；523a1-2)。这并不意味着，正如苏格拉底也表明的，卡利克勒斯没有保留那些继续把他引向这个方向的留恋之情(再参527a8-b2)。但苏格拉底料到，卡利克勒斯抗拒考虑那些残留于心的希望，也许是因为，承认这些希望会要求卡利克勒斯面对他想摆脱罪恶而获得终极拯救的渴望，进而面对一个事实，即他渴

① 参523a3-5，524a8-b2；也参527a6-8；比较《游叙弗伦》5e5-6c4，《王制》377e6-378e3。

② 我依据最可靠的抄件(BTW)，其中527c6作ho sos logos("你的论证")。Dodds依据抄件F，漏掉sos，仅作ho logos("论证")。见Dodds，*Gorgias*，pp. 385-386，比较477e2。

望某种他恐怕不可能实现的东西。苏格拉底尽最大努力引导卡利克勒斯注意自己的希望及支撑它们的信念(尤参526e1－527a4,527c5－e7),但卡利克勒斯尽管赞赏勇敢,却不大可能克服自己的怯懦并内观自己的灵魂。

苏格拉底

《高尔吉亚》在很大程度上揭露了卡利克勒斯。它使我们得以观照一个(据苏格拉底的判断)尚未向真诚的真理追求开放的灵魂。我们已经用这么长篇幅详细阐述了卡利克勒斯的性格,但我们还需要考虑苏格拉底和《高尔吉亚》对苏格拉底的揭露。卡利克勒斯能被带向真理的程度是有限的,因此,如果说苏格拉底与卡利克勒斯的谈话(尽管非常能揭露卡利克勒斯)不太能揭露苏格拉底本人,我们不应太过惊讶。或者说,对话可能更多揭露了苏格拉底怎样陪同一个他认为尚未开启真正教育的人前行,而非揭露苏格拉底自己最深的观点可能是什么。

可以肯定,在整个《高尔吉亚》中,苏格拉底把自己呈现为正义的伟大辩护者、积极正义观的毫不动摇的拥护者。尤其是在对话的最后部分,当卡利克勒斯拒绝认真参与谈话,而仅仅间歇性地插几句话以后,这种观念就占据了舞台中心,并支配着苏格拉底的几段长篇讲辞(如507a5－509c4,511b7－513c3,522c7以下)。然而,我们是否应该得出结论说,苏格拉底规劝珀洛斯和卡利克勒斯接受的这个观点,就是苏格拉底自己的最终观念并反映了其最深的思想?也许仅仅基于《高尔吉亚》还不可能确定无疑地回答这个问题,但有几个要点至少应该提出来,以尝试确定苏格拉底的观点。我无法像在考虑卡利克勒斯时那样详加研究,在此只扼要考察《高尔吉亚》

就苏格拉底揭示了什么。

在卡利克勒斯攻击哲学并具体攻击了苏格拉底——苏格拉底自己招惹的攻击——之后，苏格拉底被迫为自己的生活方式做了一个半公开的辩护。事实上，要想理解苏格拉底在《高尔吉亚》中卡利克勒斯部分的行为，关键是要记住，在这个部分的多数时候，苏格拉底都是在为自己辩护。就像他自己说的，在引用欧里庇得斯一部佚剧的时候，苏格拉底用“安菲翁回答泽托斯的言辞”回应卡利克勒斯，也就是为私人的哲学生活辩护，以回应对它的反对（参506b5-6，485e2-486a2）。[①]

苏格拉底的辩护策略有几个相关的方面或部分。根据“最好的防守就是进攻”这个原则，苏格拉底攻击政治的生活，仿佛实际从事政治，尤其在雅典，是为了不遵守最高的道德标准。在《高尔吉亚》中，苏格拉底据以判断政治生活的视角是极端的积极正义观，也是关于善与快乐完全分离的观点（如500a7-505b12，513d1-519d7）。人们可能预料到，不可能找到一个充分注意正义和改善邦民灵魂的政治家。即使是雅典最伟大的领导者，也仅仅是致力于为城邦提供诸如港口、船坞和城墙之类的低级东西，仅仅设法满足雅典人的欲望（尤其516e8-519b2）。相比之下，苏格拉底自己更私人化的（尽管并非完全私人化的）活动——一种审查他人的活动，他称之为“真正的政治技艺”——因此显现为唯一真正高贵的活动和最高的正义实践（521d6-522e3）。即使这种活动使苏格拉底暴露在危险之中，那也只是增加其高贵性，因为一个真正的男

① 苏格拉底在500c1-d4转向回应卡利克勒斯对哲学生活的攻击。500d4以后的所有内容都以这种或那种方式涉及这个主题，无论间接或直接，都是苏格拉底自我辩护的一部分。

人并不关心自己的安全或仅仅留恋自己的生命，而是仅仅关心美德(512d8－e5，521c7－e3)。

苏格拉底在自我辩护中描述了自己生活的前景，它已经通过柏拉图《苏格拉底的申辩》而闻名于世。事实上，在《申辩》中，苏格拉底针对官方指控做出自我辩护之后，设想了一个反对者，那人说话的口气听起来非常类似卡利克勒斯，他指控苏格拉底过着一种可耻的生活，因为他没有能力保护自己(《申辩》28b3－5)。苏格拉底回应这一反对时，把自己描绘成一个新的、完善了的阿喀琉斯，献身正义而藐视危险。这段回应已经成了《申辩》中也许最著名的部分，也成了最持久的一种哲人形象——为正义而殉道者——的来源(尤其《申辩》28b5－20a4)。这种自我描述虽然只是《高尔吉亚》已经呈现的辩护路线的减缩版，却已经显示出感动读者并激发读者景仰苏格拉底的巨大力量。[①]

然而，仅仅被苏格拉底的自我描述所感动还不够，因为《高尔吉亚》也引导我们怀疑，这种激动人心的描述是否呈现给我们关于苏格拉底真实观点的最准确画面。特别是，对话悄悄提出了苏格拉底自我辩护的中心原则——即积极的正义观——在苏格拉底自己心中的地位这一问题。确实，苏格拉底在整个对话中都把自己描述成这个原则的拥护者，但他有一个新的说法，使我们怀疑他的拥护是否像初看起来那样诚实。例如，一旦苏格拉底从正义问题转向节制问题(我们早先考虑过)，他就发表了一个重要讲话，其中至少有

---

① 关于这种景仰的表达，例见Jaeger，*Paideia*，2：144－151；Taylor，*Plato：The Man and His Work*，pp. 126－128；Friedlander，*Plato*，2：270－271；Barker，*Greek Political Theory*，pp. 140－142；Kahn，*Plato and the Socratic Dialogue*，pp. 138－145。

一段时间,节制掩盖了正义而成为最重要的美德。实际上,他把节制描绘成能派生所有其他美德的美德,因为据他描述,善人对自身节制的关注是其正义、勇敢和虔敬的来源(507a5-d3)。那么,苏格拉底是否最终认为节制是比正义更高的美德?其实,他在同一个讲辞中后来又给正义恢复了至少同等的地位,但这个事实并不能决定性地否定上述可能性,因为这种恢复可以得到圆满的解释,即那只是为了复原暂时剥落的外表。①

但更重要的是苏格拉底一个并不显眼但非常清晰的说法:他对积极正义观的辩护,不应理解为对一个他知其真实的观点的辩护,而仅仅是对一个无人能够对其加以否定而不变得荒谬的观点的辩护(509a4-7)。在这种说法中,也像在其他说法中一样,苏格拉底提示,他仅仅在是表达一个在人们灵魂中比在现实中更有力量的观点,他甚至向听众发出温和的挑战,要他们尝试反驳这个观点(参508e6-509a4;也参506a1-5,508a8-b3)。为此,我们应该想起我们先前考虑过的一个说法,其中苏格拉底有过类似的提议并发出类似的挑战。因为苏格拉底在与卡利克勒斯交流的一开始实际上就告诉他,他永远无法获得一致性——他终生都会不同意他自己——除非他反驳积极的正义观(482b2-6;参前文)。那个说法最令人惊

---

① 我所指的讲辞是507a5-508c3(508c3之后苏格拉底继续在讲,但已经转向另一个话题:见508c4-5)。正如前文提到的,苏格拉底在这个讲辞中对美德的描述,从起初强调节制渐渐转而至少同等强调正义。因此,这个讲辞有两个主要部分(507a5-d3和507d4-508c3)。其中第一部分苏格拉底指出,正义可能不是他所理解的美德的最重要部分,但这不是唯一一处,也参458a5-b1,464b2-c3,470e4-11,477b5-e5,482b7-c3,515a5-7。比较Irwin, *Plato's Moral Theory*, pp. 125-130; Benardete, *Rhetoric of Morality and Philosophy*, pp. 61, 85-90; Grote, *Plato and the Other Companions of Socrates*, p. 133。

讶的一个方面——特别是因为它在苏格拉底与珀洛斯论证时对积极正义观做出辩护之后立即出现——我先前没有提请读者注意:人们不是本来应该期待苏格拉底说,卡利克勒斯必须接受积极的正义观,作为获得真正一致性的唯一方式吗?苏格拉底这里是不是暗示,他认为这个观点是可以被驳倒的?诚然,他的说法暗示,要驳倒这个观点,远比珀洛斯和卡利克勒斯想象的困难许多;事实上,那是如此困难,以至于格拉底可以宣称自己从未遇到某人能够在反驳积极正义观的时候避免变得荒谬。但反驳起来有很大困难,就等于不可能反驳吗?

当然,提议说苏格拉底可能并不坚持这个观点是不合常规的,他不仅在《高尔吉亚》中,也在《申辩》以及诸如《克力同》等其他对话中为这个观点辩护,并因此而闻名于世。[①] 但这个提议还有进一步的证据,可以从苏格拉底最终愿意承认自我保护的重要性和合法性这个态度中发现。在《高尔吉亚》的许多段落中,苏格拉底背离了积极正义观点的严格命令,这种命令强调一个人应该完全不去关心自我保存,理由是:正义就是一切(如480e5-7,516d5-517a6,519a7-b2)。确实,苏格拉底甚至指责许多雅典的政治家和智术师,

① 我的提议与许多评注家的观点相反,在我看来,他们没有充分注意苏格拉底在482b2-6的说法的字面含义,太轻易地假定苏格拉底完全信服自己所辩护的观点。例如,见Irwin, *Plato's Moral Theory*, pp. 115-131,243-248; *Plato's Ethics*, pp. 41-63,111-124; Kahn, *Plato and the Socratic Dialogue*, pp. 125-128,137-147; Gregory Vlastos, *Socrates: Ironist and Moral Philosopher* (Ithaca: Cornell University Press,1991), pp. 200-232; Jaeger, *Paideia*,2: 134-139,146-152; Taylor, *Plato: The Man and His Work*, p. 128; Friedlander, *Plato*,2: 270; McKim, "Shame and Truth in Plato's *Gorgias*," pp. 35-47; Voegelin, *Plato*, p. 37; Brickhouse and Simith, *Plato's Socrates*, p. 13。

原因恰恰是他们使自己容易受到攻击(516e9－519d7)。

此外,苏格拉底愿意承认自我保护的重要性,不仅可见于《高尔吉亚》,也可见于《申辩》。在那篇对话中,苏格拉底坚持正义是他最高的甚至唯一的关切,但这个坚持迫使他回应人们可能提出的情有可原的问题,即他为什么远离政治。他的回答令人惊讶:因为对那种生活的恐惧阻止了他——

> 你们认为,我这些年能够存活下来吗,如果我积极从事公共事务并以一种配得上好人的方式活动,帮助正义,并像一个人应该做的一样,认为这个最重要?远远不会,雅典的人们!任何其他人也不会。(《申辩》32e2－33a1;也参31c4－32c3)

这个说法引人注目,因为它背离了苏格拉底不久前刚为捍卫自己的高贵性而提出的标准(比较28b5－30c1)。苏格拉底本人的生活似乎并未严格依照那个标准。①

但是,如果说苏格拉底并未完全接受他为之辩护的观点,那他为什么仍然为之辩护呢?通过考察卡利克勒斯的困境,我们已经指出他这么做的理由之一。苏格拉底通过为积极的正义观辩护,尽其所能鼓励卡利克勒斯承认他更好的自我和更深的信念,并恢复他对正义的奉行。但这可能并不是苏格拉底的唯一目的。首先,假如这是苏格拉底的唯一目的,那么他的努力就不应视为完全成功,因为他虽然触动了卡利克勒斯,却从未真正使他信服(再参513c4－8)。

① 关于这种联系,也参《王制》347a3－d8,496c3－e2,这些段落提供了额外的证据,证明苏格拉底怀疑自己所辩护的标准。要充分考察这些怀疑的基础,我认为会超出这篇论文的范围,也会超出《高尔吉亚》和《申辩》的范围;那需要仔细研究《王制》对正义的审查。

然而，回顾他们的谈话可以看出，尽管苏格拉底没有成功地使卡利克勒斯信服他所为之辩护的观点，但毕竟成功地使他信服了某种东西：卡利克勒斯信服苏格拉底相信他所论证的东西。卡利克勒斯刚进入《高尔吉亚》的谈话时曾问，苏格拉底为积极的正义观辩护是否认真(481b6－c4)，而他离开时至少对此已非常信服。

这可以视为苏格拉底一方的部分修辞性的成功，指向苏格拉底为积极正义观所做辩护的更深意图。一般认为，说苏格拉底在《高尔吉亚》中实践修辞术看起来是奇怪的，因为在整个对话中，苏格拉底都作为修辞术的猛烈批判者出现。① 但苏格拉底的修辞术批判并不像初看起来那样彻底。在对话的结尾，关于修辞术作为一种免于受不义的保护手段，苏格拉底提出的反对论证仅仅是说，这种手段像其他保护性技能一样，不应视为某种特别崇高的东西(511b7－513c3)。人们可以同意这一点，同时仍然认为修辞术是必要的。

此外，我们越多考虑到苏格拉底最终并未把自我保存视为可鄙的目的，支持修辞术的理由就看起来越强大；甚至看起来更有力量——如果我们将这个要点与一个事实放在一起的话，即如卡利克勒斯的例子所表明的，苏格拉底其实从不奢望使所有人都坚持他所坚持的观点。一般说来，如果哲学缺乏政治力量，且哲人的真实观点永远不能得到广泛接受，那么就需要对哲学的公开展示，而这种展示更多是修辞性的，而非哲学性的。我认为我们可以在《高

---

①　如462b3－466b7，480a1－481b5，511b7－513c3。关于苏格拉底的修辞术批判的最好总结，是Baker, *Greek Political Theory*, pp. 133－37; Brian Vickers, *In Defense of Rhetoric* (Oxford: Clarendon Press, 1988), pp. 83－113; Kastely, "In Defense of Plato's *Gorgias*," pp. 96－109。

尔吉亚》中找到这种展示,它预示了《申辩》中的展示,后者最终证明是如此成功,以致赢得了非哲人对哲学的尊敬。生活在由这种成功所塑造的后世时代,我们很难体会,为了使哲学得到公众尊敬,曾经有人付出了多么卓绝的努力。这些努力的关键就是展示哲学和苏格拉底的生活,使之显得首先关心正义(尤参482a2-b4,507d4-509c4,521b4-522e4)。

然而,苏格拉底式修辞术的目的(如果应该这么称呼)并不仅仅在于确保苏格拉底的名声,以及更一般地确保哲学的名声。苏格拉底的自我展示及其对积极正义观的拥护还有另一种更深的利益。他为这个观点所做的辩护还是一种规劝,规劝所有听到的人认真对待正义;就像我们已经通过卡利克勒斯的例子看到的,认真对待正义是真诚的思想和自我认识的一个先决条件。卡利克勒斯的例子帮助我们看到,一个人若不愿意承认自己最深的信念,并自觉赋予正义以应有的分量,就没有能力迈出哪怕第一步,以通向理解和自我认识。卡利克勒斯就是因为不愿意承认自己最深的信念,才处于绝望的困惑,或用苏格拉底的话讲,卡利克勒斯永远不会同意卡利克勒斯,他会在自我矛盾中度过一生(再参482b5-6)。

然而,尽管卡利克勒斯无可救药,但并非所有人都如此。苏格拉底肯定希望自己的论证不仅被卡利克勒斯听到,也被其他聆听他们谈话的听众听到,甚至被苏格拉底观点可能流传到的更大的圈子听到(参508e6-509b1和《申辩》29d2-31c3)。这样,苏格拉底就能帮助那些拥有更好灵魂的人,鼓励他们关心正义,从而唤醒思想,至少使一些人走上通往哲学的道路。

苏格拉底、卡利克勒斯与尼采

多兹(E. R. Dodds) 撰

李致远 译

在柏拉图的对话中,《高尔吉亚》最“现代”。《高尔吉亚》揭露了一对问题:在一个民主社会中,如何控制媒体宣传的霸道力量;在一个传统道德标准已然破碎的世界中,如何重建道德标准。这一对问题也是20世纪的中心问题,而这并不全是巧合。尼采是现代破碎情境的分析家,他预见到现代破碎的致命政治后果并大为惊骇,但他自己又强有力地促进了这种破碎。① 尼采第一个观察到,公元前5世纪晚期的道德处境,与他本人所处时代的道德状况之间有某种历史的类似。我认为,尼采本人的某些最声名狼藉的说法,多多少少受到柏拉图的启发——但是,这个柏拉图并不是那个借苏格拉底之口向我们说话的哲人,而是柏拉图笔下的反柏拉图角色(persona)卡利克勒斯。这种奇特的历史联系尚未得到足够的注意,

① 尼采促进了现代瓦解,不是通过对传统的有理有据的攻击,而是通过假定传统已然破碎(“上帝死了”)并对其后果给以彻底的分析。尼采的目的不仅仅是摧毁,他预见到并设法扭转“无个体性的诸个体组成的原子式普世国家”(Musarion edition, v. 472)。然而,“在我们建立一座神殿之前,我们必须摧毁一座神殿”,尼采思想的破坏性因素比建设性因素产生的影响大得多。尼采濒临崩溃之时写道:“我就是炸药!”(*Ecce Homo*, iv. 1)事后证明,这绝不是无聊的自夸。

不管是尼采的解释者(据我了解)还是英语学界的柏拉图研究者,[①] 因此,似乎很值得提出证据来证明这一联系。

"苏格拉底,"尼采说,"离我如此之近,以致我几乎总是跟他作战"。[②] 这是真的。从学生时代开始,柏拉图的《会饮》就是尼采的最爱,一直到《偶像的黄昏》关于"苏格拉底问题"的笔记,尼采还为这个谜一般的人着迷,不过,尼采的态度经常是矛盾的。[③] 尼采称赞苏格拉底是"人们脖子上的牛虻",[④] 是"老医生和平民,他无情地切入他自己的皮肉,也即'高贵'的皮肉和心脏"(《善恶的彼岸》212)。尼采还为苏格拉底"轻率的严肃和调皮的智慧"击节叫好,

---

① 早在1902年, Alfred Fouillée就已经注意到尼采学说与卡利克勒斯学说之间的亲缘关系,可惜只是一笔带过(*Nietzsche et l'immoralisme*,96,187)。在Oehler, *Fri. Nietzsche und die Vorsokratiker*中,或在Alfred Stallman("The Influence of the Greeks on Nietzsche," *Class. Studies in Honour of W. A. Oldfather*,1943)、H. A. Reyburn(*Nieztsche*,1948, chapter on "Presocratic Philosophers")和W. A. Kaufmann(*Nieztsche*,1950, chapter on "Nietzsche's admiration for Socrates")等关于尼采与古希腊之关系的最新研究著作中,都丝毫没有提到尼采与卡利克勒斯的关联。不过,有两位希腊学者强调了这种关联,他们是W. Nestle和A. Menzel——前者在所著论文"Fr. Nieztsche und die griechische Philosophie"(*NJbb*. 1912,554ff.),后者在所著小册子*Kallikles*(Vienna,1922, pp. 80–84, reprinted in *Sitzb. Wien*, ccx[1930],245–250)。本文许多资料都转引自这两位作者,但我也尝试借助Musarion版《尼采全集》卷11–13方便详备的索引对两位作者的论点加以检验和补充。我在引用尼采的主要著作时会标明其英文题目和原来的章节号,这些章节号在大部分版本中都一样;次要著作则标明Musarion版全集的卷数和页码。

② "战争中的知识与真理",《全集》vi.10。

③ Kaufmann与Oehler分别收集了尼采关于苏格拉底的正反两方面言论。当然,他们各自得出了自己的片面结论。

④ 巴塞尔讲座"柏拉图对话研究",《全集》ii.11, iv.404。

并在这方面把苏格拉底与基督教的创始人进行善意的对比(《漫游者及其影子》80)。但是,尼采又把苏格拉底看作古希腊精神衰颓的开端。在早期的《悲剧的诞生》中,尼采把苏格拉底展现为"狄奥尼索斯"因素的破坏者,因为他仰赖狄奥尼索斯因素与"阿波罗"悲剧的融合。在后期著作中,尼采谴责苏格拉底是一种虚假道德的渊薮,这种虚假道德体现在理性、德性、幸福三者的等同中,"那个最奇异的等式,它违背早期希腊人的所有本能"(《偶像的黄昏》2.4);这种"道德价值的去自然化"被看作"价值史上一个最深刻的乖张时刻"(《权力意志》430)。

尼采对柏拉图的态度(他极端地将他与苏格拉底区别开来)更一贯地充满敌意。在一个早期讲座中,尼采带着敬意提到柏拉图的使命感,他决定不仅仅认识世界,而且要改变世界(《全集》ii.363);后来,他无疑带着同情看待《王制》关于建立一个等级社会的建议(《敌基督者》57)。但他认为,"柏拉图关于纯粹理智(Geist)和善本身(the Good-in-itself)的发明"是"最乏味最危险的错误",一个欧洲最近刚刚从中醒来的噩梦(《善恶的彼岸》序言);他憎恶反希腊的禁欲主义,它给柏拉图打上"基督之前的基督徒"这个标签(《偶像的黄昏》10.2)。他把柏拉图对伯利克勒斯时期雅典的审判视为反文化的狂热主义的片段之一,堪比萨佛纳罗拉(Savonarola)对佛罗伦萨的审判或"德国人对歌德的谴责"(《权力意志》747)。

尼采把"智术师们"放在苏格拉底和柏拉图的对立面。在巴塞尔的一个讲座中,尼采曾经赞赏格罗特(Grote)为智术师所作的辩护(《全集》iv.361)。但后来,尼采强烈反对格罗特把智术师们描绘成"可敬之人和道德楷模";恰恰相反,尼采认为,"他们的荣耀在于他们拒绝用宏大言词和语句搞欺骗",而是"秉持所有强大精神都秉持的勇敢,承认他们自己的非道德性"(《权力意志》429)。在这种大致概括中,尼采铭刻于心的人物显然似乎正是卡利克勒斯或忒拉绪马科斯(Thrasymachus)。尼采的话让人想起苏格拉底赞扬卡利克勒斯坦率时说的话,"坦白地说出别人想到但不愿说出的东西"(《高尔吉亚》492d);尼采其实把卡利克勒斯视为"智术师们"的代言人,这在他关于柏拉图的讲座中说得很清楚(《全集》iv.422)。

由此可知,尼采把"智术师们"看作他本人的极端道德怀疑主义的先行者。在这方面,尼采当然是受到自己阅读修昔底德的影响,尼采把修昔底德看作"智术文化"最伟大的鼓吹者,是治疗柏拉图主义谬误的灵丹妙药;尼采说,修昔底德、"可能还有马基雅维里",都是他最近的精神亲族(《偶像的黄昏》10.2)。尼采在这种联结中两次提到米洛斯对话(Melian dialogue);① 尼采的"价值的重估"这一观念,很可能来自对科尔西拉(Corcyra)的著名反思(修昔底德,3.82)。但还有证据表明,《高尔吉亚》中卡利克勒斯的讲辞曾给尼采留下极其深刻的印象,尽管除了一些关于柏拉图的讲座,尼采似乎没有提过卡利克勒斯的名字。

(a)卡利克勒斯生动的、社会徒然试图驯服的狮子形象(483e-484a),可以公正地说,经常出没于尼采的字里行间。在《道德的谱系》i.11,尼采表达了充满热情的同情,他把狮子② 说成"雄伟的金色野兽,蹑手蹑脚,寻找猎物和胜利",接着还说,在当代的观点中,"所有文化都在于把所谓的'人'这种食肉野兽转变成一种驯服而文明的动物、一种家养宠物"。然而,驯服一种动物就是改变其自然本性(denature),使之成为病态的动物;驯服一个人也同样如此,但人们却把这误称为"转变"他(《偶像的黄昏》7.2)。在《权力

① 《人性的,太人性的》92;《权力意志》429。

② 不是庸众认为的条顿人(Teuton)。尼采并没有赞美"北欧种族"之意。

意志》中(237,871),“文明化”同样等同于“使动物驯服”,它“需要各种锁链和酷刑,如果它坚持使自己反对食肉野兽的凶残本性”。但对尼采来说,同卡利克勒斯一样,金色野兽从来无法最终驯服;它只是一直等待冲破牢笼的时机(《道德的谱系》i.11)。而在《扎拉图斯特拉如是说》中,“笑傲之狮”转化成了一种即将到来的、新的且更高的人性的象征。[①]

(b)由此,尼采像卡利克勒斯一样,强烈支持自然(*φύσις*),反对礼法(*νόμος*)。像卡利克勒斯(483b)一样,尼采把礼法看作由弱者制定的社会契约,其目的是保护弱者反对强者。“社会”,他说,“起源于弱者的组织,以便创造一种权力的平衡,以牵制那些威胁他们的内在和外在力量”(《漫游者及其影子》22)。

(c)对尼采来说,同卡利克勒斯一样,礼法规定的是一种奴隶道德(Sklavenmoral)。[②] 这其实只是伪装的自私自利或潜在的怨恨,表达的是弱者心里对强者的恐惧和嫉妒。[③] 尼采说“弱者认为他们自己是好人,因为他们没有爪子”(《扎拉图斯特拉如是说》ii.13),而卡利克勒斯恰好说“大多数人”“赞美自制和正义,因为他们自身缺乏男子气”(492a8)。这些人是“平等的教士”,[④] 仅仅因为平等是他们所能期望的最好:“你成为僭主的秘密野心因此隐藏于美德的言辞之中”。[⑤]

(d)不过,卡利克勒斯绝不是个纯粹的道德虚无主义者,尼采也

---

① 《扎拉图斯特拉如是说》iii.12.11, iv.11, iv.20。

② 《善恶的彼岸》260,《道德的谱系》i.10,比较《高尔吉亚》483b2。

③ 比较《高尔吉亚》483bc, 492a。

④ 卡利克勒斯的 *τό ἴσον ἔχειν*[持有平等份额],483c5。

⑤ 《扎拉图斯特拉如是说》ii.7,比较《高尔吉亚》471c8, 492b。

不是。尼采式的圣人是“超越善恶（Böse）”，但他并不是“超越好坏（Schlecht）”（《道德的谱系》i.17）；Böse相当于卡利克勒斯术语表中的*τό νόμῳ ἄδικον*［基于礼法的不义］，Schlecht相当于*τό φύσει ἄδικον*［基于自然的不义］。由于卡利克勒斯有自己关于*ἀρετή*［美德］的概念，适合于主人阶层（*βελτίους*［最好者］或*κρείττους*［最强者］），所以，尼采相信一种“主人道德”（Herrenmoral）的必要性，“甚至对我们来说，仍要说‘汝应当’”（《朝霞》序言）。关于这种“主人道德”的诸原则，他既没有清楚明确地阐释，也没有（我认为）完全一致地坚持；[①] 但在有些地方，他似乎确实使用了卡利克勒斯的语言。对二人来说，最高的美德都是勇敢：“什么是好的，你问？勇敢是好的。”[②] 对二人来说，勇敢都包含坚硬，因而柔软即*μαλακία τῆς ψυχῆς*［灵魂的软弱］（491b4）是可鄙的：

> 我给你这条新法：“让你坚硬起来！”[③]

在《权力意志》中，尼采有时甚至更接近卡利克勒斯。他根据*πλεονεξία*［获得更多］把权力意志定义为一种“得到并仅仅得到的意愿”（Heben-und Mehrhabenwollen），他宣称“伟大的人之所以伟大，是因为他给予自己的欲望以充分自由”（933）。这些看起来非常像卡利克勒斯的方案，即*τὰς ἐπιθυμίας μὴ κολάζειν*［不要惩罚那些欲望］（491e8–9）。尼采甚至主张种种激情必须服务于意志（卡利克勒斯倒没坚持这一点），而绝不能“被削弱或消灭”（同前）。

这真是一个奇特的历史反讽：柏拉图展示这些观念，本来是为

---

① 比较Reyburn，op. cit.，chaps. xxvi–xxviii。

② 《扎拉图斯特拉如是说》iv.3.2，比较《高尔吉亚》491b2。

③ （《扎拉图斯特拉如是说》iii.12.29）。

了消除它们,却因此助长了这些观念在我们今日的可怕复活。但事实是,就其思想的某些方面来说,尼采是柏拉图的庶生子和不受欢迎的子孙,正如纳粹分子也是尼采的庶生子和不受欢迎的子孙一样。[①] 然而,我们不应夸大这种关联的重要性。与柏拉图的卡利克勒斯相比,尼采具有更精敏的分析智力和更敏感的道德神经,他在更深刻的层面上与其时代的道德难题竭力搏斗。卡利克勒斯可能津津乐道于其教诲的纯粹破坏性的一面,但他可能的确没有理解诸如"升华"(sublimation)和"自我超越"(self-transcendence)之类的概念,因为他在494a堕回到粗俗的快乐主义,而尼采则已轻蔑地鄙弃了它(参《权力意志》464-474)。

---

① 纳粹分子声称尼采是其精神鼻祖,我们国家曾一度不加鉴别地接受了这种说法,但现在,人们普遍承认这种说法本质上是谬论。这种说法之所以流行一时,只是由于一种别有用心的歪曲,其罪魁祸首就是尼采的妹妹Frau Förster-Nietzsche,稍后则有Bäumler和Oehler之流,他们更是肆无忌惮、变本加厉。不过我们必须承认,因着谜一般的隐喻风格,尼采比绝大多数哲人都更容易受到真正的误解,没有一个哲人(甚至包括柏拉图)像尼采那样,被自选的"解释者"如此凶残地加以歪曲。

图书在版编目（CIP）数据

挑战戈尔戈 ： 柏拉图《高尔吉亚》解读文集 / 李致远选编 ；田明等译. -- 北京 ： 华夏出版社有限公司，2020.8

（西方传统 ： 经典与解释）

ISBN 978-7-5080-9910-1

Ⅰ. ①挑… Ⅱ. ①李… ②田… Ⅲ. ①柏拉图（Platon 前 427-前 347）－哲学思想－文集 Ⅳ. ①B502.232-53

中国版本图书馆 CIP 数据核字（2020）第 022825 号

挑战戈尔戈——柏拉图《高尔吉亚》解读文集

选　　编　李致远
译　　者　田　明　等
责任编辑　李安琴
特邀编辑　朱绿和
责任印制　刘　洋

出版发行　华夏出版社有限公司
经　　销　新华书店
印　　装　三河市少明印务有限公司
版　　次　2020 年 8 月北京第 1 版
　　　　　2020 年 8 月北京第 1 次印刷
开　　本　880×1230　1/32
印　　张　11.125
字　　数　267 千字
定　　价　79.00 元

华夏出版社有限公司　地址：北京市东直门外香河园北里 4 号　邮编：100028
网址：www.hxph.com.cn　电话：(010) 64663331 (转)

西方传统：经典与解释

Classici et Commentarii

HERMES

刘小枫◎主编

古今丛编

克尔凯郭尔 [美]江思图 著

货币哲学 [德]西美尔 著

孟德斯鸠的自由主义哲学 [美]潘戈 著

莫尔及其乌托邦 [德]考茨基 著

试论古今革命 [法]夏多布里昂 著

但丁：皈依的诗学 [美]弗里切罗 著

在西方的目光下 [英]康拉德 著

大学与博雅教育 董成龙 编

探究哲学与信仰 [美]郝岚 著

民主的本性 [法]马南 著

梅尔维尔的政治哲学 李小均 编/译

席勒美学的哲学背景 [美]维塞尔 著

果戈里与鬼 [俄]梅列日科夫斯基 著

自传性反思 [美]沃格林 著

黑格尔与普世秩序 [美]希克斯 等著

新的方式与制度 [美]曼斯菲尔德 著

科耶夫的新拉丁帝国 [法]科耶夫 等著

《利维坦》附录 [英]霍布斯 著

或此或彼（上、下） [丹麦]基尔克果 著

海德格尔式的现代神学 刘小枫 选编

双重束缚 [法]基拉尔 著

古今之争中的核心问题 [德]迈尔 著

论永恒的智慧 [德]苏索 著

宗教经验种种 [美]詹姆斯 著

尼采反卢梭 [美]凯斯·安塞尔-皮尔逊 著

舍勒思想评述 [美]弗林斯 著

诗与哲学之争 [美]罗森 著

神圣与世俗 [罗]伊利亚德 著

但丁的圣约书 [美]霍金斯 著

古典学丛编

赫西俄德的宇宙 [美]珍妮·施特劳斯·克莱 著

论王政 [古罗马]金嘴狄翁 著

论希罗多德 [古罗马]卢里叶 著

探究希腊人的灵魂 [美]戴维斯 著

尤利安文选 马勇 编/译

论月面 [古罗马]普鲁塔克 著

雅典谐剧与逻各斯 [美]奥里根 著

菜园哲人伊壁鸠鲁 罗晓颖 选编

《劳作与时日》笺释 吴雅凌 撰

希腊古风时期的真理大师 [法]德蒂安 著

古罗马的教育 [英]葛怀恩 著

古典学与现代性 刘小枫 编

表演文化与雅典民主政制
[英]戈尔德希尔、奥斯本 编

西方古典文献学发凡 刘小枫 编

古典语文学常谈 [德]克拉夫特 著

古希腊文学常谈 [英]多佛 等著

撒路斯特与政治史学 刘小枫 编

希罗多德的王霸之辨 吴小锋 编/译

第二代智术师 [英]安德森 著

英雄诗系笺释 [古希腊]荷马 著

统治的热望 [美]福特 著

论埃及神学与哲学 [古希腊]普鲁塔克 著

凯撒的剑与笔 李世祥 编/译

伊壁鸠鲁主义的政治哲学
[意]詹姆斯·尼古拉斯 著

修昔底德笔下的人性 [美]欧文 著

修昔底德笔下的演说 [美]斯塔特 著

古希腊政治理论 [美]格雷纳 著

神谱笺释 吴雅凌 撰

赫西俄德：神话之艺
[法]居代·德·拉孔波 等著

赫拉克勒斯之盾笺释 罗逍然 译笺

《埃涅阿斯纪》章义 王承教 选编

维吉尔的帝国 [美]阿德勒 著

塔西佗的政治史学 曾维术 编

古希腊诗歌丛编

古希腊早期诉歌诗人 [英]鲍勒 著

诗歌与城邦 [美]费拉格、纳吉 主编

阿尔戈英雄纪（上、下）
[古希腊]阿波罗尼俄斯 著

俄耳甫斯教祷歌 吴雅凌 编译

俄耳甫斯教辑语 吴雅凌 编译

古希腊肃剧注疏集

希腊肃剧与政治哲学 [美]阿伦斯多夫 著

古希腊礼法研究

希腊人的正义观 [英]哈夫洛克 著

廊下派集

廊下派的苏格拉底 程志敏 徐健 选编

廊下派的神和宇宙 [墨]里卡多·萨勒斯 编

廊下派的城邦观 [英]斯科菲尔德 著

希伯莱圣经历代注疏

希腊化世界中的犹太人 [英]威廉逊 著

第一亚当和第二亚当 [德]朋霍费尔 著

新约历代经解

属灵的寓意 [古罗马]俄里根 著

基督教与古典传统

保罗与马克安 [德]文森 著

加尔文与现代政治的基础 [美]汉考克 著

无执之道 [德]文森 著

恐惧与战栗 [丹麦]基尔克果 著

托尔斯泰与陀思妥耶夫斯基
[俄]梅列日科夫斯基 著

论宗教大法官的传说 [俄]罗赞诺夫 著

海德格尔与有限性思想（重订版）
刘小枫 选编

上帝国的信息 [德]拉加茨 著

基督教理论与现代 [德]特洛尔奇 著

亚历山大的克雷芒 [意]塞尔瓦托·利拉 著

中世纪的心灵之旅 [意]圣·波纳文图拉 著

德意志古典传统丛编

论荷尔德林 [德]沃尔夫冈·宾德尔 著

彭忒西勒亚 [德]克莱斯特 著

穆佐书简 [奥]里尔克 著

纪念苏格拉底——哈曼文选 刘新利 选编

夜颂中的革命和宗教 [德]诺瓦利斯 著

大革命与诗化小说 [德]诺瓦利斯 著

黑格尔的观念论 [美]皮平 著

浪漫派风格——施勒格尔批评文集 [德]施勒格尔 著

美国宪政与古典传统

美国1787年宪法讲疏 [美]阿纳斯塔普罗 著

世界史与古典传统

伊丽莎白时代的世界图景 [英]蒂利亚德 著

西方古代的天下观 刘小枫 编

从普遍历史到历史主义 刘小枫 编

启蒙研究丛编

浪漫的律令 [美]拜泽尔 著

现实与理性 [法]科维纲 著

论古人的智慧 [英]培根 著

托兰德与激进启蒙 刘小枫 编

图书馆里的古今之战 [英]斯威夫特 著

政治史学丛编

自然科学史与玫瑰 [法]雷比瑟 著

地缘政治学丛编

克劳塞维茨之谜 [英]赫伯格-罗特 著

太平洋地缘政治学 [德]卡尔·豪斯霍弗 著

荷马注疏集

不为人知的奥德修斯 [美]诺特维克 著

模仿荷马 [美]丹尼斯·麦克唐纳 著

品达注疏集

幽暗的诱惑 [美]汉密尔顿 著

欧里庇得斯集

自由与僭越 罗峰 编译

阿里斯托芬集

《阿卡奈人》笺释 [古希腊]阿里斯托芬 著

色诺芬注疏集

居鲁士的教育 [古希腊]色诺芬 著

色诺芬的《会饮》 [古希腊]色诺芬 著

柏拉图注疏集

立法与德性——柏拉图《法义》发微 林志猛 编
柏拉图的灵魂学 [加]罗宾逊 著
柏拉图书简 彭磊 译注
克力同章句 程志敏 郑兴凤 撰
哲学的奥德赛——《王制》引论 [美]郝兰 著
爱欲与启蒙的迷醉 [美]贝尔格 著
为哲学的写作技艺一辩 [美]伯格 著
柏拉图式的迷宫——《斐多》义疏 [美]伯格 著
哲学如何成为苏格拉底式的 [美]朗佩特 著
苏格拉底与希琵阿斯 王江涛 编译
理想国 [古希腊]柏拉图 著
谁来教育老师 刘小枫 编
立法者的神学 林志猛 编
柏拉图对话中的神 [法]薇依 著
厄庇诺米斯 [古希腊]柏拉图 著
智慧与幸福 程志敏 选编
论柏拉图对话 [德]施莱尔马赫 著
柏拉图《美诺》疏证 [美]克莱因 著
政治哲学的悖论 [美]郝岚 著
神话诗人柏拉图 张文涛 选编
阿尔喀比亚德 [古希腊]柏拉图 著
叙拉古的雅典异乡人 彭磊 选编
阿威罗伊论《王制》 [阿拉伯]阿威罗伊 著
《王制》要义 刘小枫 选编
柏拉图的《会饮》 [古希腊]柏拉图 等著
苏格拉底的申辩（修订版） [古希腊]柏拉图 著
苏格拉底与政治共同体 [美]尼柯尔斯 著
政制与美德——柏拉图《法义》疏解 [美]潘戈 著
《法义》导读 [法]卡斯代尔·布舒奇 著
论真理的本质 [德]海德格尔 著
哲人的无知 [德]费勃 著
米诺斯 [古希腊]柏拉图 著
情敌 [古希腊]柏拉图 著

亚里士多德注疏集

《诗术》译笺与通绎 陈明珠 撰
亚里士多德《政治学》中的教诲 [美]潘戈 著
品格的技艺 [美]加佛 著
亚里士多德哲学的基本概念 [德]海德格尔 著
《政治学》疏证 [意]托马斯·阿奎那 著
尼各马可伦理学义疏 [美]伯格 著
哲学之诗 [美]戴维斯 著
对亚里士多德的现象学解释 [德]海德格尔 著
城邦与自然——亚里士多德与现代性 刘小枫 编
论诗术中篇义疏 [阿拉伯]阿威罗伊 著
哲学的政治 [美]戴维斯 著

普鲁塔克集

普鲁塔克的《对比列传》 [英]达夫 著
普鲁塔克的实践伦理学 [比利时]胡芙 著

阿尔法拉比集

政治制度与政治箴言 阿尔法拉比 著

马基雅维利集

君主及其战争技艺 娄林 选编

莎士比亚绎读

莎士比亚的历史剧 [英]蒂利亚德 著
莎士比亚戏剧与政治哲学 彭磊 选编
莎士比亚的政治盛典 [美]阿鲁里斯/苏利文 编
丹麦王子与马基雅维利 罗峰 选编

洛克集

上帝、洛克与平等 [美]沃尔德伦 著

卢梭集

论哲学生活的幸福 [德]迈尔 著
致博蒙书 [法]卢梭 著
政治制度论 [法]卢梭 著
哲学的自传 [美]戴维斯 著
文学与道德杂篇 [法]卢梭 著
设计论证 [美]吉尔丁 著
卢梭的自然状态 [美]普拉特纳 等著
卢梭的榜样人生 [美]凯利 著

莱辛注疏集

汉堡剧评 [德]莱辛 著
关于悲剧的通信 [德]莱辛 著
《智者纳坦》(研究版) [德]莱辛 等著
启蒙运动的内在问题 [美]维塞尔 著
莱辛剧作七种 [德]莱辛 著
历史与启示——莱辛神学文选 [德]莱辛 著
论人类的教育 [德]莱辛 著

尼采注疏集

何为尼采的扎拉图斯特拉 [德]迈尔 著
尼采引论 [德]施特格迈尔 著
尼采与基督教 刘小枫 编
尼采眼中的苏格拉底 [美]丹豪瑟 著
尼采的使命 [美]朗佩特 著
尼采与现时代 [美] 朗佩特 著
动物与超人之间的绳索 [德]A.彼珀 著

施特劳斯集

论僭政(重订本) [美]施特劳斯 [法]科耶夫 著
苏格拉底问题与现代性(增订本)
犹太哲人与启蒙(增订本)
霍布斯的宗教批判
斯宾诺莎的宗教批判
门德尔松与莱辛
哲学与律法——论迈蒙尼德及其先驱
迫害与写作艺术
柏拉图式政治哲学研究
论柏拉图的《会饮》
柏拉图《法义》的论辩与情节
什么是政治哲学
古典政治理性主义的重生(重订本)
回归古典政治哲学——施特劳斯通信集
苏格拉底与阿里斯托芬

***

施特劳斯的持久重要性 [美]朗佩特 著
论源初遗忘 [美]维克利 著
政治哲学与启示宗教的挑战 [德]迈尔 著
阅读施特劳斯 [美]斯密什 著
施特劳斯与流亡政治学 [美]谢帕德 著
隐匿的对话 [德]迈尔 著
驯服欲望 [法]科耶夫 等著

施米特集

宪法专政 [美]罗斯托 著
施米特对自由主义的批判 [美]约翰·麦考米克 著

伯纳德特集

古典诗学之路(第二版) [美]伯格 编
弓与琴(重订本) [美]伯纳德特 著
神圣的罪业 [美]伯纳德特 著

布鲁姆集

巨人与侏儒(1960-1990)
人应该如何生活——柏拉图《王制》释义
爱的设计——卢梭与浪漫派
爱的戏剧——莎士比亚与自然
爱的阶梯——柏拉图的《会饮》
伊索克拉底的政治哲学

沃格林集

自传体反思录 [美]沃格林 著

大学素质教育读本

古典诗文绎读 西学卷·古代编(上、下)
古典诗文绎读 西学卷·现代编(上、下)

中国传统：经典与解释
Classici et Commentarii
经典与解释
刘小枫 陈少明◎主编

《孔丛子》训读及研究 /雷欣翰 撰
论语说义 / [清]宋翔凤 撰
周易古经注解考辨 / 李炳海 著
浮山文集 / [明]方以智 著
药地炮庄 / [明]方以智 著
药地炮庄笺释·总论篇 / [明]方以智 著

青原志略 / [明]方以智 编
冬灰录 / [明]方以智 著
冬炼三时传旧火 / 邢益海 编
《毛诗》郑王比义发微 / 史应勇 著
宋人经筵诗讲义四种 / [宋]张纲 等撰
道德真经藏室纂微篇 / [宋]陈景元 撰
道德真经四子古道集解 / [金]寇才质 撰
皇清经解提要 / [清]沈豫 撰
经学通论 / [清]皮锡瑞 著
松阳讲义 / [清]陆陇其 著
起凤书院答问 / [清]姚永朴 撰
周礼疑义辨证 / 陈衍 撰
《铎书》校注 / 孙尚扬 肖清和 等校注
韩愈志 / 钱基博 著
论语辑释 / 陈大齐 著
《庄子·天下篇》注疏四种 / 张丰乾 编
荀子的辩说 / 陈文洁 著
古学经子 / 王锦民 著
经学以自治 / 刘少虎 著
从公羊学论《春秋》的性质 / 阮芝生 撰

刘小枫集

民主与政治德性
昭告幽微
以美为鉴
古典学与古今之争［增订本］
这一代人的怕和爱［第三版］
沉重的肉身［珍藏版］
圣灵降临的叙事［增订本］
罪与欠
儒教与民族国家
拣尽寒枝
施特劳斯的路标
重启古典诗学
设计共和
现代人及其敌人
海德格尔与中国
共和与经纶
现代性与现代中国
现代性社会理论绪论
诗化哲学［重订本］
拯救与逍遥［修订本］
走向十字架上的真
西学断章

编修［博雅读本］

凯若斯：古希腊语文读本［全二册］
古希腊语文学述要
雅努斯：古典拉丁语文读本
古典拉丁语文学述要
危微精一：政治法学原理九讲
琴瑟友之：钢琴与古典乐色十讲

译著

普罗塔戈拉（详注本）
柏拉图四书

经典与解释辑刊

1 柏拉图的哲学戏剧
2 经典与解释的张力
3 康德与启蒙
4 荷尔德林的新神话
5 古典传统与自由教育
6 卢梭的苏格拉底主义
7 赫尔墨斯的计谋
8 苏格拉底问题
9 美德可教吗
10 马基雅维利的喜剧
11 回想托克维尔
12 阅读的德性
13 色诺芬的品味
14 政治哲学中的摩西
15 诗学解诂
16 柏拉图的真伪
17 修昔底德的春秋笔法
18 血气与政治
19 索福克勒斯与雅典启蒙
20 犹太教中的柏拉图门徒
21 莎士比亚笔下的王者
22 政治哲学中的莎士比亚
23 政治生活的限度与满足
24 雅典民主的谐剧
25 维柯与古今之争
26 霍布斯的修辞
27 埃斯库罗斯的神义论
28 施莱尔马赫的柏拉图
29 奥林匹亚的荣耀
30 笛卡尔的精灵
31 柏拉图与天人政治
32 海德格尔的政治时刻
33 荷马笔下的伦理
34 格劳秀斯与国际正义
35 西塞罗的苏格拉底
36 基尔克果的苏格拉底
37 《理想国》的内与外
38 诗艺与政治
39 律法与政治哲学
40 古今之间的但丁
41 拉伯雷与赫尔墨斯秘学
42 柏拉图与古典乐教
43 孟德斯鸠论政制衰败
44 博丹论主权
45 道伯与比较古典学
46 伊索寓言中的伦理
47 斯威夫特与启蒙
48 赫西俄德的世界
49 洛克的自然法辩难
50 斯宾格勒与西方的没落
51 地缘政治学的历史片段
52 施米特论战争与政治
53 普鲁塔克与罗马政治
54 罗马的建国叙述
55 亚历山大与西方的大一统
56 马西利乌斯的帝国